古代歷史文化 研究輯刊

二三編

王明蓀 主編

第 19 冊

西域絲綢之路新考

周運中 著

國家圖書館出版品預行編目資料

西域絲綢之路新考／周運中 著 ── 初版 ── 新北市：花木蘭文化事業有限公司，2020〔民 109〕

目 2+224 面；19×26 公分

（古代歷史文化研究輯刊 二三編；第 19 冊）

ISBN 978-986-518-044-7（精裝）

1. 文化史 2. 絲路 3. 西域

618　　　　　　　　　　　　　　　　　　109000493

ISBN-978-986-518-044-7

9 789865 180447

古代歷史文化研究輯刊

二三編　第十九冊　　　　　ISBN：978-986-518-044-7

西域絲綢之路新考

作　　　者　周運中

主　　　編　王明蓀

總 編 輯　杜潔祥

副總編輯　楊嘉樂

編　　　輯　許郁翎、張雅淋　美術編輯　陳逸婷

出　　　版　花木蘭文化事業有限公司

發 行 人　高小娟

聯絡地址　235 新北市中和區中安街七二號十三樓

　　　　　　電話：02-2923-1455 ／傳眞：02-2923-1452

網　　　址　http://www.huamulan.tw 信箱 hml810518@gmail.com

印　　　刷　普羅文化出版廣告事業

初　　　版　2020 年 3 月

全書字數　180527 字

定　　　價　二三編 21 冊（精裝）台幣 55,000 元　　版權所有 • 請勿翻印

西域絲綢之路新考

周運中　著

作者簡介

周運中，男，1984 年生於江蘇濱海縣。南京大學海洋研究中心特約研究員。南京大學學士，復旦大學博士，中國海外交通史研究會理事、中國百越民族史研究會理事。曾任廈門大學歷史學系助理教授、中國南海研究協同創新中心兼職研究員。著有《鄭和下西洋新考》（中國社會科學出版社 2013 年）、《中國南洋古代交通史》（廈門大學出版社 2015 年）、《中國文明起源新考》（花木蘭文化事業有限公司 2015 年）、《正說臺灣古史》（廈門大學出版社 2016 年）、《濱海史考》（江蘇鳳凰科學技術出版社 2016 年）、《九州考源》（花木蘭文化事業有限公司 2019 年）、《秦漢歷史地理考辨》（花木蘭文化事業有限公司 2019 年）、《鄭和下西洋續考》（花木蘭文化事業有限公司 2019 年）等，發表論文百餘篇。

提　　要

　　本書研究漢代到元代的西域絲綢之路，包括漢設河西四郡史、漢代西域各國的位置、中國到西方各國的交通路線變化、馬可波羅在中國行程等。提出的重要新觀點有：大秦源自希臘語的西方 desen，海西是希臘，烏丹是雅典，驪分是特洛伊，五船道是五泉道，塞爾柱王朝人記載的西域到契丹道路經過居延澤、陰山到遼的南京（今北京），馬可波羅記載的金雞堡故事在《金史》有記載，Cuncun 是鞏昌，白石城是西和州，襄陽獻炮是揚州獻炮之誤。

目次

緒論：源遠流長的絲綢之路

　　德國地質學家李希霍芬（Ferdinand von Richthofen，1833～1905）長期在中國考察，在 1877 年出版的《中國：我的旅行及研究成果》中首次提出絲綢之路一詞，原指漢代中國與西方之間的交通路線。德國學者赫爾曼（Albert Hermann）在 1910 年出版《中國與敘利亞之間的古代絲綢之路》，這是學者首次在書名用到絲綢之路。法國學者沙畹在 1930 年出版的《西突厥史料》中提出絲綢之路有海、陸兩道，從此絲綢之路的地理範圍不斷擴展。〔註1〕瑞典探險家斯文·赫定在 1936 年出版《絲綢之路》，法國學者格魯塞（René Grousset，1885～1952）在 1942 年出版的《中國通史》第 4 版中加入絲綢之路一章。〔註2〕從那時起，絲綢之路的概念逐漸深入人心，至今已是全球家喻戶曉。

　　絲綢之路之名雖然是一百多年前由西方人提出，但是絲綢之路之實卻有數千年甚至上萬年的歷史。萬物的名實有別，不能混淆。有人說中華民族是近代人為造出，因為中華民族之名是近代才有。這是歪曲歷史，混淆名實。中華民族已有數千年甚至上萬年歷史，不可能是近代產生。還有人說客家人是明清才產生，因為那時才出現客家二字，這也是混淆名實。近代西方人才把美洲土著稱為印第安人，難道我們能說印第安人是近代才產生？

　　李希霍芬提出絲綢之路時，他畫的地圖上，絲綢之路就是一個交通網，他把希臘地理學家所知的路線畫成紅色，把中國人所知的路線畫成藍色，不僅有塔里木盆地南北的兩路，還有通往焉耆、烏孫、康居的更北路線。歷代

〔註1〕〔法〕沙畹著、馮承鈞譯：《西突厥史料》，北京：中華書局，2004 年，第208 頁。
〔註2〕〔法〕布爾努瓦著、耿昇譯：《法國的絲綢之路研究》，《傳統文化與現代化》1998 年第 4 期。

絲綢之路雖然有所變化，但都是交通網。

絲綢之路的地理外延持續擴展，學者們提出海上絲綢之路、西南絲綢之路等諸多名稱。〔註3〕還有人提出絲綢不過是絲綢之路上流通的一種商品，海上絲綢之路的大宗商品是瓷器、茶葉、香料等，所以應有瓷器之路、茶葉之路、香料之路等名稱。我以爲廣義的絲綢之路可以包括海上絲綢之路、西南絲綢之路等，也可以包括所謂的瓷器之路、茶葉之路、香料之路等。絲綢之路可以成爲歷史上東西方交通路線的概稱，不必分解爲諸多名目，也無法分解，因爲每一個時代和地點的商品總有很多。陸上絲綢之路與海上絲綢之路不僅在起源上就有聯繫，而且還能組成更大的交通網，所以可以包括在絲綢之路名下。

至於有人說絲綢在陸上絲綢之路與海上絲綢之路中的地位從來不重要，我以爲這是誤解。李希霍芬命名絲綢之路不是信口開河，絲綢在陸上和海上絲綢之路中的地位一直很重要。陸上絲綢之路的地位不用說，近來有權威學者已經強調絲綢在絲綢之路貿易中的重要地位。〔註4〕

海上絲綢之路也是如此，《漢書·地理志》首次記錄漢代中國與印度之間的交通時就說：「有譯長，屬黃門，與應募者俱入海，市明珠、璧流離、奇石異物，齎黃金、雜繒而往。」中國人賣給印度人的雜繒就是產自中國的絲織品，出生在埃及亞歷山大港的希臘人科斯馬斯（Cosmas）曾經在印度洋經商，他在約545年所撰的《基督教世界風土志》說錫蘭：「該島地處中心位置，從印度、波斯和埃塞俄比亞各地很多船隻經常訪問該島，同樣它自己的很多船隻也遠航他方。從遙遠的地方，我指的是秦尼斯達（Tzinista）和其他輸出地，輸入塔普羅巴奈島的是絲綢、沉香、丁香、檀香木和其他產品。」Tzinista 即支那、中國，〔註5〕可見中國最重要的出口產品就是絲綢。因爲絲綢是中國特產，柔美便攜，所以才成爲最重要的商品。瓷器易碎，金屬笨重，香料主要

〔註3〕有一些中國西南的學者在論著的正文甚至書名中，把西南絲綢之路稱爲南方絲綢之路，很不嚴謹，東南也是南方，西南不能指代南方。南朝經過今青海的絲綢之路河南道，源自吐谷渾自稱河南王。絲綢之路河南道的名字很容易和今天河南省混淆，應稱青海道。青海道和雲南道不能混淆，不能合稱爲南方絲路。茶馬古道是特指西南絲路的某些路段，不能看做一類絲路，更不是中俄之間的茶道之名。

〔註4〕榮新江：《絲綢之路就是一條「絲綢」之路》，2015年11月11～13日中國絲綢博物館主辦「絲路之網：起源、傳播、交流」國際學術報告會發表。

〔註5〕〔英〕H. 裕爾撰、〔法〕H. 考迪埃修訂、張緒山譯：《東域紀程錄叢》，雲南人民出版社，2002年，第15～17、195頁。

出自熱帶，中原缺乏金銀，所以這些產品自然不可能成爲中國人首選出口品。

絲綢之路的出現時間，有人認爲可以追溯到舊石器時代，也即石器之路，有人則認爲西元前 13 世紀才有中原到西域的交通路線。〔註6〕有學者提出，絲綢之路應是相對固定，且有一定規模的貿易，所以絲綢之路不可能出現在石器時代。〔註7〕我以爲這兩個標準還可以討論，中國與西方的交通路線受到地理環境的限制，所以一直比較固定。進入河西走廊，南有青藏高原，北有戈壁沙漠，一般從中穿過。進入新疆，南北都有沙漠，大多從山麓綠洲穿過，路線也很固定。帕米爾高原是世界屋脊，人們必須從山口河谷穿行。西亞也是如此，伊朗高原與敘利亞沙漠乾旱少雨，適宜的通行路線不多。再說貿易量，衡量各時代的貿易量的標準必須符合當時的社會發展水平，不能一概而論。漢代絲綢之路貿易量的九牛一毛，在新石器時代就是驚人的數量。所以也不能說新石器時代的絲綢之路貿易量就很少，要看如何衡量。絲綢之路的起始時間不應晚到三代，而應是遠古時期。

根據最新的分子人類學與考古學成果，遠古時期就有人群在絲綢之路遷徙，他們的遷徙對世界民族地理格局產生重要影響，關於此點，我將在其他著作詳考。我已在《中國文明起源新考》一書中充分論證，仰韶文化彩陶上的雙魚尖帽人像，就是摹繪西亞兩河文明阿卡德時期的水神埃阿（Ea）圖像。西亞的神像都有尖帽，這種尖帽是內陸民族使用，但是華夏不用。此前雖然有學者指出中國西北遠古文化中的尖帽源自中亞和西亞，〔註8〕還有學者論證尖帽是上古華夏描繪胡人的標誌，〔註9〕但是他們都未找到這個圖像的真正源頭。西亞的圖像不僅系統，而且時間更早。西亞的水神雙肩流出泉水，中有魚群，但是中國的摹繪已經簡化，僅有雙魚，有時雙魚已經抽象。因爲水神在西亞也是冥神，所以中國的圖像都是瞑目，說明中國古人知曉這個神像的意義。〔註10〕

〔註6〕林梅村：《絲綢之路考古十五講》，北京大學出版社，2006 年，第 58 頁。

〔註7〕龔纓晏：《關於古代「海上絲綢之路」的幾個問題》，《海交史研究》2014 年第 2 期。

〔註8〕〔澳〕劉莉：《中國新石器時代：邁向早期國家之路》，文物出版社，2007 年，第 84～85 頁。劉莉的著作在 2007 年譯爲中文，外文原版出版於 2004 年。筆者曾經在 2004 年的本科課程論文提出這一觀點，當時還不可能看到劉著。

〔註9〕邢義田：《古代中國及歐亞文獻、圖像與考古資料中的「胡人」外貌》，《畫爲心聲：畫像石、畫像磚與壁畫》，北京：中華書局，2011 年，第 197～314 頁。

〔註10〕周運中：《中國文明起源新考》，臺北：花木蘭文化出版社，2015 年，第 178～195 頁。

西亞阿卡德時期的綠石印章〔註11〕

西亞的尖帽水神埃阿雙肩有魚和仰韶文化的人首雙魚完全一致

　　仰韶文化的神像源自遙遠的西亞，說明六千年前的絲綢之路不僅出現，而且已有宗教傳播。雖然源自西亞的文化最終融入了華夏文化，但是這種交流仍然非常有意義。

　　遠古絲綢之路的文化交流還有很多證據，1980 年陝西周原的西周遺址出土了兩件蚌雕人頭像，頭戴尖帽，可惜帽尖被切去，但是在橫切面上刻有一個漢字巫字。饒宗頤指出這種巫字源自西元前 5500 年伊拉克北部的哈拉夫（Halaf）遺址，在陶器和女神像的肩膀都有這種符號。這種符號還流行於西亞、中亞、南亞及中國西北的很多地方，比如馬家窯文化和齊家文化彩陶就有很多這種符號，也見於內蒙古敖漢旗石棚山的小河沿文化陶器，這種符號

〔註11〕　安東・穆爾特卡、伊薩・蘇勒曼著、周順賢、袁義芬、朱一飛譯：《古代伊拉克藝術》，南京大學出版社，2010 年，第 114 頁。

發展爲佛教的卍符。〔註 12〕梅維恒又指出，馬家窯文化半山期兩件陶器上的女巫身旁寫有四個巫字，年代在西元前 2300 年。〔註 13〕

西亞哈拉夫遺址女神像、陶器上的巫字

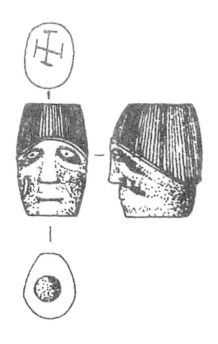 

周原出土蚌雕胡人巫字頭像、馬家窯文化陶器上的女巫

中國西北出土了一些古代胡人的尖帽，新疆博物館藏有 1986 年且末縣札滾魯克遺址出土的一件 2800 年前的黑色毛線編織的尖帽。

〔註12〕饒宗頤：《符號・初文與字母——漢字樹》，上海書店出版社，2000 年，第 83 ～98 頁。
〔註13〕〔美〕梅維恒：《最早的可以辨認釋讀的漢字》，許全勝、劉震編：《內陸歐亞歷史語言論集——徐文堪先生古稀紀念》，蘭州大學出版社，2014 年，第 1～10 頁。

且末出土的胡人尖帽（周運中攝於 2015 年 8 月 27 日）

　　1983 年，新疆新源縣漁塘墓地出土戰國時期青銅尖帽塞人武士像，手中原來握有武器，是典型的印歐人長相。鄰近的鞏留縣出土了一件類似的青銅尖帽塞人武士像，原來可能是雙手牽住馬韁。

伊犁博物館藏尖帽塞人銅像（周運中攝於 2015 年 8 月 24 日）

梅維恒（Victor Mair）還論證了漢語的巫字，不僅是字形，連讀音都是源自印歐語，巫是上古音 myag 接近印歐語詞根 magh-，現代英語的 magic 就是源自此字。漢語的巫、武同音，而印歐語的這個字還有戰鬥、有力之義，又是完全吻合。〔註 14〕而且令我們想到東遷到中國北方的印歐人確實勇猛善戰，其實東西方的同源語言不僅很多，而且很重要。至於物質文化的交流則更豐富，冶煉、馬車、羊毛、牛奶、小麥都是從西亞傳入中國，前人已有很多論證，不再贅述。

游牧民族本來就是長途遷徙，馴馬駕車更使游牧民族更是在大陸草原帶的高速路上來去如風。《左傳》襄公四年（前 569 年），晉國的魏絳說：「夷狄薦居，貴貨易土。」夷狄重視珍寶，輕視土地，而柔軟便攜的絲綢便是一種令西方人喜愛的奇貨。絲綢很早就到了西方，前人指出，古羅馬的老普林尼《自然史》說東方的賽里斯國有一種產自樹上的柔軟羊毛，實即絲綢。古希臘的史詩《阿戈爾英雄紀》講述英雄伊阿宋在黑海沿岸冒險的故事，他為了取得王位，必須先獲得黑海岸邊斯基泰人樹上的金羊毛。所謂光亮的金羊毛，其實就是絲綢。說明當時來自中國的絲綢已經通過中亞草原，來到黑海岸邊的斯基泰人手中，再傳給希臘人。這條北方草原的絲綢之路開闢時間，不比南方的綠洲之路晚。

傳說經常得到出土文物證明，1977 年新疆阿拉溝出土了來自楚國的鳳鳥紋刺繡、菱紋鏈式羅、漆器，〔註 15〕類似的鳳鳥紋刺繡、鳳鳥紋毛氈和山字紋銅鏡又在俄羅斯阿爾泰北部山地的巴澤雷克古墓出土，2005 年新疆瑪納斯縣包家店鎮出土了一件戰國時期的山字紋銅鏡。〔註 16〕從新疆向北的絲綢之路，通過這些文物大體可以勾勒出來。

絲綢之路上的民族移動速度和規模往往令人無法想像，比如 2016 年 9 月在英國倫敦薩瑟克區（Southwark）一處羅馬帝國時代墓地所發現的骸骨，其中兩副可能是源自公元二至四世紀的中國。漢代就有中國人來到英國，或許是商人，或許是被販賣的奴隸。

〔註 14〕 〔美〕梅維恒著、徐文堪編：《古漢語巫（Myag）、古波斯語 Maguš 和英語 Magician》，《梅維恒內陸歐亞研究文選》，蘭州大學出版社，2014 年，第 40～74 頁。

〔註 15〕 新疆社會科學院考古研究所：《阿拉溝豎穴木槨墓發掘簡報》，《文物》1981 年第 1 期。

〔註 16〕 郭物：《新疆史前晚期社會的考古學研究》，上海古籍出版社，2012 年，第 358～359 頁。

　　狹義的西域指玉門關、陽關（在今敦煌）以西到蔥嶺（帕米爾高原）以東地區，大體上是今新疆，但是在不同朝代因爲版圖伸縮也有變化，廣義的西域還包括蔥嶺以西之地。狹義的西域絲綢之路特指從玉門關、陽關以西的絲綢之路，廣義的西域絲綢之路還應包括中原到新疆的絲綢之路。因爲新疆以東的道路文獻較多，比較清晰，所以本書的研究範圍側重在新疆及其以西。

　　關於絲綢之路的研究史，前人已有回顧，〔註17〕還有學者翻譯了日本學者中亞文獻與研究史綜述。〔註18〕絲綢之路的研究也很早起步，但是直到清代重新把西域收歸版圖，才蔚爲大觀。乾嘉考據是中國古代考據學的頂峰，在此風氣影響下，西北輿地之學也興盛起來。代表作有張穆《蒙古游牧記》、徐松《西域水道記》、《漢書西域傳補注》、何秋濤《朔方備乘》、陶保廉《辛卯侍行記》，還有乾隆年間官修的五十二卷《皇輿西域圖志》與清末官修的一百六十卷《新疆圖志》。這些成果雖然有局部實地考察的依據，但是當時還未有大量考古發現，也缺乏深入的地理考察和民族調查，影響了人們的認識深度。

　　清末，歐洲列強爭奪新疆，各國探險家在各國政府的支持下，雲集新疆，掠奪中國的文物，勘測中國的地理。大量不同語種的古代文書問世，使得西域之學不僅突然稱爲國際顯學，而且達到前所未有的深度。代表人物有英籍匈牙利人斯坦因（A. Stein）、德國人格倫威德爾（A. Grünwedel）、勒柯克（A. Le Coq）、法國人伯希和（P. Pelliot）、俄國人科茲洛夫（P. Kozlov）、奧登堡（S. Oldenburg）、日本人大谷光瑞等，他們還著有多部著作。還有很多西方學者利用他們的探險成果，解讀出多種古文字，代表成果有呂德斯（H. Lüders）的梵文、西格（E. Sieg）、西格林（E. Siegling）、列維（S. Lévi）的吐火羅文、繆勒（F. Müller）的回鶻文、粟特文、柯諾夫（S. Konow）的于闐文研究。這些成果揭示了歷史上西域民族的巨大變化，讓世人認識到西域是東西方諸多文明的交融中心。

　　中國學者羅振玉、王國維、陳垣、陳寅恪、馮承鈞、張星烺、黃文弼、向達等也積極投入西域絲綢之路研究。羅振玉（1866～1940）、王國維（1877～1927）編輯《敦煌石室遺書》、《鳴沙石室佚書》、《流沙墜簡》，王國維還寫了很多相關論文，受到國際學術界高度重視。陳寅恪（1890～1969）也綜合

〔註17〕　陳戈：《中亞考古綜述》、榮新江：《古代中亞史研究》，收入余太山主編《內陸歐亞古代史研究》，福建人民出版社，2005年，第1～44、123～154頁。
〔註18〕　〔日〕山田信夫等著、滿達人編譯、林臺校：《中亞史地文獻綜述》，蘭州大學出版社，1995年。

利用中外語言、文獻、文物，有很多重要成果，特別是佛經的考證。陳垣（1880～1971）側重漢文史料，著有《元也里可溫教考》、《火祆教入中國考》、《摩尼教入中國考》、《元西域人華化考》、《回回教入中國史略》等。張星烺（1888～1951）所編《中西交通史料彙編》首次全面系統整理相關文獻，其實書中包含他的很多研究成果。馮承鈞（1887～1946）翻譯了歐洲特別是法國學者的很多重要成果，為中國學者學習西方成果播撒無量功德，自己也撰有多部論著。

此時日本代表學者有白鳥庫吉（1865～1942）、藤田豐八（1869～1929）、桑原騭藏（1870～1931），他們圍繞絲綢之路的地名考證，進行激烈論戰，推動了絲綢之路的研究。

向達（1900～1966）著有《唐代長安與西域文明》，翻譯《斯坦因西域考古記》，主持出版中華書局《中外交通史籍叢刊》，為今人系統利用中外關係史籍奠定穩固根基。黃文弼（1893～1966）參加1927～1935年的中國、瑞典合作西北科學考察團，又在新疆發掘很多遺址，出版多種考古報告，著有《西北史地論叢》、《黃文弼歷史考古論集》，對研究新疆歷史地理有重要貢獻。岑仲勉（1886～1961）著有《突厥集史》、《漢書西域傳地里校釋》，集前人研究之大成，又提出很多新解，還有論文集《中外史地考證》等。韓儒林（1903～1983）是現代中國元史學奠基者，著有《穹廬集》等。馬長壽（1906～1971），著有《北狄與匈奴》、《突厥人和突厥汗國》、《碑銘所見前秦至隋初的關中部族》等多部民族史著作。譚其驤主編《中國歷史地圖集》的新疆、中亞部分，由中國社會科學院民族研究所馮家昇、翁獨健等學者主持編繪。

此時西方代表學者有巴托爾德（W. Barthold）、亨寧（W. Henning）、葛瑪麗（A. Gabain）、貝利（H. Bailey）、梅維恒（V. Mair）等，日本代表學者有羽田亨、松田壽男、江上波夫、內田吟風、護雅夫、佐口透、山田信夫、榎一雄、宮崎市定、長澤和俊等。

當代代表歷史學者有李湊林、孫毓棠、黃盛璋、張廣達、榮新江、陳得芝、劉迎勝、魏良弢、華濤、薛宗正、蘇北海、蔡鴻生、姜伯勤、饒宗頤、徐文堪等，代表考古學者有馬雍、安志敏、韓康信、王炳華、孟凡人、陳戈、林梅村、水濤、李水城、郭物、劉文鎖等。此時《中外關係史名著譯叢》、《歐亞歷史文化名著譯叢》、《世界漢學譯叢》、《世界境域志》、《中亞文明史》等重要譯著出版，耿昇翻譯了大量著作，《吳豐培邊事題跋集》、潘光旦《中國

民族史料彙編》等史料彙編、王治來《中亞史綱》等通史、余太山主編《歐亞歷史文化文庫》等研究叢書、《中國文物地圖集・新疆分冊》等出版。

　　本書側重研究絲綢之路的路線，關於漢代之前的西域絲綢之路，我將在另外的專著中詳考。本書研究漢代到元代的西域絲綢之路，第一部分考證漢代河西四郡的設置和西域各國的位置，糾正前人在天山以北諸國、蔥嶺諸國、大秦諸地的錯誤。第二部分關注漢唐間西域交通變遷，提出北新道新解，分析交通變化對諸國興衰影響，首次提出《魏書・西域傳》源自三篇行記，糾正了其中一些地名考證錯誤。第三部分研究宋元時期的西域絲綢之路，重新考證遼代絲綢之路地名和馬可波羅記載的中國地名。

第一章　漢設河西四郡考

　　班固《漢書》記載河西四郡的設置時間，是一筆爭訟紛紜的糊塗賬，同一本書的《武帝紀》、《地理志》、《西域傳》大相徑庭：

　　1.《武帝紀》說元狩二年（前 121 年）：「匈奴昆邪王殺休屠王，並將其眾合四萬餘人來降，置五屬國以處之。以其地爲武威、酒泉郡。」元鼎六年（前 111 年）：「又遣浮沮將軍公孫賀出九原，匈河將軍趙破奴出令居，皆二千餘里，不見虜而還。分武威、酒泉地置張掖、敦煌郡，徙民以實之。」

　　2.《地理志》說酒泉郡、張掖郡設在太初元年（前 104 年），武威郡是太初四年（前 101 年），敦煌郡是後元元年（前 88 年）。

　　3.《西域傳》說：「其後驃騎將軍擊破匈奴右地，降渾邪、休屠王，遂空其地，始築令居以西，初置酒泉郡，後稍發徙民充實之，分置武威、張掖、敦煌，列四郡。」

　　古人因爲迷信本紀的所謂權威，所以往往從紀不從志，《資治通鑒》說：「今從《武紀》。」齊召南《漢書考證》說：「自應以《紀》爲實。」也有人重新考證，如全祖望《漢書地理志稽疑》卷二說：「據《匈奴傳》，則初置止酒泉一郡，武威亦稍後之。」但是仍未深究。

　　直到張維華深入考證，才有重大推進，他認爲：

　　1. 酒泉郡之設晚於元狩四年（前 119 年），因《史記·大宛列傳》說張騫在此後上書說：「故渾邪地，空無人，蠻夷俗貪漢財物，今誠以此時而厚幣賂烏孫，招以益東，居故渾邪之地。」又說：「自博望侯騫死後……得烏孫馬好，名曰天馬……而漢始築令居以西，初置酒泉郡，以通西北國。」張騫回來是元鼎二年，酒泉置郡在元鼎二三年間，烏孫不肯東還，才置酒泉。《漢書·李

陵傳》說：「教射酒泉、張掖以備胡，數年，漢遣貳師將軍伐大宛。」

2. 張掖郡設在李廣利伐大宛前數年，則是元鼎六年。

3. 敦煌郡設在元封六年之前，因《地理志》敦煌郡效谷縣顏注引桑欽說：「孝武元封六年濟南崔不意爲魚澤尉，教力田，以勤效得穀，因立爲縣名。」

4. 武威更晚，《昭帝紀》始元六年（前 81 年）：「取天水、隴西、張掖郡各二縣置金城郡。」此前張掖還有金城郡地，則尚未設武威郡，建時難以確定，武威郡名始見於《漢書‧趙充國傳》，則在神爵元年之前建郡。〔註1〕

勞幹認爲，酒泉郡設時仍同《武帝紀》元狩二年，元鳳三年（前 78 年）漢簡有酒泉、金城、張掖、酒泉、敦煌郡，不提武威，說明此時尚未建武威郡。又據居延漢簡地節三年（前 67 年）戍卒有張掖郡諸縣人，證明此前武威建郡。

陳夢家認爲，酒泉、張掖設立在元鼎六年（前 111 年），因《史記‧平準書》說：「南越反，西羌侵邊爲桀。於是天子爲山東不贍，赦天下，因南方樓船卒二十餘萬人，擊南越。數萬人發三河，以西騎擊西羌。又數萬人度河，築令居，初置張掖、酒泉郡。」《集解》引徐廣曰：「元鼎六年。」《大宛傳》說：「王恢數使，爲樓蘭所苦，言天子，天子發兵令恢佐破奴擊破之，封恢爲浩侯，於是酒泉列亭鄣至玉門矣。」《匈奴傳》說元封六年（前 105 年）說匈奴：「右方直酒泉、燉煌郡。」敦煌郡設立在元封二年（前 109 年）之後，六年之前。〔註2〕

黃文弼認爲，張騫回來在元狩年間，《水經注》卷二《河水》說元鼎二年設令居縣，《漢書‧西域傳》說：「始築令居以西，初置酒泉郡。」則元鼎二年設令居縣和酒泉郡。元鼎六年，分酒泉置武威、張掖，太初元年設敦煌。〔註3〕

劉光華認爲酒泉郡建於元狩二年，因爲 1973 年在居延發現漢簡有元朔元年、元狩四年簡。敦煌建於後元元年。〔註4〕

〔註1〕張維華：《漢河西四郡建置年代考疑》，《中國文化研究彙刊》，1942 年。收入張維華：《漢史論集》，第 309～328 頁。

〔註2〕陳夢家：《河西四郡的建置年代》，《漢簡綴述》，中華書局，1980 年。

〔註3〕黃文弼：《河西四郡建置年代考》，《西北史地論叢》，上海人民出版社，1981年，第 105～107 頁。

〔註4〕劉光華：《漢武帝對河西的開發及其意義》、《蘭州大學學報‧敦煌學專刊》，1980 年。劉光華《敦煌建郡於漢武帝後元元年辯》，《秦漢史論叢》第二輯，陝西人民出版社，1983 年。收入劉光華：《秦漢西北史地叢稿》，甘肅文化出版社，2007 年，第 115～124、191～207 頁。

　　周振鶴師認爲，酒泉郡置在元狩二年（前 121 年），《史記・大宛傳》、《衛將軍驃騎列傳》都說河西酒泉，說明酒泉最早，元狩四年已經移民河西，《武帝紀》不能完全拋棄。元鼎六年（前 111 年）平羌，徙民實之，分設張掖、敦煌郡，武威郡在昭帝地節二三年（前 68、67 年）間置。武威首見於《霍光傳》，在地節三年（前 67 年）之前有武威郡。《宣帝紀》本始二年（前 72）五將軍北征匈奴，《匈奴傳》記載漢軍出西河、雲中、五原、酒泉、張掖，說明此時尚未設武威郡，武威郡設時在本始、地節之間。〔註 5〕

　　池田雄一認爲，河西最早的郡是元鼎六年（前 111 年）設的酒泉郡，張掖郡設時待考。〔註 6〕

第一節　張掖、酒泉應設於元鼎六年

　　我認爲，酒泉郡、張掖郡是在元鼎六年（前 111 年）設，《匈奴傳》元狩四年說：「漢度河自朔方以西至令居，往往通渠置田，官吏卒五六萬人，稍蠶食，地接匈奴以北。」此時屯田僅到令居縣，未到其西。張維華說，渾邪之地到元鼎三年仍是空地，未設郡，此說合理。但張騫回來到死後，還有一年多。再到漢得烏孫馬，再到設郡，還有一段時間，所以酒泉置郡不會早到元鼎三年。《平準書》說元鼎六年，設酒泉郡、張掖郡，此說可信，因爲這個年代和《武帝紀》元鼎六年設張掖郡、敦煌郡吻合。諸說中僅有這個年代吻合，而且吻合的唯有張掖郡，所以不能忽視。《平準書》記載財政大事，不會亂說。

　　前人以爲得河西之地必設郡，我以爲不必，漢得閩中就不設郡，因爲地遠人少，很難迅速移民，要面對匈奴的侵擾，如果沒有穩固的邊防，無異於驅百姓入虎口，所以設郡太難，不如不設。

　　前人往往引《西域傳》說：「其後驃騎將軍擊破匈奴右地，降渾邪、休屠王，遂空其地，始築令居以西，初置酒泉郡，後稍發徙民充實之，分置武威、張掖、敦煌，列四郡。」其實這是班固的概括，武威設郡很晚，班固排在前列，說明這段話很不可信。而且從降渾邪、休屠，到築令居以西，還有七年開拓令居的過程，被班固忽略。

〔註 5〕周振鶴：《西漢政區地理》，人民出版社，1987 年，第 157～171 頁。
〔註 6〕〔日〕池田雄一著、鄭威譯：《中國古代的聚落與地方行政》，復旦大學出版社，2017 年，第 311～318 頁。

如果張掖郡是從酒泉郡分出，則難以理解在金城郡、武威郡設置前的張掖郡的範圍比酒泉郡、敦煌郡加起來還大。如果張掖郡和酒泉郡同時設置，則可以理解。而後酒泉郡的西部析爲敦煌郡，所以敦煌、酒泉二郡面積相當。張掖郡析出武威郡，所以武威郡、張掖郡面積也相當。

如果酒泉設郡，張掖不應不設郡，否則河西僅設一郡，而且遠離內地，難以管控。《史記・匈奴傳》說：「而西置酒泉郡，以鬲絕胡與羌通之路。」《鹽鐵論・西域》：「先帝……建張掖以西，隔絕羌胡。」這個張掖應是張掖郡，如果是指張掖縣（今武威張義鎮），其南就是令居縣，等於《大宛傳》說的令居以西，但至少說明張掖重要。

張掖郡分給金城郡的兩個縣，其中必有令居縣。令居縣、張掖縣之間是烏鞘嶺，張掖縣是烏鞘嶺之北的第一縣，是漢人到河西走廊的橋頭堡，地位非常重要。設金城郡之前，今蘭州到永登的莊浪河流域應全屬張掖郡的兩個縣，張掖縣處在早期張掖郡的中心位置。

令居縣在元鼎二年已設縣，如果不屬張掖郡就無從歸屬。《史記・匈奴列傳》說霍去病元狩四年封狼居胥山：「是後匈奴遠遁，而幕南無王庭。漢度河自朔方以西至令居，往往通渠置田，官吏卒五六萬人，稍蠶食，地接匈奴以北。」令居設縣就在此時，但是令居設縣未必與酒泉、張掖同時。因爲令居在烏鞘嶺之南，漢朝要在此處經營穩固，才能越山向北，中間有個過程。所以不能因爲令居在元鼎二年設縣，就說元鼎二年設酒泉郡。

在令居縣屬張掖郡之前，很可能屬天水或安定郡，《漢書・地理志》說天水郡、安定郡是元鼎三年置，正是在設令居縣之次年。因爲元鼎二年，漢沿黃河屯田，形成屏障，所以才有天水、安定設郡。如果此前酒泉已經設郡，比天水、安定還早，令人不敢相信。

如果元鼎二年就設酒泉郡，漢朝大規模向河西移民，不可能不引起羌和匈奴反擊，但是我們看到羌和匈奴的反擊恰好是在元鼎六年，《武帝紀》說：「（五年九月）西羌眾十萬人反，與匈奴通使，攻故安，圍枹罕。匈奴入五原，殺太守。六年冬十月，發隴西、天水、安定騎士及中尉、河南、河內卒十萬人，遣將軍李息、郎中令徐自爲，征西羌，平之。」《後漢書・西羌傳》說：「時先零羌與封養牢姐種解仇結盟，與匈奴通，合兵十餘萬，共攻令居、安故，遂圍枹罕。漢遣將軍李息、郎中令徐自爲將兵十萬人擊平之。始置護羌校尉，持節統領焉。羌乃去湟中，依西海、鹽池左右。漢遂因山爲塞，河西

地空，稍徙人以實之。」

我們要注意，羌人進攻的令居縣是漢通張掖、酒泉的咽喉。安故，我以為很可能是允街（在今永登縣紅城鎮），讀音接近，此時尚未設縣，用的是早期音譯。所以元鼎六年秋置酒泉郡時，應有張掖郡，否則難以保證交通線。

《匈奴傳》說元鼎六年：「漢又遣故從驃侯趙破奴萬餘騎，出令居數千里，至匈河水而還，亦不見匈奴一人。」或以為此時令居還是邊陲，證明張掖未設郡。我以為不確，因為該年匈奴通過令居聯結羌人，所以漢出令居，不能證明令居以北未設郡。出令居向西北是張掖縣，向東北沿黃河是人煙稀少地點，匈奴正是通過這個地點南下，趙破奴也應從這個地帶向北。漢朝此前從朔方到令居的屯田靠近黃河，黃河和武威郡之間是空白地帶。

或許正是因為酒泉、張掖已經設郡，所以匈奴才通過這個空白地帶南下令居，而不走張掖縣。張掖縣在今武威，水源充足，如果不是張掖設郡，匈奴應該從這一條線南下。

酒泉（周運中攝於 2017 年 8 月 21 日）

第二節　酒泉、張掖二郡設在渾邪、休屠二族地

張掖郡和酒泉郡，對應休屠、渾邪兩族居地，還對應休屠澤、居延澤兩大水系，應該同時設郡。前人往往以爲兩郡的主要人口是漢族移民，其實我們也應該看到兩郡的主要縣名都不是源自漢語。說明原居民也很重要，他們在設縣時起了重要作用。

敦煌郡的主要縣名反而源自漢語，因爲敦煌原來人口很少。敦煌原來是月氏居地，月氏居敦煌、祁連間，祁連山在酒泉之南，月氏注在酒泉、敦煌之地。月氏遷走，這一帶人口很少。有人說月氏居住地邊界的祁連是唐代人所說祁羅漫山，在今哈密以北，所以月氏居住在哈密和敦煌之間，我以爲此說不確，因爲哈密和敦煌之間是沙磧，不宜人居，自古以來都是如此，古人視爲畏途。

張掖郡初設時，中心是令居、張掖、姑臧等縣，還未向西擴展到西漢晚期張掖郡地，因爲：

1. 氏池縣、鸞鳥縣很可能是遷徙氏羌所設，《漢書・武帝紀》元封三年：「武都氏人反，分徙酒泉郡。」張掖郡的氏池縣很可能也是遷徙氏羌所設，《逸周書・王會》：「氏羌以鸞鳥。」

2. 驪靬縣是昭帝時設。《漢書・匈奴傳上》：「右賢王、犁污王四千騎，分三隊，入日勒、屋蘭、番和。張掖太守、屬國都尉發兵反擊，大破之，得脫者數百人。屬國千長義渠王騎士射殺犁污王，賜黃金二百斤，馬二百匹，因封爲犁汗王。屬國都尉郭忠，封爲成安侯。」《漢書・景武昭宣元成功臣表》此事在漢昭帝元鳳三年（前 78 年），犁污王，表中作黎汗王，應是黎汗。

屋蘭縣在今張掖東南，日勒縣、番和縣在今永昌，漢代在今永昌之南還有驪靬縣，驪靬的讀音與犁汗相同。這個驪靬縣是爲安置犁汗王而設，所以在今永昌之南，不靠邊塞，防止這些投降的部眾接觸匈奴。〔註7〕

所以張掖郡西部，原來設縣不多，而且縣名源自外族語言。設縣最密的地方是原屬張掖的武威郡中心，還有蒼松、宣威、武威等源自漢語的縣名，

〔註 7〕也有人認爲驪靬縣是安置犁靬國眩人而設，見張維華：《漢張掖郡驪靬縣得名之由來及犁靬眩人來華之經過》，《漢史論集》，第 329～339 頁。我以爲此說不確，不可能爲了宮廷雜技演員在邊疆設縣。犁靬國，或誤以爲是大秦（羅馬）、埃及亞歷山大，我以爲應從藤田豐八說，是伊朗德黑蘭的古名 Ragan，見〔日〕藤田豐八著、楊煉譯：《黎軒與大秦》，《西北古地研究》，上海：商務印書館，1935 年，第 144～151 頁。

說明張掖郡中心原來在東部，漢族較多。

漢朝在邊疆的推進非常謹慎，張掖郡是從東向西、從南向北推進，所以不可能在不設張掖郡時，忽然設酒泉郡。

內蒙古博物院藏有一方「漢匈奴栗借溫禺鞮」銅印，我認為栗借 lik-jia 即驪靬 li-kian，《漢書》卷九四下《匈奴傳下》：「匈奴有斗入漢地，直張掖郡，生奇材木……此溫偶騨王所居地也。」溫偶騨即溫禺鞮，匈奴有一塊地方深入漢朝領土，有山林，正對張掖郡，是溫偶騨王之地。內田吟風注溫偶騨王：「似未後世之 Ongut 汪古惕族。」汪古惕的原義是邊牆，也即翁牛特的由來。〔註8〕溫偶騨（溫禺）在今阿拉善，正是靠近驪靬（栗借）。過去的歷史地圖把阿拉善左旗、右旗基本都畫在漢界之外，根據最新的考古調查，阿拉善右旗的東部有很長的三列漢代烽燧，一直延伸到蒙古國境。所以匈奴伸入漢朝的這塊地方，就是額濟納旗和阿拉善右旗之間的很小一塊地方，也即今巴丹吉林沙漠。〔註9〕這塊地方的中間，確實是一片山地。後世汪古惕部在陰山之北，位置接近，說明很多古代匈奴小部的位置和後世接近。

第三節　河西郡的爭議

因為《史記》四處提到河西，而且和諸郡並列，所以日比野丈夫提出漢朝曾設河西郡，四處是：

1.《平準書》：「數萬人發三河以西騎擊西羌，又數萬人度河築令居。初置張掖、酒泉郡，而上郡、朔方、西河、河西開田官，斥塞卒六十萬人戍田之。」

2.《河渠書》：「自是之後，用事者爭言水利，朔方、西河、河西、酒泉皆引河及川谷以溉田。」

3.《衛將軍驃騎列傳》：「及渾邪王以眾降數萬，遂開河西酒泉之地。」

4.《大宛列傳》：「其明年，渾邪王率其民降漢，而金城、河西西並南山至鹽澤空無匈奴。」

池田雄一認為此處的金城尚未建郡，《平準書》有河西，不提酒泉，則河西很可能不是郡名。

〔註8〕〔日〕內田吟風等著、余大鈞譯：《北方民族史與蒙古史譯文集》，雲南人民出版社，2003 年。

〔註9〕《中國文物地圖集》內蒙古分冊，上冊第 274～275 頁，下冊第 631、634 頁。

我認爲，《霍去病傳》是那一句話是全文最末的綜述，是晚出的追溯，因爲渾邪王之地是酒泉郡，所以強調了酒泉。《大宛傳》的金城河西，指金城縣黃河以西，金城縣在今蘭州，原應屬天水郡，是渡河要地。《平準書》的河西可以解釋爲總稱，《河渠書》河西、酒泉並列，可能因爲酒泉郡在河西四郡中，有最多的河流。

如果先建的河西郡就是張掖郡，似乎不必改名爲張掖，張掖不是漢語。臂膀可以張開，腋不可張，所謂張臂掖說出自附會。

如果先建的河西郡分爲酒泉、張掖，則史書不至於不提。河西地域太大，單建一郡不太可能。

問題就是司馬遷《史記》的《匈奴傳》、《大宛傳》太初三年之前，不提張掖郡。但是我認爲這不能說明此前未設張掖郡，或許是司馬遷疏忽，或許是他用河西代替張掖。

第四節　敦煌郡、武威郡設時

張維華說，效谷縣在元封六年已有，所以有敦煌郡。我以爲不確，設縣不等於設郡。

敦煌郡在太初元年（前 104 年）才設，因爲《大宛傳》說：「王恢數使，爲樓蘭所苦，言天子，天子發兵，令恢佐破奴，擊破之，封恢爲浩侯，於是酒泉列亭鄣至玉門矣。」王恢封侯是元封四年，說明敦煌設郡在此後。

有人說，這句話不能證明敦煌未設郡，即使敦煌設郡，也可以說酒泉列亭鄣到玉門關。我以爲不確，亭鄣是最簡單的防線，亭鄣還未設，說明此前敦煌不可能設郡縣。

《大宛傳》說李廣利伐大宛：「是歲太初元年也，而關東蝗大起，蜚西至敦煌……往來二歲。還至敦煌……貳師恐，因留敦煌……歲餘而出敦煌者六萬人。」敦煌作爲伐大宛的基地，正是設在此時。馬雍認爲建於太初元年（前 104 年）以前，〔註10〕差別不大。

太初四年，李廣利伐大宛回，《大宛傳》說：「而漢發使十餘輩，至宛西諸外國，求奇物，因風覽以伐宛之威德。而敦煌置酒泉都尉，西至鹽水，往往有亭。而侖頭有田卒數百人，因置使者護田積粟，以給使外國者。」

〔註10〕 馬雍：《西漢時期的玉門關和敦煌郡的西境》，《中國史研究》1981 年第 1 期。

這一段話，還有兩種別本和一種異說，可以衍生出四種觀點。《集解》引徐廣曰：「一本無置字」。又說：「一云置都尉。又云敦煌有淵泉縣，或者酒字當為淵字。」

如果按照徐廣所見的第一種別本，是敦煌酒泉都尉，讀不通。按照第二種別本，無酒泉，原文是：「敦煌置都尉，西至鹽水，往往有亭。」可以讀通，可能指敦煌新置西北的陽關、玉門關都尉，見於《漢書・地理志》，其西到羅布泊的鹽水。還有第三種可能，就是兩個置字都沒有，原文是：「敦煌都尉西至鹽水，往往有亭。」敦煌都尉似乎太突兀，或許不能成立。酒泉為淵泉的異說，也不能成立，因為敦煌置淵泉都尉，不見於《地理志》，淵泉縣還在敦煌之東，不是到鹽水、西域的路。

說明李廣利伐大宛之後，敦煌之西才設都尉，或者其西的都尉轄地才向外擴展，而敦煌縣緊鄰邊界，如果設郡，不應不在其西設都尉，說明敦煌郡的設置不會太早。

漢玉門關（周運中攝於 2017 年 8 月 29 日）

劉光華先生認爲敦煌郡建於後元元年的理由是：

1. 《大宛列傳》說：「而漢發使十餘輩，至宛西諸外國，求奇物，因風覽以伐宛之威德。而敦煌置酒泉都尉。」距離太初四年有兩年，敦煌還設酒泉都尉，說明天漢年間尚未設敦煌郡。

2. 1944年敦煌兩關遺址發掘一枚漢簡有酒泉玉門都尉，夏鼐認爲在元鼎六年之前。但斯坦因發現的敦煌漢簡最早是天漢三年，所以這枚簡不會早於天漢三年。

3. 《史記‧匈奴傳》說天漢二年：「漢使貳師將軍廣利以三萬騎出酒泉，擊右賢王於天山，得胡首虜萬餘級而還。匈奴大圍貳師將軍，幾不脫。漢兵物故什六七。漢復使因杅將軍敖出西河，與強弩都尉會涿塗山，毋所得。又使騎都尉李陵將步騎五千人，出居延北千餘里，與單于會，合戰。」

4. 《漢書‧匈奴傳上》徵和三年：「匈奴復入五原、酒泉，殺兩部都尉。於是漢遣貳師將軍七萬人出五原，御史大夫商丘成將三萬餘人出西河，重合侯莽通將四萬騎出酒泉千餘里。單于聞漢兵大出，悉遣其輜重，徙趙信城北邸郅居水。左賢王驅其人民度余吾水六七百里，居兜銜山。單于自將精兵左安侯度姑且水。御史大夫軍至追邪徑，無所見，還。匈奴使大將與李陵，將三萬餘騎追漢軍，至濬稽山合，轉戰九日，漢兵陷陳卻敵，殺傷虜甚眾。至蒲奴水，虜不利，還去。重合侯軍至天山，匈奴使大將偃渠與左右呼知王將二萬餘騎要漢兵，見漢兵強，引去。」

5. 《漢書‧西域傳》徵和四年漢武帝《輪臺詔》：「前開陵侯擊車師時，危須、尉犁、樓蘭六國子弟在京師者皆先歸，發畜食迎漢軍，又自發兵，凡數萬人，王各自將，共圍車師，降其王。諸國兵便罷，力不能復至道上食漢軍。漢軍破城，食至多，然士自載不足以竟師，強者盡食畜產，羸者道死數千人。朕發酒泉驢、橐駝負食，出玉門迎軍。吏卒起張掖，不甚遠，然尚廝留其眾。」

6. 《漢書‧西域傳下》：「徵和中，貳師將軍李廣利以軍降匈奴。上既悔遠征伐，而搜粟都尉桑弘羊與丞相御史奏言：「故輪臺東捷枝、渠犁皆故國，地廣，饒水草，有溉田五千頃以上，處溫和，田美，可益通溝渠，種五穀，與中國同時孰。其旁國少錐刀，貴黃金綵繒，可以易穀食，宜給足不乏。臣愚以爲可遣屯田卒詣故輪臺以東，置校尉三人分護，各舉圖地形，通利溝渠，務使以時益種五穀，張掖、酒泉遣騎假司馬爲斥候，屬校尉，事有便宜，因騎置以聞。」

但是又列出後元元年之前的敦煌郡記載，除了李廣利伐大宛涉及敦煌外，《史記・匈奴傳》：「是歲元封六年也。自此之後，單于益西北，左方兵直云中，右方直酒泉、敦煌郡。」《漢書・劉屈氂傳》戾太子起兵時：「吏士劫略者，皆徙敦煌郡。」認爲這些都是追溯，不能證明已有敦煌郡。

我以爲以上六個證據都不能成立，因爲：

武威郡設時，應從周師考證。本始二年，北征匈奴獲勝後，設武威郡。武威雖然靠近中原，但是其北部最不突出，面臨匈奴威脅。而《漢書・匈奴傳》說，匈奴經過此戰，迅速衰落，才能設武威郡。

綜上所述，漢開河西的次序非常明顯，先是元狩二年（前 121 年）平河西，渾邪、休屠內遷而不設郡縣。元狩四年（前 119 年），北征匈奴，匈奴北遷，才有朔方到令居的沿黃河屯田。元鼎二年（前 115 年），設令居縣。元鼎三年（前 114 年），設天水、安定郡。張騫從烏孫回來，看到河西空曠，建議招徠烏孫。元鼎六年（前 111 年），越過令居以北的烏鞘嶺，設酒泉、張掖郡。張掖郡治張掖縣就在烏鞘嶺北口，控制山口。張掖、酒泉對應休屠、渾邪地，分轄河西走廊東西部，大致以羌穀水（今黑河）爲界。同年，匈奴通過黃河以西、張掖以東的空白地帶南下，聯合羌人，攻令居，試圖切斷漢與西北的通道，漢軍戰勝。太初元年（前 104 年），伐大宛，爲保證供給而設敦煌郡。宣帝本始二年（前 72 年），北征匈奴獲勝，其後設武威郡。

班固《武帝紀》的錯誤過程，可能如下：他以爲漢得渾邪、休屠之地，立即設郡，於是在《武帝紀》降渾邪、休屠之下，隨即加上對應的酒泉、武威郡。但班固又看到前人元鼎六年設酒泉、張掖郡的記載，於是他認爲此處的酒泉郡肯定有誤，他把此處的酒泉應改爲剩下的敦煌郡，於是他就說元鼎六年分張掖郡設酒泉、敦煌郡。

班固《地理志》的錯誤過程，可能如下：《史記・大宛傳》說太初元年李廣利伐大宛時：「益發戍甲卒十八萬，酒泉、張掖北置居延、休屠以衛酒泉，及載糒給貳師。」這句話不通，原文應是：「益發戍甲卒十八萬，置酒泉、張掖北居延、休屠，以衛酒泉、張掖。」此處的置是安置，但是有人誤以爲是設置酒泉、張掖郡，於是誤說設二郡在太初元年（前 104 年）。如前所說，敦煌置於太初元年，可能因爲某種字句省略，誤爲《地理志》的後元年。武威郡誤在太初四年，可能是因爲《匈奴傳》置卒於休屠，有人誤以爲在休屠置郡。

敦煌河倉城（周運中攝於 2017 年 8 月 29 日）

第二章　漢代天山以南諸國考

　　漢代天山以南諸國的位置，南道皮山國以東各國的大體位置與北道烏壘國以西各國的大體位置爭議不大，但是蔥嶺諸國與博斯騰湖周圍諸國的位置有較大爭議，而且各國之間的距離、各國到都護府的距離、各國到長安的距離不是出自一個測量系統，看似非常混亂，需要梳理。

　　徐松考訂南部各國位置不多，但多誤，他說依耐在英吉沙，又說尉頭在烏什，危須在博斯騰淖爾（今博斯騰湖）東南，又誤以爲唐代的羯盤陀國在阿賴山。〔註1〕沙畹之說太簡，〔註2〕但是多有正解。

　　黃文弼的解釋也很簡略，但是錯誤不少，說依耐在英吉沙南的山谷，蒲犁在塔什庫爾干，又說依耐在蒲犁之南，其實英吉沙在東北，下文又說無雷在英吉沙山谷，依耐在其東北，上下矛盾，又信清人烏耗、難兜在巴達克山（巴達赫尙）之說，又說尉犁在今焉耆縣阿滿溝到紫泥泉間，說桃槐在小帕米爾，說山國在營盤古城等，〔註3〕都不對。

　　岑仲勉說皮山在坡斯恰木，即今澤普縣，而非皮山縣，但《漢書》說皮山到于闐、莎車都是 380 里，而澤普緊鄰莎車縣，於是他又說莎車國在塔什庫爾干，但是澤普到于闐與塔什庫爾干顯然都超過 380 里！他也不看各國人口數字，莎車國有 16373 人，僅次於龜茲、焉耆、難兜、姑墨、扜彌、于闐、疏勒，不可能在高寒的塔什庫爾干。他把蔥嶺各國全部西移，說蒲犁在大帕米爾，說依耐是什克南 Sakinah 的節譯，說無雷在乞拉托爾東南是 Malaur，說

〔註1〕〔清〕徐松著、朱玉麒整理：《漢書西域傳補注》，第 23、486、526～527 頁。
〔註2〕〔法〕沙畹：《魏略西戎傳校注》，原載《通報》1905 年，馮承鈞譯見《西域南海史地考證譯叢七編》，第 41～57 頁。
〔註3〕黃文弼：《漢西域諸國之分布及種族問題》、《焉耆博斯騰湖周圍三個古國考》，《西北史地論叢》，上海人民出版社，1981 年，第 54～72 頁。

難兜在乞拉托爾之東是 Dardus。他說蒲犁是大帕米爾的原因是音近，實爲孤證，他也說疏勒在今喀什，但大帕米爾到喀什不可能僅有 540 里，乞拉托爾到喀什不可能僅有 255 或 600 里，什克南到喀什也不可能僅有 650 里，塔什庫爾干到喀什不可能僅有 560 里。他又說休循在棍雜 Hunza，桃槐在達爾瓦斯 Darwaz，捐毒在棍雜之東的塔格敦巴什，休循、捐毒明明在喀什西北，但是岑氏竟南轅北轍，說在克什米爾，理由竟又是孤證捐毒音近印度，他又把《漢書》所說捐毒的南至蔥嶺改爲北至蔥嶺，擅改原文，不能成立。

　　他在《佛遊天竺記考釋》中說子合是瓦罕河谷的 Sarhad，於麾在印度河流域的奇拉托爾，竭叉是喀什。〔註4〕但是法顯是從子合到於麾，再到竭叉，難道法顯是先西過蔥嶺，到印度河上游，再向北穿過帕米爾高原，東到喀什，再西過蔥嶺到印度？岑氏考證錯亂不堪，因爲他未畫地圖，所以出此笑話。他說子合在瓦罕的主要證據是法顯從于闐走了 25 天才到此地，但是法顯不提中間在各地停留的時間，所以不能作爲鐵證。《漢書》、《後漢書》記載西夜、子合緊鄰，西夜到莎車僅有 300 里，不可能飛到瓦罕。而岑氏竟不顧漢代人記載的西域各國詳細的里程網絡，豈能考出原委？

　　楊衒之《洛陽伽藍記》卷五記載宋雲先到漢盤陀，再到鉢和，則鉢和在漢盤陀之西，岑氏說漢盤陀在噴赤堡（Kala Panja），但《新唐書·地理志七下》說護蜜多國的鳥飛州都督府所轄的鉢和州在娑勒色訶城，顯然是 Sarhad，還在噴赤堡之東！岑氏無法解釋，就說慧超《往五天竺國傳》說從吐火羅向東七日到胡蜜，說明胡蜜原在瓦罕之西。查慧超原書，第 38 條是胡蜜，第 37 條是突厥，第 36 條是骨咄，又說突厥在骨咄北，顯然是記載從骨咄往胡蜜的路上順帶說到北方的突厥，吐火羅是第 30 條，所以不可能是從吐火羅直接到胡蜜。骨咄在今庫洛布（Kulob）河下游，從此向東七日到胡蜜。宋雲說漢盤陀有孟津河，東北流到沙勒（疏勒），岑氏說孟津即噴赤河，但是噴赤河是西流爲阿姆河，顯然不是東北流。

　　岑仲勉又說《大唐西域記》卷十達摩悉鐵帝國的都城昏馱多城是今阿富汗北部的昆都士，但是玄奘在書中說此國：「在兩山間……狹則不逾一里。臨縛芻河，盤紆曲折，堆阜高下，沙石流漫，寒風淒烈。」達摩悉鐵帝顯然在高原，前人早已指出是噴赤河上游的 Khandūd，讀音、位置皆合，不可能是平原上的昆都士。下文對上述帕米爾高原諸地有詳細考證，可以確定岑說不能成立。

〔註4〕岑仲勉：《佛遊天竺記考釋》，《中外史地考證》，中華書局，第 767～781 頁。

各國里程表（方括號為修正數字，圓括號為考證數字）

國家		西漢			東漢	
國名	國都	到長安	到都護府	到鄰國	洛陽	柳中
鄯善	扞泥城	6100	1785	且末 720		
且末	且末城	6820	2258	小宛 3 日（300）、精絕 2000〔1000〕		
小宛	扞零城	7210〔7120〕	2558			
精絕	精絕城	8820〔7820〕	2723〔2273〕	戎盧 4 日（480～485）		
戎盧	卑品城	8300	2858			
扞彌	扞彌城	9280〔8280〕	3553	于闐 390	12800	4900
渠勒	鞬都城	9950〔9590〕	3852	（扞彌 299～310）		
于闐	西城	9670〔8670〕	3947	皮山 380	11700	5300
皮山	皮山城	10050〔9050〕	4292	烏秅 1340、姑墨 1450、莎車 380		
烏秅	烏秅城	9950	4892			
西夜		10250	5046	（莎車 300）	14400〔12400〕	
子合	呼犍谷					
蒲犁	蒲犁谷	9550〔9950〕	5396	莎車 540、疏勒 540、無雷 540		
依耐		10150	2730	莎車 540、無雷 540 疏勒 650、（蒲犁 120）	12150	
無雷	無雷城	9950	2465			
難兜		10150	2850	無雷 340〔1340〕、罽賓 330〔1330〕		
罽賓	循鮮城	12200	6840	烏秅 2250、難兜 9 日		
桃槐		11080		（休循 870）		
休循	鳥飛谷	10210	3120	捐毒 260、大宛 920、大月氏 1610		
捐毒	衍敦谷	9860〔9960〕	2861	大宛 1030		
莎車	莎車城	9950	4746	疏勒 560、蒲犁 740	10950	
疏勒	疏勒城	9350	2210	莎車 560、（尉頭 700）	10300	5000

尉頭	尉頭谷	8650	1411	捐毒馬行 2 日 1314		
烏孫	赤穀城	8900	1721			
姑墨	南城	8150	1021	于闐馬行 15 日、龜茲 670		
溫宿	溫宿城	8350	1380〔1311〕	尉頭 300、烏孫 610		
龜茲	延城	7480	350			
烏壘		（7130）	0	渠犁 330		
渠犁				龜茲 580		
尉犁	尉犁城	6750	300			
危須	危須城	7290	500			
焉耆	員渠城	7300	400	（尉犁 100）	8200	800

各家考訂諸國位置表

國名	圖志	圖考	丁謙	沙畹	白鳥	岑仲勉
烏耗						烏萇
西夜	裕勒阿里克		楚魯克	裕勒阿里克	Kosrāb	瓦罕
子合			裕勒阿里克	哈爾噶里克	阿子汗薩爾	塔什庫爾干
蒲犁	喀爾楚	乾竺特			密爾岱	大帕米爾
依耐	英吉沙	英吉沙		塔什庫爾干	Vaeha	什克南
無雷	阿喇楚勒	巴達克山北	奧克蘇		葉爾羌西	乾竺特
難兜	葉什勒	巴達克山西	乾竺特		蘗爾蘗多	奇托拉爾
桃槐						達爾瓦斯
休循	鄂什	蔥嶺西	蘇約克	伊爾克什坦	鄂什東南	棍雜
捐毒	布魯特	布魯特	察提爾	喀爾提錦	伊爾克什坦	塔格敦巴什
烏壘	策特爾					策特爾
輪臺	玉古爾					玉古爾
渠犁	塔里木河岸	塔里木河岸	庫爾勒			策特爾南
尉犁	哈喇噶阿璊	庫爾勒東		哈喇噶阿璊		哈喇噶阿璊
危須			烏沙克塔爾	察罕通格		曲惠東
山	沙山	羅布泊北	呼爾圖克達	辛格爾		

《漢書・西域傳》開頭說：

> 西域以孝武時始通，本三十六國，其後稍分至五十餘，皆在匈
> 奴之西，烏孫之南。南北有大山，中央有河，東西六千餘里，南北
> 千餘里。東則接漢，厄以玉門、陽關，西則限以蔥嶺。其南山，東
> 出金城，與漢南山屬焉。其河有兩原：一出蔥嶺出，一出于闐。于
> 闐在南山下，其河北流，與蔥嶺河合，東注蒲昌海。蒲昌海，一名
> 鹽澤者也，去玉門、陽關三百餘里，廣袤三四百里。其水亭居，冬
> 夏不增減，皆以為潛行地下，南出於積石，為中國河云。自玉門、
> 陽關出西域有兩道：從鄯善傍南山北，波河西行至莎車，為南道，
> 南道西逾蔥嶺則出大月氏、安息。自車師前王廷隨北山，波河西行
> 至疏勒，為北道，北道西逾蔥嶺則出大宛、康居、奄蔡焉。

所謂南北有山，其實就是專指塔里木盆地，因為漢代西域諸國以塔里木盆地為主，所以此處索性專說天山以南諸國。此處又說南北兩道，南道從鄯善到莎車，北道從車師到疏勒。

細究起來，這兩種說法都有問題。因為莎車在南北兩道之間，所以《西域傳》在具體論述各國時，居然把莎車置入北道。而北道的真正起點仍在樓蘭，所以不能說車師到疏勒，應該也是從樓蘭到疏勒。

先看莎車，《西域傳》按照各國位置敘述，全篇排列如下：1 婼羌，2 鄯善，3 且末，4 小宛，5 精絕，6 戎盧，7 扜彌，8 渠勒，9 于闐，10 皮山，11 烏秅，12 西夜，13 蒲犁，14 依耐，15 無雷，16 難兜，17 罽賓，18 烏弋山離，19 安息，20 月氏，21 大夏，22 康居，23 大宛，24 桃槐，25 休循，26 捐毒，27 莎車，28 疏勒，29 尉頭，30 烏孫，31 姑墨，32 溫宿，33 龜茲，34 烏壘，35 渠犁，36 尉犁，37 危須，38 焉耆，39 烏貪訾離，40 卑陸，41 卑陸後，42 郁立師，43 單桓，44 蒲類，45 蒲類後，46 西且彌，47 東且彌，48 劫，49 狐胡，50 山，51 車師前，52 車師後，53 車師都尉，54 車師後城長。

敘述順序是先從南道向西到蔥嶺以西，再回到蔥嶺以東的北道，莎車竟被置入北道，而且置於疏勒之前！因為塔里木盆地周邊各國是環形，所以南北兩道在何處切開，是個重要問題，看似嚴格的南北道其實不能嚴格分開，而所謂各國到都護府距離、各國到長安距離都是因此產生，而且其實所謂的破綻，恰好也都在莎車附近！

第一節　樓蘭到莎車

南道其實是從樓蘭開始，原都在羅布泊西北的樓蘭古城，遷都鄯善，在今若羌東南的且爾乞都克古城，所以先說鄯善。不知爲何，《西域傳》竟把婼羌置於首位，又說是辟在西南，不當孔道。既然不在要道，則不應置於首位。而且婼羌去陽關 1800 里，鄯善去陽關 1600 里，鄯善更近。或許因爲班固未曾到西域，他是看圖作文，看到地圖上的婼羌似乎靠近陽關，於是把婼羌置於首位。

鄯善古城在今若羌縣城附近，敦煌所出唐光啓元年（885 年）的《沙州伊州地志》：「鄯善城……西去石城鎮廿步，漢鄯善城，見今摧壞。」在今若羌縣城之東的鐵干力克。〔註5〕今按龜茲到長安 7480 里，龜茲到烏壘 350 里，則烏壘到長安 7130 里，鄯善到烏壘 1785 里，如果鄯善、烏壘、長安三地的上述距離經過樓蘭計算，所以我們可以算出樓蘭到烏壘 1407 里，樓蘭到鄯善 378 里，樓蘭到長安 5722 里。但是樓蘭到若羌縣城超過 378 里，說明鄯善到都護府的 1785 里不經過樓蘭，而是走塔里木河下游其他河道。今庫爾勒到若羌 430 千米，漢代是 1032 里，加上漢代尉犁到烏壘 300 里，不足 1785 里，則是今河道以東的另外河道，總之不到樓蘭。

鄯善距長安 6100 里，鄯善向西到且末 720 里，所以且末到長安恰好是 6820 里。鄯善到都護府 1785 里，且末到都護府 2258 里，相差 473 里，不是 720 里，且末向北不可能直通都護府，必經鄯善，所以二者有一數字錯誤。鄯善到都護府 1785 里，加上 720 里，是 2505 里，如果把 2258 改爲 2528，則大致吻合。

且末向南三日到小宛，小宛到長安 7210 里，到都護府 2558 里，到都護府比且末多 300 里，到長安比且末到 390 里，二者都要經過且末，所以必有一誤，如果把到長安的 7210 里改爲 7120 里，到長安的比且末也是恰好多 300 里，二者吻合，小宛在且末南 300 里。且末古城是今且末城南的來利勒克古城，崑崙山北麓有漢代墓群，〔註6〕但是小宛是牧民，故而無城。

且末向西到精絕 2000 里，顯然有誤，應該是 1000 里，所以精絕到長安 8820 里，應是 7820 里。精絕城是今民豐縣北部直線距離 120 千米的尼雅古城，南北朝時期廢棄。

〔註 5〕王仲犖：《敦煌石室地志殘卷考釋》，中華書局，2007 年，第 199 頁。
〔註 6〕國家文物局主編：《中國文物地圖集》新疆分冊，下冊第 515～517 頁。

和田博物館藏和田縣布蓋依烏里克遺址採集的文字陶片
（周運中攝於 2015 年 9 月 4 日）

和田博物館藏尼雅遺址採集漢晉木雕門板（周運中攝於 2015 年 9 月 4 日）

　　精絕之南的戎盧，到長安 8300 里，按照上文改訂的精絕到長安里程，則戎盧在精絕之南 480 里。戎盧到都護府 2858 里，而精絕到都護府 2723 里，相差僅有 135 里，顯然不合，如果我們把 2723 里改爲 2273 里，則相差 485 里，與 480 里吻合。則戎盧在精絕之南 480 里，所以《西域傳》原文說戎盧在精絕之南四日，且末到小宛三日，300 里，此處四日 480 里，也能大致吻合。

　　戎盧在精絕南部的河流上游，自然是通過精絕計算，但是松田壽男竟說

戎盧的里程是通過小宛計算，毫無依據。〔註7〕

精絕向北可以通過克里雅河直通都護府，不必走且末、鄯善，所以精絕到都護府僅有 2273 里，比且末還近。

精絕向西到扜彌 460 里，到長安 9280 里，到都護府 3553 里。3553 里不是精絕到都護府的 2273 里加上 460 里，因爲扜彌向北走和田河，直通北道，不必走精絕。9280 里是精絕的 8820 里，加上 460 里。但是上文已把 8820 里改訂爲 7820 里，所以 9280 應是 8280 里。扜彌城，一般認爲是今策勒縣北部的圓沙古城，東距尼雅古城僅有 100 多千米，但是中間是沙漠，需要向南通過尼雅河到崑崙山北麓，再向北經克里雅河到達，所以有 460 里。

扜彌向西 390 里到于闐，所以于闐到長安恰好是 9670 里，但是也應改訂爲 8670 里。于闐到都護府 3947 里，比扜彌多 394 里，雖然很接近 390 里，但是未必能說明于闐到都護府要經過扜彌。

于闐古城，1890 年法國杜特雷伊（Dutreuil de Rhins）考察團的格倫納（M. Grenard）認爲是今和田市西郊的約特干遺址。1900 年來此考察的斯坦因認爲是約特干，理由有三：第一，後晉天福中，高居誨出使于闐，記載：「玉河在國城外，源出崑山。西流千三百里，至國界牛頭山，分爲三：曰白玉河，在城東三十里，曰綠玉河，在城西二十里，曰烏玉河，在綠玉河西七里。」〔註8〕白玉河是今玉龍喀什河，烏玉河是今喀拉喀什河，約特干正在玉龍喀什河西三十里。第二，《大唐西域記》卷十二瞿薩旦那國（于闐）：「王城西南二十餘里，有瞿室棱伽山。唐言牛角。山峰兩起，岩陳四絕。於崖谷間建一伽藍，其中佛像時燭光明。昔如來曾至此處，爲諸天人略說法要，懸記此地當建國土，敬崇遺法，遵習大乘。」約特干西南 20 多里的庫馬爾山確有石窟。第三，玄奘又說：「王城西五六里，有娑摩若僧伽藍。中有窣堵波，高百餘尺。」娑摩若即約特干西的索米雅遺址，讀音吻合，有高大神聖的土墩，正是佛塔遺跡。

黃文弼認爲不是約特干城，因爲此城太小，且無城牆，文物很少，河易改道，不能據以測量，他以爲于闐故都是今洛浦縣北 15 千米的阿克斯皮爾（阿克斯色伯勒）古城，城東南有古河道。〔註9〕此城殘存 105 米，高 4 米，城周遺址廣大，南北近 10 千米，東西 5～6 千米，出土西漢五銖錢、于闐馬錢、

〔註7〕〔日〕松田壽男、陳俊謀譯：《古代天山歷史地理學研究》，第 79 頁。

〔註8〕斯坦因引自《古今圖書集成》，其實出自宋人張世南《遊宦紀聞》。

〔註9〕黃文弼：《古代于闐國都之研究》，原載《史學季刊》第 1 卷第 1 期，1940 年。收入《黃文弼西北史地論叢》，第 268～276 頁。

黑汗王朝錢幣、婆羅迷文書等。黃文弼後又改而認爲于闐故都是和田市南 25 千米的買里克阿瓦提，理由是其北是西山城，符合《新唐書》卷二二一上《西域傳上》于闐王居西山城，南部的強牙司是《法顯傳》的瞿摩帝寺，也即《魏書・西域傳》王城南五十里的贊摩寺，也即瞿室棱伽山。〔註10〕

　　殷晴以爲于闐故都是約特干東南的耐加拉・哈奈，當地老人告訴斯坦因此地是哈盧哈里・秦馬秦古城，此地俗稱打鼓之地，正是玄奘所說于闐城東南的龍鼓之地。李吟屛以爲此地即斯坦因所說的鼓室 Naghara-khana，其西北的阿依登庫勒湖即玄奘所說的鼓池，則都城在約特干與湖間的阿拉勒巴格，文物很多。此地緊鄰約特干，約特干是都城附屬區。〔註11〕

　　我以爲阿克斯皮爾古城在東，約特干恰在其西，故爲西城，所以于闐有東西城長。約特干遺址面積約 15 萬平方米，鄰近阿拉勒巴格等地，是漢到宋代古城，出土唐代與黑汗王朝古錢。約特干是維吾爾語的汗的故園，幹即汗。黃文弼未見此城豐富的文物，實爲沙漠掩埋。但是約特干到圓沙古城的直線距離就有 230 千米，超過 390 里。我以爲漢人記載的 390 里是到于闐國都核心區的里程，而非特指西城。

和田博物館藏約特干出土的唐代人首牛頭陶水注、骨雕人像（周運中攝）

〔註10〕黃文弼：《塔里木盆地考古記》第五章，科學出版社，1958 年。
〔註11〕李吟屛：《古代于闐國都再研究》，《新疆大學學報》1989 年第 3 期。

　　于闐向西 380 里，到皮山，所以皮山到長安恰好是 10050 里，但是也應改訂爲 9050 里，皮山到姑墨 1450 里，到都護府 4292 里，姑墨到都護府 1021 里，皮山到都護府的距離不是 1021 里加上 1450 里，更像是于闐到都護府的 3947 里加上 380 里，應是 4227 里，或許 4292 是 4229 之誤，總之皮山到都護府的距離仍然是從于闐計算。

　　皮山西北到莎車 380 里，但是莎車到長安是 9950 里，比皮山到長安多出 900 里！說明莎車到長安的距離不是根據皮山計算，雖然二者緊鄰。因爲莎車通過葉爾羌河直通塔里木河，所以莎車到長安的距離是按照北道計算。疏勒到長安 9350 里，莎車多出 600 里，而原文說莎車到疏勒 560 里，大致吻合。莎車到長安不可能經過疏勒，但是莎車稍遠。莎車到都護府 4746 里，也是按照通過葉爾羌河的道路計算。

　　莎車所在的葉爾羌河是一條大河，莎車到都護府與長安自然是通過葉爾羌河的水道最便利，但是松田壽男竟想不到，以爲各國到都護府與長安一定要經過周圍的另一個國家，說莎車到都護府與長安是經過疏勒。〔註 12〕其實疏勒在另一條喀什噶爾河流域，莎車到塔里木河不可能經過喀什噶爾河。

　　今莎車縣城附近無早期遺址，西南的孜熱普夏提鄉有蘭幹村漢代遺址，面積 1 萬平米，其東南的葉城縣江格勒斯鄉科克其格得村有漢晉時期的卻勒卡絮克城址，面積 1 萬平米，〔註 13〕我以爲這兩處遺址恰好在葉爾羌河沖積扇兩側，就是莎車國的核心地。

第二節　烏秅、西夜、子合

　　皮山西南到烏秅 1340 里，但是烏秅到長安是 9950 里，僅比皮山多出 900 里！烏秅到都護府是 2892 里，即使按照皮山到都護府的原文 4292 計算，也僅比皮山多出 600 里！烏秅要通過葉爾羌河到塔里木盆地，但是葉爾羌河下游的西夜國到長安的距離竟是 10250 里！照理說應該更近，但是更遠了。說明烏秅國到都護府、長安的距離仍然是通過皮山而非西夜計算，但是測量路線與測量皮山、烏秅之間里程的路線不同。

　　出現不同的里程，一般是因爲此國在山地，有不同山谷進入。烏秅在喀喇崑崙山中，所以有不同里程。近路有 600 到 900 里，似走葉城縣西部到葉

〔註 12〕〔日〕松田壽男、陳俊謀譯：《古代天山歷史地理學研究》，第 76 頁。
〔註 13〕國家文物局主編：《中國文物地圖集》新疆分冊，下冊第 576、580 頁。

爾羌河谷。遠路有 1340 里，似走皮山縣南部到喀拉喀什河上游，再從今 219 國道向西到葉爾羌河上游，再向西北到烏秅。〔註 14〕

秅字罕見，劉敞：「秅當作秏。」極有見地，因爲《法顯傳》說子合國：「南行四日至蔥嶺山，到於麾國安居。」《魏書‧西域傳》：「權於摩國，故烏秅國也。」於麾即權於摩，即烏秅。子合在今葉城西南，向南四日則在喀喇崑崙山。白鳥庫吉已經提出，麾、摩，音近毛，所以應是秏，而不可能是秅。古人譯音，不必選擇僻字，何況秅字僅見於此處。古書字的外譯錯字往往不易察明，因爲多被誤以爲是特殊用字。岑仲勉等人不明錯字，認爲烏秅是烏仗那，無視古書記載，否定白鳥的精闢見解，於是讓法顯在蔥嶺來回穿梭。

沙畹未看出秏、麾、摩相通，以爲秅、陀音近，又誤信清人謬論，以爲權於摩就是朅盤陀。〔註 15〕其實朅盤陀在塔什庫爾干縣中部，烏秏在今縣南部，不是一國。前人未能考明烏秏位置，其實這條路很重要，東晉時期法顯、智猛去印度都是取道烏秏。

法顯弘始元年（399 年）西行，從子合國四日到於麾（烏秏），是進入山地，到其國界，而非到其國都，所以又花了二十五天才到竭叉（朅盤陀）。烏秏到竭叉的直線距離很近，但極難走。法顯不是從皮山出發，而是從今葉城縣的子合南行，可能就是走今 219 國道進入葉爾羌河上游。從今葉城縣向南 200 里進入山地，400 里到葉爾羌河谷，烏秏國很可能在葉爾羌河谷。

智猛在五年後，也走此路，《高僧傳》卷三：「遂以僞秦弘始六年甲辰之歲，招結同志沙門十有五人，發跡長安……從于闐西南行二千里，始登蔥嶺，而九人退還。猛與余伴進行千七百里，至波倫國……與余四人共度雪山，渡辛頭河，至罽賓國。」此處未提皮山、烏秏，但是既是西南，則仍是烏秏路，而且兩千里，正是于闐到子合再到烏秏的里程，波倫就是小勃律。

劉宋元徽三年（475 年）法獻也想走此路，《高僧傳》卷十四：「既到于闐，欲度蔥嶺，值棧道斷絕。」又過四十四年，宋雲、慧生西行，也從朱駒波（子合）到漢盤陀（竭叉），所用時間少了一半，宋雲路線，下文再考。看兩條路線對比圖，大致形成等邊三角形，宋雲走的是一邊，法顯走的是兩邊，所以宋雲省了一半時間。

〔註 14〕 有人不知古人說的里數是實際行程，也不察喀喇崑崙山極其難行，說權於摩在山南，於麾在山北，是二國，顯然不可能。

〔註 15〕 〔法〕沙畹：《宋雲行紀箋注》，馮承鈞譯《西域南海史地考證譯叢》第六編，第 21 頁。

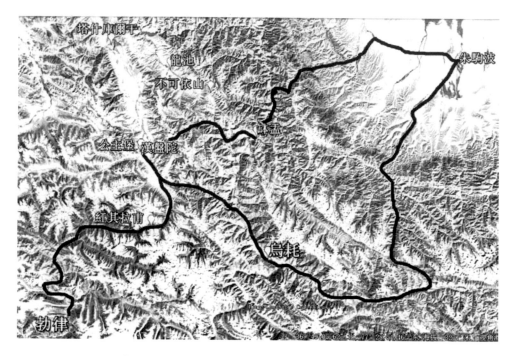

法顯的烏秅路（下）與宋雲的缽盂路（上）對比圖

今塔什庫爾干縣南部的早期遺址集中在熱斯喀木到阿孜尕勒的葉爾羌河谷，有多處遺址與墓群，瓊托卡依遺址從青銅時代沿用至晉代，其北的阿依布隆是唐代遺址，其南有六處青銅時代到早期鐵器時代遺址，有同時代墓群六處，岩畫四處，此處很可能是烏秅的核心地。〔註16〕

王炳華在考察塔什庫爾干時，特別提到這一地區，聽此縣人說此處文物非常豐富，阿克鐵列克有古代城堡，玉素坎有銅礦及古陶片、金銀器。〔註17〕看來烏秅核心地的文物很多，由於交通偏僻，現在不能全面調查。

烏秅在今塔什庫爾干縣東南角，正在喀喇崑崙山中，所以地勢險惡。《魏書·西域傳》皮山：「西南三里，有凍凌山。」應是三百里，凍凌山即喀喇崑崙山，世界上冰川最發達的山脈，世界上 14 座 8000 米以上的山峰，有 4 座在此。主峰喬戈里峰 8611 米，世界第二高峰。

從烏秅從罽賓 2250 里，翻過極高的喀喇崑崙山，《漢書》說皮山到罽賓：「起皮山南，更不屬漢之國四五……驢畜負糧，須諸國稟食，得以自贍。國或貧小不能食，或桀黠不肯給……又歷大頭痛、小頭痛之山，赤土、身熱之

〔註16〕國家文物局主編：《中國文物地圖集》新疆分冊，上冊第 190 頁、下冊第 586 頁。
〔註17〕王炳華：《蔥嶺古道覓蹤》，《西域考古文存》，第 136 頁。

阪，令人身熱無色，頭痛嘔吐，驢畜盡然。又有三池、磐石阪，道狹者尺六七寸，長者徑三十里。臨崢嶸不測之深，行者騎步相持，繩索相引，二千餘里乃到縣度。」法顯從竭叉走了一個月，才度過蔥嶺。

古希臘地理學家托勒密的《地理志》記載東方說巴克特拉（Bactra）：「又自此向北爬升到山國科邁第（Comedi），再向南經山國而下，至高原邊緣上的谷口。按馬林努斯的說法，此山國的西端偏向北。與拜占庭處於同緯度，東端偏向南，與赫勒斯滂處於同緯度。所以，山脈的走向為東南而西北，而道路則相反，由西北而東南。由高原谷道向石塔的長 50 雪尼的路程似向北行。石塔位於爬上山谷經過的路上，由這裡山脈東展，與伊穆斯（Imaus）山脈相接。伊穆斯山脈由帕林波特拉（Palimbothra）國向北延伸至此。」

裕爾以為科邁第即唐代的俱密，玄奘所說的拘謎陀，阿拉伯地理學家埃德里西標 Kawadian 或 Kabadian 在鐵爾梅茲（Termedh）與希薩爾（Hissar）間，今仍有村莊保留此名。不過考迪埃等人根據裕爾等人的這一判斷，認為道路是從此向東經阿賴高原到喀什。〔註 18〕李希霍芬、托馬錫、格勒那爾、斯坦因等人都以為是經過阿賴山到喀什一路，格勒那爾認為俱密包括瓦罕，白鳥庫吉認為經過塔什庫爾干，很多人以為石塔即塔什庫爾干，原義即石城，岑仲勉以為經過塔什庫爾干，但是石塔不止一處，石塔在噴赤河上游，伊穆斯山在塔克敦巴什，因為塔什庫爾干河在此轉向東北，原文說伊穆斯山在東。〔註 19〕

我以為科邁第無疑是俱密，在今阿富汗最北部的噴赤河大轉彎西部的第一個沖積扇，所以先向北，再向南，也即經過噴赤河大轉彎。說明到噴赤河上游的瓦罕，不可能經過阿賴山到喀什，阿賴山到喀什的道路根本不符合這個特點。接下來，山向東北，而路向東南，其實很容易理解，因為瓦罕到塔什庫爾干的山脈向東北，但是行人不經過瓦罕河谷，而是從其北部的大帕米爾河，再向東南，玄奘就是這樣行走，所以《大唐西域記》卷十二說：「波謎羅川中有大龍池，東西三百餘里，南北五十餘里……波謎羅川南，越山有鉢露羅國，多金銀，金色如火。自此川中東南，登山履險，路無人里，唯多冰雪。行五百餘里，至朅盤陁國。」今大帕米爾河的湖泊廣大，而瓦罕河谷無大湖，而且玄奘說從波謎羅川向東南到朅盤陁，說明是從大帕米爾河向東南到塔什庫爾干河上

〔註 18〕〔英〕H. 裕爾撰、〔法〕H. 考迪埃修訂、張緒山譯：《東域紀程錄叢》，雲南人民出版社，2002 年，第 154～155、159～160 頁。
〔註 19〕岑仲勉：《托烈美所述絲路考略》，《漢書西域傳地里校釋》，第 557～563 頁。

游，經過今天的排依克山口，而非走明鐵蓋達阪或紅其拉甫達阪。波謎羅川即大帕米爾河。Palimbothra 的 palim 應是 pamil，即帕米爾。〔註20〕

但是伊穆斯山不在塔什庫爾干之東，我以為 Imau 正是烏秅、於麾的音譯，原文說 Palimbothra 向北延伸至此，其實恰好相反，是向南延伸到烏秅。或許是古人認為塔什庫爾干之東是喀喇崑崙山的餘脈，所以也稱為烏秅山。托勒密下文說伊穆斯山是賽里斯國與斯基泰人的分界，今塔什庫爾干東部的山路雖然長，但是不及喀喇崑崙山高。烏秅鄰近的喀喇崑崙山很高，所以托勒密特別說到此山是塞人與中國的分界。

這段絕路在烏秅與罽賓之間，應是向西北出紅其拉甫達阪或明鐵蓋達阪，進入罕薩（Hunza）河谷，這是最方便的一條路，因此古人多取道於此。智猛經過的波倫國即唐代勃律，就在此處。河谷有歷代東西旅人的題刻，其中最珍貴的一方漢文題刻是：「大魏使谷魏龍今向迷密使去。」記載北魏使者去米國（在今烏茲別克）之事，〔註21〕走此路到斯利那加一帶正是兩千多里。但是 Hunza 不是烏秅國所在，即使是烏秅也不合，因為 hun 的讀音與 a 相差太大。

有人說烏秅在棍雜（Hunza），因為讀音接近，縣度天險在棍雜與罽賓之間，皮山到罽賓要經過棍雜，棍雜距離皮山 1340 里，棍雜地理接近烏秅。〔註22〕我以為這五個理由全不能成立，Hunza 與 Iman 讀音完全不能勘同，即使烏秅要罽賓經過棍雜，如何能證明烏秅就在棍雜？縣度是印度河谷的音譯兼義譯，印度河上游都可以有此總稱。至於所謂地理情況，喀喇崑崙山的高山地帶全部符合，根本不能成為考證具體地點的準確證據。

西夜在莎車之南，原文未說到莎車的距離，但是我們發現，西夜到都護府的距離 5046 里，恰好比莎車多出 300 里！西夜到長安的距離 10250 里，也恰好比莎車多出 300 里，說明西夜到莎車就是 300 里。

或以為西夜在今葉城縣南部的裕勒阿里克，因為恰好在葉爾羌之南 300 里，但是西夜在莎車西部的山地，不在平原，而且莎車之南是子合，西夜不是子合。西夜不是子合，《漢書》：「西夜國，王號子合王，治呼犍谷。」《後

〔註20〕 有人說此地是華氏城 Pāṭaliputra，見〔英〕G. F. 赫德遜著、李申、王遵仲、張毅譯：《歐洲與中國》，北京：中華書局，第 57 頁。但是華氏城在今印度東部的巴特那，位置不合。

〔註21〕 馬雍：《巴基斯坦北部所見「大魏」使者的岩刻題記》，《西域史地文物叢考》，文物出版社，1990 年，第 129～137 頁。

〔註22〕 余太山：《兩漢魏晉南北朝正史西域傳研究》，第 262 頁。

漢書》：「西夜國一名漂沙，去洛陽萬四千四百里。戶二千五百，口萬餘，勝兵三千人……《漢書》中誤云西夜、子合是一國，今各自有王。子合國居呼犍谷。去疏勒千里。去疏勒千里。領戶三百五十，口四千，勝兵千人。」子合人比西夜少一半多，確在山地，子合靠近平原。

　　白鳥庫吉以爲子合在 Asagan-sal 河谷與葉爾羌河交匯的 Kosrāb 附近，今按阿克陶縣南部的庫斯拉甫鄉到莎車大概是 300 里，但是此地是西夜，不是子合，而且阿孜干薩勒（Asagan-sal）與葉爾羌河的交匯處也不是庫斯拉甫，而是霍什拉甫之東 15 千米。阿孜干薩勒在葉城縣西南的棋盤河上游。

　　西夜距離莎車 300 里，在高原東側。漂沙音近皮山，皮山與疏勒、莎車、于闐一樣都是塞種，西夜應該也是塞種。而高原上的依耐即伊朗異譯，應是伊朗語族的塔吉克人。

　　子合在今葉城縣西南，因爲《漢書》說子合土地出玉石，是指今葉城縣西南棋盤鄉的密爾岱山，此山產玉，現在北京故宮乾隆時期的著名玉山多來自此山，大禹治水圖玉山重達 7 噸。《西域聞見錄》說：「去葉爾羌二百三十里有山曰米爾臺塔班。遍山皆玉，玉色不同。然石夾玉，玉夾石。欲求純玉無瑕，大到千萬斤者，則在絕高嶺峰之上，人不能到，土產犛牛，慣於登涉，回人攜其牛，攀援錘鑿，任其自落後收取焉。」徐松《西域水道記》說密爾岱：「山竣三十里許，四時積雪，谷深六十餘里。山三成：下成者麓，上成者巔，皆石也。中一成則瓊瑤函之，彌望無際，故稱玉山。」

　　子合靠近葉城一側，《魏書·西域傳》：「悉居半國，故西夜國也，一名子合。其王號子〔合〕，治呼犍〔谷〕。」此段來白董琬，雖然抄襲古書，仍然誤把二國合一，但是記載的新名悉居半，透露出其實是子合，又說：「朱居國，在于闐西。其人山居。有麥，多林果。咸事佛。語與于闐相類。」這是慧生行記的首條，即子合，《洛陽伽藍記》作朱駒波，《梁書·諸夷傳》作周古柯國。朱駒波、朱居、周古柯、悉居半源自 Cukuban，〔註23〕音近子合上古音 tsiə-kəp。《大唐西域記》卷十二伕沙國（疏勒國）：「從此東南行五百餘里，濟徙多河，逾大沙嶺，至斫句迦國。舊曰沮渠。」沮渠是莎車（Saka）的異譯，說明子合佔據了莎車故都，又說斫句迦國：「從此而東，逾嶺越谷，行八百餘里，至瞿薩旦那國。」

　　唐代作郅支滿，《新唐書·地理志七下》：「于闐西五十里有葦關，又西經勃野，西北渡繫館河，六百二十里至郅支滿城，一日磧南州。又西北經

〔註23〕　〔唐〕玄奘、辯機原著、季羨林等校注《大唐西域記》，第 998 頁。

苦井、黃渠，三百二十里至雙渠，故羯飯館也。又西北經半城，百六十里至演渡州，又北八十里至疏勒鎮。」郅支滿到疏勒 560 里，恰好是漢代疏勒到莎車的距離，也說明子合佔據了莎車故都。漢代于闐到莎車 760 里，唐代于闐到莎車超過 670 里，大致吻合。

有人說《漢書》未誤，西夜即子合，理由是《漢書》說：「蒲犁及依耐、無雷國皆西夜類也。」西夜的眞名是漂沙，《漢書》西夜的人口數字與《後漢書》子合同。又說子合產玉之地 Asagan-sal，徐松稱爲阿子汗薩爾。又說按照漂沙到長安的里程，則在子合之西三千里。〔註 24〕我以爲這三條理由全不能成立，第二條恰好證明存在一個西夜國，第三條恰好證明《漢書》把子合國的數字誤爲西夜國，第一條也不能證明，因爲下文即說：「西夜與胡異，其種類羌氏行國，隨畜逐水草往來。」西夜不是族稱，所謂西夜類指蒲犁、依耐、無雷等高原國家類似西夜那樣游牧遷徙，也說明西夜在高原東部，而子合靠近平原。上文已經說過，阿孜干薩勒在棋盤河上游，其實就是密爾岱山，《西域水道記》卷一說從葉爾羌到密爾岱山的行程，齊盤山：「又西南五十里，至阿子汗薩爾。又西南六十里，至密爾岱山。」漂沙不可能在子合之西 3000 里，漂沙到洛陽應是 12400 里而非 14400 里，原文有誤。

今葉城縣的漢唐遺址集中在中部的崑崙山北麓，宗朗鄉最多，其南的烏夏克巴什鎮布朗村南 800 米有南北朝佛寺遺址。〔註 25〕這一地區靠近今 219 國道，正是進入崑崙山的要衝，很可能是子合的核心地。

子合曾經是翻越蔥嶺、崑崙的要道，敦煌懸泉漢簡編號 II 90DXT0013②：24 的簡文說：

> 出錢百六十，沽酒一石六斗。以食屬守董並√葉賀所送沙車使
> 者一人、罽賓使者二人、祭越使者二人，凡四人，人四食，食一斗。

有學者指出，祭越國在通往莎車、罽賓路上，即子合異譯。〔註 26〕我以爲此說合理，子合的地位確實很重要。

第三節　蒲犁、依耐、無雷、難兜、罽賓

蒲犁東至莎車 540 里，北至疏勒 550 里，南與西夜、子合接，西至無雷

〔註 24〕　余太山：《兩漢魏晉南北朝正史西域傳研究》，第 263 頁。
〔註 25〕　國家文物局主編：《中國文物地圖集》新疆分冊，上冊第 184 頁。
〔註 26〕　羅帥：《敦煌懸泉漢簡所見折垣與祭越二國考》，《西域研究》2012 年第 2 期。

540 里。依耐至莎車 540 里，至無雷 540 里，北至疏勒 650 里，南與子合接。這些數字太接近，說明當時的測量還很粗略，或許依耐數字有誤，是抄襲蒲犁的數字。因為此處恰好在帕米爾高原，所以測量更難。

從疏勒到蒲犁，應即唐代疏勒到蔥嶺的路，《新唐書・地理志七下》：「自疏勒西南入劍末谷、青山嶺、青嶺、不忍嶺，六百里至蔥嶺守捉，故羯盤陀國，開元中置守捉，安西極邊之戍。」羯盤陀國在今塔什庫爾干縣，從塔里木盆地到塔什庫爾干的最近線路是走葉爾羌河谷，但是這一條路極為難走，而從喀什向西南走疏附縣、阿克陶縣的蓋孜河谷到塔什庫爾干的道路很平，所以今天仍然是通往塔什庫爾干的主道，也即 314 國道。

劉宋永初元年（420 年）曇無竭就是從疏勒到蔥嶺，《高僧傳》卷三：「初至河南國，仍出海西郡。進入流沙，到高昌郡。經歷龜茲、沙勒諸國，登蔥嶺，度雪山。」沙勒即疏勒，他是從疏勒向南到蔥嶺。

開皇元年（581 年），南印度人達摩笈也從渴羅槃陀（渴槃陀）到沙勒（疏勒），見《續高僧傳》卷二。

開元十五年（727 年）慧超回國，也從蔥嶺出疏勒，《往五天竺國傳》：「又從蔥嶺步入一月至疏勒。」

天寶十載（752 年），悟空西行，也從疏勒到蔥嶺，《悟空入竺記》：「次疏勒國，次度蔥山，至楊興嶺及播蜜川。」

北宋乾德四年繼業等人去印度，也是從疏勒到塔什庫爾干，范成大《吳船錄》錄其行程，《文獻通考》轉錄：「入伊吾、高昌、焉耆、于闐、疏勒、大石諸國，度雪嶺，至布路州國，又度大曲嶺。」〔註 27〕黃盛璋考證大石即今塔什庫爾干，或是塔吉克（Tajik）的異譯。〔註 28〕

玄奘記載最細，《大唐西域記》卷十二羯盤陀國：「大崖東北，逾嶺履險，行二百餘里，至奔穰舍羅，唐言福舍。蔥嶺東岡，四山之中，地方百餘頃，正中墊下。冬夏積雪，風寒飄勁……商旅往來，苦斯艱險。聞諸耆舊曰：昔有賈客，其徒萬餘，橐駝數千，齎貨逐利，遭風遇雪，人畜俱喪。時揭盤陀國有大羅漢，遙觀見之，愍其危厄，欲運神通，拯斯淪溺。適來至此，商人已喪。於是收諸珍寶，集其所有，構立館舍，儲積資財，買地鄰國，鬻戶邊城，以賑往來。故今行人商旅，咸蒙周給。從此東下蔥嶺東岡，登危嶺，越

〔註 27〕〔宋〕范成大撰、孔凡禮點校：《范成大筆記六種》，中華書局，2002 年，第204、210 頁。

〔註 28〕黃盛璋：《繼業西域行記歷史地理研究》，《中外交通與交流史研究》，第 124 頁。

洞谷，溪徑險阻，風雪相繼，行八百餘里，出蔥嶺，至烏鎩國。」

此時的羯盤陀國還在今塔什庫爾干縣達布達爾鄉，從此向北二百里，到今縣城。從此下蔥嶺，到烏鎩國（在今英吉沙縣）。大致是八百里，如果走葉爾羌河谷直通莎車則不足八百里，而且向東的葉爾羌河谷極其險峻，完全不合。因爲先到英吉沙，所以下文說向北到伕沙（疏勒），再向東南到斫句迦（子合）。英吉沙到疏勒不足 500 里，但是玄奘說有 500 里，這是因爲他記載的里程多有誇大，莫賀延磧也不足 800 里。

回鶻文本《玄奘傳》稱爲 Usar baliq，有學者提出烏鎩在今莎車縣，因爲玄奘說在蔥嶺向東八百里，此處綠洲僅有莎車縣。〔註29〕我以爲此說不確，因爲玄奘不是直接向東，可能是向東北。前人提出玄奘從塔什庫爾干向東北，經過阿克陶縣東南的依格孜也爾河，直達英吉沙縣，又說劍末谷、不忍嶺或在此路上。〔註 30〕我以爲玄奘可能是從此路到英吉沙，但劍末谷、不忍嶺不在此路上，因爲《新唐書》說從疏勒西南入劍末谷，而英吉沙在疏勒東南，而且《新唐書》所記入四夷七道很詳確，此句記在疏勒之下，而不在疏勒之前的路上，說明是從疏勒出發。古今山原變化不大，但是氣候變化很大，漢唐氣候遠比今日暖濕，所以不能根據今日此道的植被推測古人難走，今日國道線是最平的線，古人行走也很方便，所以我以爲疏勒到蒲犁也是蓋孜河谷線。

2015 年 9 月 6 日到 7 日，我親歷此路，從喀什去塔什庫爾干縣，再從原路返回喀什。從喀什西南的疏附縣烏帕爾鄉，向西南進入阿克陶縣的蓋孜河谷，先看到一段紅色的山谷，再西南則變黃，再西南變綠，由綠色岩石形成。向西進入蓋孜峽谷，曲折陡峭。向西南出峽谷，到別勒庫木，有一處罕見的高山沙漠，又名白沙山。向西南進入蓋孜河上游支流康西瓦爾河，到布倫口鄉，這一段的河谷東側山體偶而發綠。其南有科克加爾村，柯爾克孜語是青色山崖。這一段河谷是石灘，草木極少。向南到喀拉庫勒（黑湖），開始看到美麗的蘇巴什草場，綿延蘇巴什達阪，這是阿克陶縣與塔什庫爾干縣的分水嶺，高達 4500 米，道路盤旋而上。越山是卡拉蘇（黑水），這一段草木極少。向南是柯可亞爾鄉（青崖），再南是塔合曼鄉，地勢下降，塔合曼是一片綠色的草場。向南越過一段山口，進入塔什庫爾干縣城所在的金草灘。

所以《新唐書》說的劍末谷很可能是險峻的蓋孜峽谷，今有玉其卡帕村，

〔註29〕伊布拉音、穆提義著、哈力達、穆提義譯：《塔里木綠洲若干古城地名溯源》，《西域研究》1997 年第 2 期。
〔註30〕王炳華：《蔥嶺古道覓蹤》，《西域考古文存》，第 120 頁。

劍末 kiam-mat 或即卡帕。青山嶺、青嶺連書，或有錯誤，青山嶺或許是蓋孜河谷之前的青色山谷，這一段青色山谷與此前的紅山、黃山對比，特別顯著，而且是這段路程中最長的青山，不應不提，應是青山嶺。後一個青山可能是布倫口以南的青山，維吾爾語的布隆、柯爾克孜語的布倫，指角落、轉彎，不忍、布倫是同源地名，但是不忍嶺未必在今布倫口，因為這是地名通名。有人懷疑布倫口是蘇巴什達阪，或有道理。〔註31〕親歷蘇巴什達阪的人都會記得，蘇巴什達阪不僅是喀什到塔什庫爾干路上最高之處，而且道路盤旋。所以古人把蘇巴什達阪稱為轉彎之地，非常貼切。從此向南六百里，到蔥嶺守捉，應是今塔什庫爾干縣城南部的公主堡，而非縣城東緣的石頭城，詳見下文。

蒲犁到長安 9550 里，僅比疏勒多 200 里，但是比莎車還近 400 里，說明蒲犁到長安的路程是通過疏勒而非莎車計算。但是蒲犁不可能僅比疏勒多 200 里，9550 應是 9950 之誤，改為 9950，則比疏勒多 600 里，正與原文說疏勒到蒲犁 550 里大致吻合。按照 550 里來算，則蒲犁國在今蘇巴什草場，這片草場綿延很長，從疏勒（喀什）到高原，一路多是荒灘，唯有此處出現美麗的草場，因此特別珍貴，此處牲畜成群，條件絕佳，很可能是蒲犁國都。但是蒲犁未必出自布倫、布隆，因為讀音有別。蒲犁、蒲類、無雷很可能都是突厥語的狼，草原民族崇拜狼，以為國號。

蒲犁到都護府竟有 5396 里，比莎車到都護府 4746 里還多 650 里，說明蒲犁到都護府的路程是通過莎車而非疏勒計算，而疏勒到都護府僅有 2210 里，說明各國到都護府距離與到長安距離計算系統不同。

原文說莎車西到疏勒 560 里，應是西北，西南至蒲犁 740 里，也應是西北，因為莎車到依耐 540 里，依耐到蒲犁 120 里，則莎車西南走葉爾羌河谷到蒲犁部族 660 里，但是西北經阿克陶縣到蒲犁，則大致是 740 里。

依耐到疏勒是 650 里，恰好接近唐代疏勒到蔥嶺守捉的 600 里，說明依耐就在唐代的蔥嶺守捉，也即塔什庫爾干縣城東部的石頭城。依耐到疏勒，恰好比蒲犁到疏勒多出 120 里，依耐到長安比蒲犁到長安多 200 里，說明還在蒲犁之南 120 到 200 里。從喀拉塔什附近到塔什庫爾干，大致 200 里，也說明依耐在今塔什庫爾干。依耐到都護府比疏勒到都護府多 520 里，竟比蒲犁到疏勒還少 30 千米，如果數字無誤，則這是指依耐向東北經過今阿克陶縣東南的近路。依耐到無雷的距離與到莎車距離都是 540 里，今日塔什庫爾干縣城到莎車縣

〔註31〕 孟凡人：《絲綢之路史話》，社會科學文獻出版社，第 146 頁。

城，恰好接近 540 里。依耐應在今塔什庫爾干縣城東部的石頭城，突厥語的 tash 是石，qurgan 是城，塔什庫爾干即石城。依耐僅有 125 戶，而蒲犁有 650 戶。

依耐，《後漢書》是德若，對比《魏略》億若，則是億若之形訛。依耐 iəi-nə、億若 iək-ȵiak，我以爲即伊朗 Iran 的異譯，塔吉克人屬伊朗語族民族。東漢的翻譯更準，因更瞭解。

現代考古學者認爲石頭城是唐代遺址，但是我們注意到，此縣僅有的兩處漢代墓群，一在塔什庫爾干縣城北 300 米的漢晉時期墓群，一是提孜那甫鄉的吉日嘎勒漢唐時期墓群，在縣城南 30 千米，〔註32〕墓群不會遠離居住地，所以漢代依耐城應在今縣城附近。

我在 2015 年 9 月 7 日上午踏勘了石頭城，石頭城在今塔什庫爾干縣城的東西軸線塔什庫爾干路的東端。縣城在塔什庫爾干河西側的山前沖積扇，沖積扇與其東側的塔什庫爾干河灘連爲一體，構成了塔什庫爾干縣最大的一片山間小平原。塔什庫爾干河在此處散流，形成美麗的阿拉爾金草灘，阿拉爾的原義是綠島。這片平原中間，突兀一處很小的丘陵，東側較高，俯瞰金草灘，地勢險要。東側高地有三個小丘，南北兩個小丘，地勢較緩，不足防禦，唯有中間一丘較高，所以建造了石頭城。石頭城所在的山丘與其南北兩個山丘之間的山口也建有簡易石牆，從衛星圖片可以看出，最外圍的石牆蜿蜒連綿，把這片丘陵圍住，構成最外圍的防線，可稱爲外羅城。

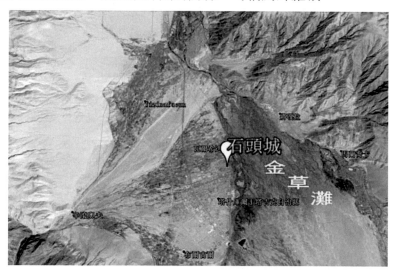

石頭城所在地區圖

〔註32〕國家文物局主編：《中國文物地圖集》新疆分冊，上冊第 190 頁、下冊第 591 頁。

　　石頭城的北、西、東三面有兩重城牆，南側地勢較緩，似乎原無外城。外城與城內遍布石頭，內城是土牆，或許內城建造較晚。但是石城的始建年代不可能晚到清代，甚至也不是唐代。因爲此處控臨四周平原，所以古人應在此設防。歷代雖有增修，最初應是石城。

外羅城與石頭城

從西南方看石頭城（周運中攝於 2015 年 9 月 7 日）

　　北門設計最複雜，從東北沿山而上，先向西，再向南，才能進入城門，而城門兩側各有一門房，東側的門房向北直對上山坡道，西側的門房則有垛口直對城門的彎角。要想攻入石頭城北門，必須經過兩個轉角和兩重門房。石頭城的東、西兩側是山崖，不開城門，唯有東南還有一個城門，但是設計不及北門嚴密。從北門向南可以看到主道兩側有土房，到南部消失，說明其城內的核心區在北部。說明石頭城的防守對象來自北部，或許因為依耐被難兜（揭盤陀）吞併，組成一國，其主要敵人來自蘇巴什達阪以北的阿克陶縣境內。

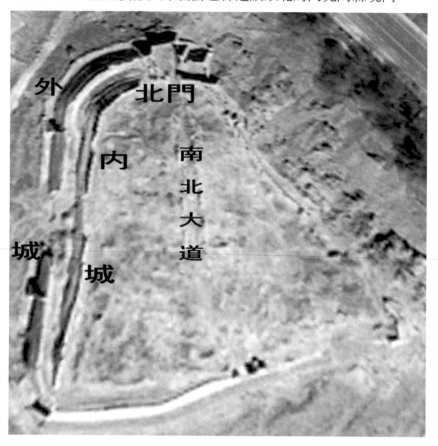

石頭城平面圖

　　無雷國有千戶，岑仲勉以為無雷是唐代的勃律，但是勃律在克什米爾，二者是同源民族與地名，但是位置不同，不能牽合。從蒲犂到無雷有 540 里，但是從無雷到都護府是 2465 里，比疏勒到都護府多 255 里，無雷到長安與蒲犂到長安路程相同，則無雷到都護府是從疏勒計算，無雷比疏勒遠 255 里，則無雷在今布倫口鄉西北的木吉河流域。從蒲犂到此是 540 里，但是疏勒到

此如果從烏恰縣境內的近路走，則是 255 里。無雷、蒲犁讀音很近，地域也近，在同一條河上游的兩條支流，其實是一國的分化。

有人以為蒲犁、無雷在克什米爾，無法解釋《後漢書》：「莎車國西經蒲犁、無雷至大月氏。」松田壽男以為無雷在小帕米爾，失之太遠，無法解釋此地到疏勒僅有 255 或 600 里。

酈道元《水經注》卷二《河水》：「河水自蔥嶺分源，東逕迦舍羅國。釋氏《西域記》曰：有國名伽舍羅逝，此國狹小，而總萬國之要道無不由。城南有水，東北流出羅逝西山，山即蔥嶺也。逕岐沙谷，出谷分為二水。一水東流，逕無雷國北，治盧城。其俗與西夜子合同。又東流逕依耐國北，去無雷五百四十里，俗同子合。又東逕蒲犁國北，治蒲犁合，北去疏勒五百五十里，俗與子合同。河水又東，逕皮山國北，治皮山城，西北去莎車三百八十里。」此處所說，基本全錯，伽舍羅逝即法顯所說竭叉，即揭盤陀，《梁書·諸夷傳》說國王姓葛沙氏，伽舍即葛沙，羅逝是梵語的王 raja。岐沙或即葛沙，但是葉爾羌河在此起源，不可能隨即出山，也不可能在狹窄的河谷容下無雷、依耐、蒲犁三國，其實僅有依耐一國在其北，出山也不是皮山國，而是莎車國。大概是酈道元看到的地圖不精確，誤以為西北的蒲犁、無雷也在葉爾羌河谷。不過酈道元的錯誤，倒可以證明蒲犁、無雷確實靠近塔什庫爾干縣。

難兜，南至無雷 340 里，西南至罽賓 330 里，南與婼羌、北與休循、西與大月氏接，屬罽賓，應在今克什米爾北部，應是西北至無雷。里數也有錯位，難兜到長安 10150 里，竟與依耐相同，說明不是經過依耐計算，而是通過其東部的烏秅，比烏秅多 200 里，難兜到都護府是 2850 里，比依耐到都護府多 120 里，說明是經過依耐測量。依耐在今塔什庫爾干城，則難兜在南部，向西就是明鐵蓋達阪，通往罽賓，也是交通要衝。

難兜到無雷不可能僅有 340 里，說明數字有誤，很可能是 1340 里之誤，路線是從木吉鄉向西南到克孜勒吉也克河，向南經過塔吉克斯坦東部穆爾加布河上游的奧克蘇河谷地，再到塔什庫爾干縣南部。

難兜之名，我以為就是揭盤陀的異譯，漢代似乎未記揭盤陀，南北朝才出現，其實漢代就譯為難兜。《新唐書·西域傳上》：「喝盤陀，或曰漢陀，曰渴館檀，亦謂渴羅陀。」漢陀即難兜，因為漢、難二字的聲符相同，楚國官印有漢東旅珨，其中的漢字，即從難。〔註 33〕說明揭盤陀國原來在塔什庫爾

〔註33〕 施謝捷：《古璽匯考》，安徽大學博士論文，2006 年，第 176 頁。

干縣南部，這就解釋了法顯的行程，他從於麾到竭叉國也即揭盤陀國，不必經過塔什庫爾干城。

如果我們把難兜解釋爲揭盤陀，也能解釋《魏略·西戎傳》列舉疏勒吞併了十二國，佔有蔥嶺，但是其中竟無難兜！其實十二國中的渠沙就是難兜，渠沙即伽舍、竭叉、葛沙，也即揭盤陀。

玄奘《大唐西域記》卷十二說揭盤陀國是漢日天種，王族貌同中國，父乃日天子種，母則漢土之人。此說反映了漢人與塔吉克人通婚史，斯坦因在塔什庫爾干縣南部發現一處古堡，名爲克孜庫爾干 Qïz-queghan，即公主堡，在今達布達爾鄉之南的薩熱吉尕勒村。傳說中國公主出嫁去波斯，在此建堡防護。現在考古學者認爲公主堡是唐代遺址，〔註34〕但是我們注意到，就在公主堡南面2千米的鄂加克保依（烏加克巴依）村，有一處青銅時代到早期鐵器時代的城址，周長644米，〔註35〕我以爲這個古城很可能是最早的難兜國都城。

斯坦因說公主堡就在古加克巴依廢棄的驛站對面，〔註36〕不過他那時還未發現古加克巴依（即烏加克巴依）更早的古城。這個更早的古城緊鄰公主堡，彌補了公主堡年代偏晚的遺憾。在人煙稀少的高原，其實兩城就是一地，鄂加克保依古城正是遠古的公主城。鄂加克保依古城地處紅其拉甫河與喀拉其庫爾河交匯處，地勢更加重要。

北魏神龜二年（519年），宋雲、慧生去印度的行程可以證明，早期漢盤陀國都城在此，《洛陽伽藍記》卷五凝玄寺條，錄其行記說：「神龜二年七月二十九日入朱駒波國。人民山居，五穀甚豐……其國疆界可五日行遍。八月初入漢盤陀國界。西行六日，登蔥嶺山。復西行三日，至缽盂城。三日至不可依山，其處甚寒，冬夏積雪。山中有池，毒龍居之。昔有三百商人止宿池側，值龍忿怒，泛殺商人。盤陀王聞之，捨位與子，向烏場國學婆羅門咒。四年之中，盡得其術。還復王位，復咒池龍。龍變爲人，悔過向王。即徙之蔥嶺山，去此池二千餘里。今日國王十三世祖也。自此以西，山路敧側，長阪千里，懸崖萬仞，極天之阻，實在於斯……自發蔥嶺，步步漸高。如此四日，乃得至嶺。依約中下，實半天矣！漢盤陀國正在山頂。自蔥嶺已西，水

〔註34〕 王炳華：《蔥嶺古道覓蹤》，《西域考古文存》，第136頁。

〔註35〕 國家文物局主編：《中國文物地圖集》新疆分冊，上冊第190頁、下冊第585、586頁。

〔註36〕 〔英〕奧雷爾·斯坦因著、劉文鎖譯：《重返和田綠洲》，廣西師範大學出版社，2000年，第166頁。

皆西流，世人云是天地之中。人民決水以種……城東有孟津河，東北流向沙勒。蔥嶺高峻，不生草木。是時八月，天氣已冷，北風驅雁，飛雪千里。九月中旬，入鉢和國。」

　　宋雲從朱駒波國（子合國）的國界出發，十六日就到了漢盤陀（竭叉），比法顯少了一半時間，一定是走了直線，也即原文所說直往西走。六日所登的蔥嶺山是葉城縣西部的山地，翻過此山，到葉爾羌河谷。又向西三日，其實是西南，到鉢盂城，很可能是今馬爾洋鄉東部的皮勒村，塔吉克語是木碗，即鉢盂。此處在葉爾羌河與其南兩條小河交匯處，是交通要衝。向西三日，到不可依山，其實是西北，很可能是經過今馬爾洋鄉，其東西有大雪山。可依，很可能是這一帶常見地名用字喀依。此處的龍池很可能在其北的瓦恰鄉，地勢平坦，河流散開，所以泛殺商人。自此向西，極為難走，因為此前或是低山，或是沿河而行，從此向西是翻過山嶺，再到塔什庫爾干河谷。其西正是鄂加克保依一帶，這一帶是低平河谷，所以說依約中下。再向西南，出紅其拉甫達阪，到鉢和國。唐代設鉢和州，屬鳥飛州都督府，此都督府以以護蜜多國置，則在瓦罕，說明鉢和國在今瓦罕。也即從漢盤陀向西，而非如法顯向南。

新疆博物館藏塔什庫爾干縣下阪地墓葬出土約 3000 年前木鉢（周運中攝）

　　因為宋雲未走塔什庫爾干北部的葉爾羌河谷，所以他誤以為此河向東北流入沙勒（疏勒）。這也證明當時的漢盤陀國還在塔什庫爾干縣南部，如果在今縣城，則在東北不遠處改而東流，不會有此誤解。

　　現在明白了最早的竭盤陀國在今塔什庫爾干縣南部的鄂加克保依古城，我們才恍然大悟，原來唐初玄奘所經的竭盤陀國可能仍然在南部，而不在今

縣城，所以玄奘在國都之下記載漢日天種的傳說，因爲此處接近公主堡。

玄奘說國都東北二百里有奔穰舍羅（福舍），才在今縣城。或許正是因爲此國舉國南遷吐蕃，所以唐代新設的蔥嶺守捉在今縣城，而不在原國都。

玄奘說國都東南三百里有石室，內有羅漢坐定七百年。國都東南正是法顯、智猛所走的烏耗路，七百年或有誇張，但應有數百年。這條烏耗路在唐代已經廢棄，但存有遺跡。

原來最早的難兜（漢盤陀）國都正在一個三岔路口，南通紅其拉甫，西通瓦罕走廊，東通在今葉城縣的子合國。難怪在此興起古國！

鄂加克保依古城的年代很早，所以托勒密所說的石塔可能不是石頭城，而在此處，石塔是通名，公主堡也是峭壁上構建的石城。

罽賓國，王治循鮮城，一般認爲在今斯利那加。〔註37〕去長安 12200 里，東北至都護治所 6840 里，東至烏秅國 2250 里，東北至難兜國九日行，西北與大月氏、西南與烏弋山離接。罽賓到長安 12200 里，即烏秅到長安是 9950 里，加上烏秅到罽賓 2250 里，正是 12200 里。

難兜與罽賓有九日行程，不可能僅有 330 里，原文有誤。按照今日的路程，從明鐵蓋達阪進入巴基斯坦，再到斯利那加，大致是 1000 里，也即九日行程，所以 330 里可能是 1330 里之誤，脫千字。榎一雄說難兜在印度河上游的吉爾吉特（Gilgit），此說不通，難兜如在此，不可能距離九日，也不可能到都護府僅有 2850 里，到長安僅有 10150 里。松田壽男說在瓦罕，也稍遠，無法解釋難兜的里程。

難兜人口多達 3100 人，勝兵 8000 人，數字有誤，此國在蔥嶺中間，不可能有如此多的人口。所謂南與婼羌、北與休循、西與大月氏接，也有大誤，婼羌遠在塔里木盆地東南，休循則隔有無雷。劉奉世說《漢書》原文說婼羌是小國，不可能到蔥嶺，《通典》卷一八九：「敦煌西，西域之南山中，從婼羌西至蔥嶺數千里，有月氏餘種蔥茈羌、白馬羌、黃牛羌，各有酋豪，北與諸國接，不知其道里廣狹。」徐松說蔥嶺南部的羌人被看成婼羌，〔註38〕但是《漢書》說婼羌國比大種赤水羌，說明原文分清，所以徐說不確，應是原文有誤，婼羌的游牧範圍不可能超過兩千里。所以漢代人誇大了難兜的地域範圍，證明人口數字也被誇大，二者都源自漢人不明難兜地理。

〔註37〕 有人說循鮮是 Taxila 的音譯，今按完全不能對應，因爲循鮮的上古音是〔ziun〕〔sian〕。

〔註38〕 〔清〕徐松著、朱玉麒整理：《漢書西域傳補注》，第 422 頁。

難兜種五穀、蒲陶諸果，不是高原情形，漢陀音近縣度、洪紥 Hunza，很可能是把印度河谷的洪紥與難兜混淆，所以才寫了山南的地理，誇大了難兜的面積與人口。或許難兜的中心原在洪紥，高原的漢陀是其分化之國。

第四節　桃槐到龜茲

桃槐，位置不明，到長安 11080 里，從順序來看，在休循之西，比休循到長安距離多 870 里，則在休循之西 870 里，應在今塔吉克斯坦北部的瓦赫什河上游，因爲地勢較平，所以有 700 戶，而休循僅有 358 戶。

休循，王治鳥飛谷，在蔥嶺西，到長安 10210 里，到都護府 3120 里，應在瓦赫什河上游的克孜勒蘇河，在今吉爾吉斯斯坦最南部。或以爲在今奧什，但是奧什在大宛國都，所以不可能是休循，休循距大宛 920 里。鳥飛谷即伊爾克什坦山口，從烏恰向西，一路上升，經過這個狹窄的山口，到克孜勒蘇河谷又降低，大宛到此距離吻合 920 里。沙畹說在伊爾克什坦，但是白鳥以爲在伊爾克什坦西 100 千米的 Dschipptik，此說不確，其西已非咽喉，大宛距離也不合。

捐毒國，王治衍敦谷，西上蔥領，則休循也，在今烏恰縣西。到長安 9860 里，到都護府 2861 里，比休循到都護府的距離恰好少 259 里，原文說休循到捐毒 260 里，正相吻合，但是到長安的距離不合。休循比捐毒多出 350 里，顯然捐毒到長安距離有誤，應是 9960 里。改爲 9960 里，則休循到長安的距離比捐毒到長安的距離多出 250 里，恰好接近 260 里。

捐毒到大宛 1030 里，比休循到大宛 920 里，僅多 110 里，說明捐毒到大宛不必經過休循，捐毒西北另有道路，或即蘇約克山口之路。

疏勒在今喀什，到長安 9350 里，到都護府 2210 里，捐毒到都護府比疏勒多 651 里，到長安比疏勒到 510 里，不合，因爲上文已經把捐毒到長安改訂爲 9960 里，則捐毒比疏勒多 610 里，這才比較接近 651 里。疏勒古城很可能就是今喀什市區東南的艾斯克沙爾城址，〔註 39〕今仍有殘垣。此城在克孜勒蘇河與吐曼河交匯處的高地，兩河合流爲喀什噶爾河，所以地勢最爲重要。

此城之北即今東湖公園，北部是布拉克貝希，維吾爾語是泉源，原有九泉，現在僅有五泉，這是一片水源充足之地。有趣的是，《後漢書》卷十九《耿

〔註39〕國家文物局主編：《中國文物地圖集》新疆分冊，上冊第 175 頁、下冊第 566 頁。

恭傳》記載明帝永平十八年（75 年），耿恭在車師後王國所守的疏勒城，差點失守，最終也依靠泉水守住，所以我以爲疏勒的語源很可能與水有關。

前人解釋疏勒的語源，赫爾曼認爲源自粟特，伯希和認爲無書面依據，或說疏勒源自突厥語有水之地 suliq，〔註 40〕我以爲從兩個疏勒城的地理來看，應是有水之地。但是粟特說或許與有水之地說不矛盾，因爲粟特一字也有可能是遠古時期來自有水之地，粟特人居住在兩河之間，不正是中亞最爲多水之地？

喀什東南的艾斯克沙爾城址（周運中攝於 2015 年 9 月 8 日）

尉頭，到都護府 1411 里，到長安 8650 里，恰好都比疏勒少 700 里，完全吻合。說明尉頭必經疏勒，原文也說：「南與疏勒接，山道不通，西至捐毒千三百一十四里，徑道馬行二日。田畜隨水草，衣服類烏孫。」應在今阿合奇縣，其北即烏孫，所以風俗近似。有人說在巴楚，這是誤以爲唐代的尉頭州是漢代的尉頭國，其實唐代羈縻州名亂用古書典故，未必可信。而且巴楚

〔註40〕伊布拉音、穆提義著、哈力達、穆提義譯：《塔里木綠洲若干古城地名溯源》，《西域研究》1997 年第 2 期。

在疏勒之東，而非在北，原文說山道不通，所以不可能在塔里木河岸的巴楚。《漢書》又說溫宿：「西至尉頭三百里。」巴楚在溫宿之南，而非在西。

阿合奇縣城東 2 千米有漢唐時期的吾曲城址，外城三面依山，北面築城，內城在東南，現存高臺三座，〔註41〕我以為此城很可能是尉頭城。

溫宿，到長安 8350 里，到都護府 2380 里，西至尉頭 300 里，北至烏孫赤谷 610 里，東通姑墨 270 里。2380 里顯然有誤，應改為 1311 里。改為 1311 里，則溫宿到都護府比尉頭到都護府少 300 里，符合原書記載，而且溫宿到長安恰好也比尉頭到長安少 300 里。〔註42〕

烏孫在溫宿之北 610 里，到長安 8900 里，恰好比溫宿到長安多 610 里，到都護府 1721 里，恰好也比溫宿到都護府多 610 里。

烏什縣東北的英阿瓦提鄉西 20 千米有漢唐時期的英艾阿依馬克古城，南北 90 米，東西 50 米，土塊砌築，〔註43〕很可能是溫宿城。《高僧傳》卷二鳩摩羅什：「頃之隨母進到溫宿國，即龜茲之北界。」說明溫宿城在龜茲西北。

姑墨，到長安 8150 里，到都護府 1021 里，東到龜茲 670 里。有人以為 1021 是 2021，其實無疑是 1021，因為溫宿到都護府才是 1311，而龜茲到都護府僅有 350，加上 670 正是 1020 里。

今溫宿縣依希來木其鄉西北 5 千米有喀依古城，漢到北朝時期，東南鄰近北朝到隋唐時期的粲木臺古城，在佳木鎮南 3.8 千米，〔註44〕很可能是姑墨城，其西鄰近阿克蘇市。阿克蘇在沖積扇上，古代河網密布，不宜建城。

古人甚至不在阿克蘇渡河，《新唐書》卷四三下安西入西域道說撥換城：「一曰威戎城，曰姑墨州，南臨思渾河。乃西北渡撥換河中河，距思渾河百二十里，至小石城，又二十里至于闐境之胡蘆河。又六十里至大石城，一曰於祝，曰溫肅州。又西北三十里至粟樓烽。又四十里度拔達嶺。又五十里至

〔註41〕 國家文物局主編：《中國文物地圖集》新疆分冊，上冊第 171 頁、下冊第 561 頁。
〔註42〕 有人說溫宿到都護府的距離之所以多達 2380 里，是因為先向北到烏孫，再從天山以北向東，再跨過天山向南到都護府，甚至還說捐毒也是經過烏孫計算，存在烏孫為中心的交通體系云云。見陳世良：《〈漢書‧西域傳〉記載道里之特殊方法》，《新疆社會科學》1990 年第 1 期。此說完全不通，因為溫宿到都護府不可能如此繞道，而且這種說法也不能解釋姑墨到都護府的距離為何僅有 1021 里。捐毒就在疏勒之西，里程無誤，根本不可能經過烏孫，也不存在烏孫為中心的交通體系。
〔註43〕 國家文物局主編：《中國文物地圖集》新疆分冊，上冊第 166 頁、下冊第 551 頁。
〔註44〕 國家文物局主編：《中國文物地圖集》新疆分冊，上冊第 157 頁、下冊第 528 頁。

頓多城，烏孫所治赤山城也。」古人在姑墨西北渡河，正是因爲上游河道狹窄。渡口就在英阿瓦提鄉東部，所以溫宿城正對渡口之西，很可能因此興起。小石城很可能是英阿瓦提鄉的英艾阿依馬克古城，即漢代溫宿城，但是唐代的溫宿城已經西移六十里，即大石城，西北七十里是拔達嶺，即今別迭里山口。今已發現唐代別迭里烽燧，但未發現大石城，我們注意到，烏什縣西南的亞曼蘇鄉西南 35 千米有阿拉勒烽火臺，現存石牆 30 米，〔註45〕西北即通往別迭里山口，再通往烏孫，這個烽火臺或即大石城？

龜茲，古城即今庫車東北的皮朗古城，北垣殘存 1100 米，東垣殘存 11 米，到長安 7480 里，到都護府 350 里。

第五節　輪臺到墨山

今輪臺縣境內有漢唐城址 11 座，東部有 5 座，西南有 6 座，唐代輪臺城在大道鄉南 20 千米，其北有喀拉墩漢代古城兩座，又有唐代瓊庫勒古城，東隔喀拉塔勒河有漢代卓爾庫特古城，此城東南有唐代闊納協海爾古城，這六個古城分布在沖積扇兩側，數量超過東北，但是東北部的策大雅鄉南的荒漠中有一座秦漢時期的阿格拉克古城，其北是策大雅鄉西北的阿孜甘古城，中間有唐代的吾里旁古城，阿孜甘古城與輪臺縣西南的古城群之間有恰克城堡。〔註46〕

黃文弼認爲，卓爾庫特古城是侖頭城，維吾爾語是柯尤克沁，即灰燼城，源自李廣利焚毀此城。林梅村認爲卓爾庫特古城城西 9 千米的奎玉克協海爾古城是烏壘城，阿克熱克古城是捷枝城，庫爾勒西南的夏哈勒墩古城是尉犁城，尉犁縣西南的克亞孜庫勒城是渠犁城。〔註47〕

我認爲，圓形的卓爾庫特城是西域人修建的侖頭城，方形的奎玉克協海爾城是屯田校尉所在的輪臺城，輪臺之名源自侖頭，所以兩城靠近。李廣利屠殺侖頭城人，所以新建的輪臺城在其西。輪臺城的內城有高達 6 米的高臺，是屯田校尉府。《漢書》說杆彌國遣太子賴丹爲質於龜茲，昭帝用桑弘羊議，以賴丹爲校尉，將軍田輪臺，輪臺與渠犁地皆相連，龜茲以爲逼迫其國，殺

〔註45〕 國家文物局主編：《中國文物地圖集》新疆分冊，上冊第 166 頁、下冊第 551 頁。
〔註46〕 國家文物局主編：《中國文物地圖集》新疆分冊，上冊第 144～145 頁、下冊第 504～506 頁。
〔註47〕 林梅村：《西域考古與藝術》，第 184～196 頁。

賴丹。從這兩座城向西，正是龜茲國境，所以才有逼迫龜茲之說。

但是奎玉克協海爾城不是最早的校尉城，《漢書》：「匈奴西邊日逐王置僮僕都尉，使領西域，常居焉耆、危須、尉黎間，賦稅諸國，取富給焉……而輪臺、渠犁皆有田卒數百人，置使者校尉領護，以給使外國者。至宣帝時，遣衛司馬使護鄯善以西數國。及破姑師，未盡殄，分以為車師前後王及山北六國。時漢獨護南道，未能盡並北道也。然匈奴不自安矣。其後日逐王畔單于，將眾來降，護鄯善以西使者鄭吉迎之。既至漢，封日逐王為歸德侯，吉為安遠侯。是歲，神爵二年也。乃因使吉並護北道，故號曰都護。都護之起，自吉置矣。僮僕都尉由此罷，匈奴益弱，不得近西域。於是徙屯田，田於北胥鞬，披莎車之地，屯田校尉始屬都護。都護督察烏孫、康居諸外國，動靜有變以聞。可安輯，安輯之。可擊，擊之。都護治烏壘城，去陽關二千七百三十八里，與渠犁田官相近，土地肥饒，於西域為中，故都護治焉。」

屯田校尉移到胥鞬的北部，才屬都護，此前屯田校尉在捷枝與渠犁之間，《漢書》記桑弘羊奏：「故輪臺東捷枝、渠犁皆故國，地廣，饒水草，有溉田五千頃以上，處溫和，田美，可益通溝渠，種五穀，與中國同時孰。其旁國少錐刀，貴黃金綵繒，可以易穀食，宜給足不乏。」

捷枝國應在渠犁國與輪臺國之間，上古音的捷枝是 dziap-kje，這就解釋了沙車的由來，前人多以為莎車即塞人 Saka 的異譯，此處的莎車不是新疆西南的莎車國，而是捷枝國，音近而誤。所謂田於北胥鞬，披莎車之地，就是移到胥鞬之北，就近都護府。上古音胥鞬是 sia-kian，胥鞬既然同時出現，則不應是莎車，應是指塔里木河，《魏書·西域傳》：「城東二十里有大水北流，號樹枝水，即黃河也，一名計式水。城西五十五里亦有大水，名達利水，與樹枝水會，俱北流。」樹枝的上古音是 zjio-kje，計式應是式計之倒誤，上古音式計 çiək-kiet 或許源自塞人。

捷枝國源自樹枝水，因為此國在塔里木河岸，塔里木河恰好在今輪臺、尉犁縣之間散流，因此特別適合農耕。田於北胥鞬，披莎車之地，即轉移到塔里木河以北，靠近都護，也即卓爾庫特城，周長 1200 米。此城在喀拉塔勒河最東南的支流，再往東南流入塔里木河，所以在此屯田。捷枝（莎車）國在今輪臺縣東南部的塔里木河支流岸邊，其東是渠犁國。

西域都護的設置源自匈奴僮僕都尉降漢，日逐王原居焉耆、危須、尉黎間，降漢自然要西遷，遠離匈奴，所以到今輪臺縣。我認為都護府城是阿克

熱克城，周長 558 米。此城最大的特點是直徑 178 米，但是城內的高臺就長 102 米。我認為這座高臺是都護府，所以在城內的面積顯得特別大。這個古城的城牆寬達 20 米，可見面積雖然不是最大，但是城防非常堅固。都護府城以官員為主，所以面積不及屯田校尉城。屯田校尉有眾多屬官，管理很多農民，所以城更大。至於阿孜甘城周長 276 米，恰克城堡邊長 72 米，都是較小的戍堡。在今輪臺縣最東北部的野雲溝鄉，還有漢代的烽燧。

因為都護府城是沿用西域人建立的烏壘城，所以是圓形。因為都護府是就近日逐王西遷的部眾建立，所以在屯田校尉城的東北部。匈奴在東北，屯田校尉城自然是在都護府城的西南後方，才能受到都護府城的庇護。因為都護府城是阿克熱克城，所以《漢書》才說其南 330 里到渠犁。如果是在奎玉克協海爾，則是在東偏南。

譚其驤主編《中國歷史地圖集》的輪臺、侖頭靠近，烏壘在今策大雅，三座城的位置大體正確，但是輪臺誤在侖頭的東北。林梅村不提輪臺，以為輪臺就是侖頭，又誤把都護府定在屯田校尉府之西，不合情理。

今尉犁縣西北部有四個古城，喀爾曲尕鄉阿瓦提村東北 9 千米的克亞孜庫勒城直徑 120 米，墩闊坦鄉塔提里村東北 11 千米的夏勒都爾烏依城，邊長約 50 米，另有喀拉區梗城，年代不詳，周長 210 米。再向東的興平鄉巴西阿瓦提村西北 1 千米有薩爾敦城址，年代不詳，南北 200 米，東西 80 米。〔註48〕克亞孜庫勒最大，應是渠犁城。從渠犁到阿克熱克的直線距離不足 330 里，但是古人不是從沙漠中穿過，而是沿水流而行。所以必須先向西北，到屯田校尉府城，再向東北，如此才有 330 里。

渠犁，北與尉犁、東南與且末、南與精絕接。西有河，至龜茲五百八十里，即塔里木河水道，在今尉犁縣西北。渠犁東通尉犁 650 里，應是 350 里，六字草書近三。《水經注》卷二說開都河流經渠犁國西，徐松說渠犁在烏壘正南，所以開都河不能流經渠犁國西，〔註49〕其實徐松不懂渠犁是在烏壘東南，所以《漢書》既說渠犁在輪臺之東，又說渠犁在輪臺之南。

尉犁，西至都護治所 300 里，南與鄯善、且末接，到長安 6750 里，在今庫爾勒。尉犁到長安僅有 6750 里，比鄯善僅多 600 里，說明是從樓蘭故城走

〔註48〕 國家文物局主編：《中國文物地圖集》新疆分冊，上冊第 146 頁、下冊第 507
～509 頁。
〔註49〕 〔清〕徐松著、朱玉麒整理：《漢書西域傳補注》，第 475 頁。

塔里木河，也即北道計算。

　　清人說焉耆即今焉耆，尉犁在其西南九十里哈喇噶阿璊，因爲班超討焉耆，至尉犁界，焉耆王絕葦橋，今哈喇噶阿璊與焉耆中隔海都郭勒，形勢符合。此處不足百里，而且在古湖岸北，不是尉犁國都。今博斯騰湖西南角有博湖縣查干諾爾鄉查干諾爾村的老皇城遺址，周長 1600 米，城內積水，〔註50〕此城完全在古湖岸北，所以不是尉犁國都。尉犁國都不應在今庫爾勒的西南，否則從渠犁到尉犁不足 350 里。尉犁國都應在今庫爾勒附近，其北部的鐵門關扼守要衝，今有鐵門關晉到唐代遺址。〔註51〕所以匈奴的僮僕都尉日逐王在焉耆、危須、尉犁間，說明尉犁靠近焉耆。葦橋應在尉犁、焉耆國界，在今庫爾勒西北塔什店鎮的孔雀河岸。尉犁和烏壘的讀音接近，兩地鄰近，原來應是同族，這也證明都護府所在的烏壘城在今輪臺縣東北部。

庫爾勒鐵門關（周運中攝於 2017 年 8 月 25 日）

〔註50〕國家文物局主編：《中國文物地圖集》新疆分冊，上冊第 147 頁、下冊第 510 頁。
〔註51〕國家文物局主編：《中國文物地圖集》新疆分冊，上冊第 142 頁、下冊第 501 頁。

危須，西至都護治所 500 里，至焉耆 100 里，到長安 7290 里。焉耆，到長安 7300 里，西南至都護治所 400 里，南至尉犁 100 里。危須到焉耆 100 里，危須到都護府恰好也比焉耆多出 100 里，說明危須到都護府是經過焉耆。但是危須到長安的距離僅比焉耆少 10 里，這也說明各國到都護府的測量系統確實不是到長安的測量系統。

焉耆到尉犁，僅有 100 里，但是焉耆到長安的距離比尉犁到長安的距離多出 550 里，說明焉耆到長安的里程不經過尉犁，這才奇怪，因為焉耆似乎必經今庫爾勒才能到樓蘭！

問題出自其東部的一個小國：山國，西至尉犁 240 里，西北至焉耆 160 里，西至危須 260 里，東南與鄯善、且末接。山出鐵，民出居，寄田耰穀於焉耆、危須。山國到長安 7170 里，恰好比尉犁到長安多出 420 里，而山國到尉犁是 240 里，如果我們把 240 里改為 420 里，則山國到長安的距離就可以解釋為尉犁到長安的距離加上尉犁到山國的距離了！山國出鐵，更靠近焉耆，所以我們可以確定在今和碩縣東部，此處有鐵礦，緊鄰焉耆。前人多以為山國在今和碩縣東南角的庫魯克塔格北部，〔註 52〕不對，此處無鐵礦，距離也完全不合。山國應在今和碩縣東部偏北，此處也是山地，而且在此地，距離尉犁才有 420 里，因為繞過博斯騰湖南部較遠。

山國在《水經注》中稱為墨山國，卷二：「河水又東，逕墨山國南，治墨山城，西至尉犁二百四十里。河水又東，注賓城南，又東逕樓蘭城南而東注。」據此在墨山在樓蘭西北不遠，所以有人誤以為墨山國在今庫魯克塔格山南部，〔註 53〕甚至很多人釋為營盤遺址。〔註 54〕但是《水經注》同卷上文又說：「澤在樓蘭國北，治扞泥城，其俗謂之東故城，去陽關千六百里，西北去烏壘千七百八十五里，至墨山國千三百六十五里。西北去車師千八百九十里。」因為此處所謂樓蘭到陽關 1600 里，其實是《漢書》鄯善到陽關的距離，所以此處樓蘭到烏壘、墨山、車師的距離也是鄯善到這三地的距離。但是減去樓蘭到鄯善的 575 里，樓蘭到墨山也有 790 里，所以墨山絕不可能在庫魯克塔

〔註 52〕譚其驤主編：《中國歷史地圖集》第二冊，中國地圖出版社，1982 年，第 38 頁。

〔註 53〕譚其驤主編：《中國歷史地圖集》第四冊，第 59 頁。

〔註 54〕黃文弼：《古代于闐國都之研究》，《黃文弼歷史考古論集》，文物出版社，1989 年。黃盛璋：《塔里木河下游聚落與樓蘭古綠洲環境變遷》，《亞洲文明》第 2 集，安徽教育出版社，1992 年。李文瑛：《營盤遺址相關歷史地理學問題考證——從營盤遺址非注賓城談起》，《文物》1999 年第 1 期。

格附近。墨山到樓蘭僅比車師到樓蘭少 425 里，只有把墨山國置於和碩縣東部，才能符合 425 里的距離。如果墨山國在庫魯克塔格的南北，則墨山國到樓蘭、車師的距離完全不合。

山國顯然是漢語，這是很奇怪的現象，很可能是從車師分出的小國，所以《漢書》置於車師諸國的敘述順序中。車師到哈密、巴里坤一帶，多鐵礦，自古以來是冶鐵中心。而且焉耆國有擊車師君、歸義車師君各一人，正是因為山國原屬車師，才能解釋焉耆要防衛車師。這也證明危須不在今和碩縣，而在今和靜縣，否則危須就能阻隔車師。

今和碩縣西南有漢代西地、曲惠城址，西地城圓形，周長 1200 米，曲惠城方形，周長 427 米，〔註 55〕曲惠近山，西地近湖，山國或即曲惠古城？《魏書·西域傳》：「（萬）度歸入焉耆東界，擊其邊守左回、尉犁二城拔之，進軍向員渠。」左回音近曲惠，尉犁在焉耆西南，左回宜在東北，或即山國？

山國到長安 7170 里，加上山國到焉耆的 160 里，就是 7330 里，很接近焉耆到長安的 7300 里，這就是焉耆到長安的距離的由來！原來是繞道山國計算，如果從最近的尉犁計算，則焉耆到長安是 6850 里。焉耆到長安距離要繞道山國，說明這種測量很可能是來自使者的親自考察，而不是在地圖上計算，更不可能出自偽造。

焉耆的準確位置見《水經注》卷二敦薨水：「二源俱道，西源東流分為二水，左水西南流，出於焉耆之西，逕流焉耆之野，屈而東南流，注於敦薨之渚。右水東南流，又分為二，左右焉耆之國，城居四水之中，在河水之洲，治員渠城，西去烏壘四百里，南會兩水，同注敦薨之浦。東源東南流，分為二水……俱東南流，逕出焉耆之東，導於危須國西。國治危須城，西去焉耆百里。」今焉耆縣西南的四十里城子鎮有唐代博格達沁古城，一般認為是唐代焉耆城，雖然尚未發現漢城，但是我們注意到焉耆縣境內的漢墓以此附近最多，〔註 56〕所以漢代焉耆很可能也在附近，史書未載焉耆遷都。此處正在開都河與烏斯臺河匯合沖積扇，符合《水經注》記載。

山國到焉耆 160 里，到危須 260 里，恰好多出 100 里，這正是危須與焉耆的距離，說明此次測量，山國經過焉耆到危須。說明危須不在焉耆東北，而在焉耆西北。危須、焉耆到長安的距離是通過山國計算，但這是另一次測

〔註 55〕國家文物局主編：《中國文物地圖集》新疆分冊，上冊第 143 頁、下冊第 502 頁。
〔註 56〕國家文物局主編：《中國文物地圖集》新疆分冊，上冊第 155 頁。

量，此次山國到危須不走焉耆，而是從焉耆的西北直達危須，所以危須到長安僅比焉耆到長安多 10 里。古代博斯騰湖更大，烏拉斯臺河水量更大，從山國到危須、焉耆，要在今和靜縣城東南渡河，所以到危須、焉耆距離相仿。

危須在焉耆西北，還有一證，《李廣利傳》說武帝詔：「匈奴爲害久矣，今雖徙幕北，與帝國謀共要絕大月氏使，遮殺中郎將江、故雁門守攘。危須以西及大宛皆合約殺期門車令、中郎將朝及身毒國使，隔東西道。」說明危須在最西北，如果危須在焉耆、車師之間，不可能說到危須以西。

因爲危須在開都河，所以危須的人口居然比山國還少，山國多山，竟有 5000 人，危須才 4900 人，焉耆有 32100 人，如果危須在焉耆東北，比山國更靠近博斯騰湖，爲何人口比山國還少？唯有至於開都河，才能解釋。因爲此處接近牧區，所以人口不多。

危須城或即今和靜縣哈爾莫墩鎮西南的哈爾莫墩城址與肖霍爾城址，二城緊鄰，都在烏蘭紮尕爾村南，前者圓形，直徑 400 米，後者方形，南北 150 米，東西 135 米，〔註57〕在博格達沁古城西北百里，而且這二城向東到和靜縣，向東直通和碩縣的山國。

前人有時看不懂古書，或誣衊古人亂記、造僞，或隨意改動數字，或隨意添加日程，完全不可取。以上考證說明《漢書》記載基本無誤，本文僅修訂了九個數字：

1. 小宛到長安 7210 里，改爲 7120 里。

2. 且末到精絕 2000 里，改爲 1000 里。因此精絕、扜泥、渠犁、于闐、皮山到長安的距離都減少 1000 里。

3. 精絕到都護府 2723 里，改爲 2273 里。

4. 捐毒到長安 9860 里，改爲 9960 里。

5. 溫宿到都護府 2380 里，改爲 1380 里。

6. 蒲犁到長安的 9550 里，改爲 9950 里。

7. 無雷到難兜 340 里，改爲 1340 里。

8. 難兜到罽賓 330 里，改爲 1330 里。

9. 渠犁到尉犁 650 里，改爲 350 里。

兩處是改二爲一，一處是改八爲九，一處是改五爲九，一處是改六爲三，兩處是增加一個千字，有兩處是調動兩個數字順序。

〔註57〕國家文物局主編：《中國文物地圖集》新疆分冊，上冊第 152 頁、下冊第 518 頁。

其實南道從鄯善直到皮山、烏秅，各國到長安的距離都很清楚，但是到了緊鄰皮山的莎車，到長安的距離突然改從北道計算。南道各國到都護府的距離，計算方法不同，且末是經過鄯善計算，精絕、扜泥、于闐是向北通過克里雅河、和田河的直通道路計算。皮山是通過于闐計算，莎車是通過葉爾羌河直通道路計算。

莎車西北各國，西夜、蒲犁、依耐、無雷到都護府、長安的距離多數是按照北道計算，而這些國家在《西域傳》開頭被歸入南道，但正文則獨把莎車一個國家歸入北道，其實莎車所在的葉爾羌河是向北流入塔里木河，所以計算里程確實應從北道計算更方便。

蔥嶺各國的計算比較複雜，蒲犁到都護府的距離是通過莎車計算，而到長安的距離是通過疏勒計算，依耐到都護府的距離是通過蒲犁再到疏勒計算，難兜到都護府的距離是通過無雷再到疏勒計算，罽賓是通過烏秅再到皮山計算。另外前人把危須、山國位置考錯，又沒想到焉耆、危須到長安的距離是從尉犁、山國繞道計算。如果把上述蔥嶺諸國與山國兩大問題解開，天山以南各國的里程問題就全能解釋清楚。

第三章　漢代天山以北諸國考

　　漢代西域諸國，天山以南諸國的位置基本都可以肯定，很多地名沿用至今，如莎車、焉耆、疏勒、且末。還有一些譯字改變，其實讀音沒變，如輪臺（源自侖頭）、若羌（音近婼羌）、和田（音近于闐）、庫車（音近龜茲）、烏什（音近溫宿）。還有位置改變，僅是採用古名，如鄯善、尉犁。但是天山之北諸國則有很大爭議，山北諸小國不太出名，早已湮沒在歷史之中，現在新疆北部似乎沒有一個地名直接取自漢代的山北國名。

　　《漢書·西域傳》（以下《前傳》）記西漢山北諸國依次有：烏貪訾離國、卑陸國、卑陸後國、郁立師國、單桓國、蒲類國、蒲類後國、西且彌國、東且彌國、劫國、車師後國、車師後城長國，其中僅有車師後國、車師後城長國可以確定在今吉木薩爾縣。吉木薩爾的吉木，即來自唐代庭州所治金滿縣，也即《後漢書》卷四十九《耿恭傳》車師後王部的金蒲城，金蒲即《前傳》「車師旁小金附國」，岑仲勉指出蒲、附音近，所以原爲金蒲，蒲、滿形近而訛，唐人看到的古書已經誤爲金滿，所以唐人誤取金滿爲新立的縣名。〔註1〕車師後國向南，越博格達山，即車師前國，所治即今吐魯番著名的交河城，前後即南北相對。車師前國的西北還有狐胡國，此國與車師前國都不應列入山北諸國。《前傳》：「至宣帝時，遣衛司馬使護鄯善以西數國。及破姑師，未盡殄，分以爲車師前後王及山北六國。時漢獨護南道，未能盡並北道也。」車師前國之東還有車師都尉國，日本學者松田壽男把這15國合稱爲東部天山諸國，他說其中13國不詳所在，實在令人遺憾，所以他致力於考證諸國位置。〔註2〕

〔註1〕岑仲勉：《漢書西域傳地里校釋》，中華書局，1981年，第488頁
〔註2〕〔日〕松田壽男、陳俊謀譯：《古代天山歷史地理學研究》，中央民族學院出版社，1987年，第44頁。

《後漢書·西域傳》（以下《後傳》）說：「前後部及東且彌、卑陸、蒲類、移支，是為車師六國，北與匈奴接。前部西通焉耆北道，後部西通烏孫。」後漢國名較少，因為有所兼併。

譚其驤主編《中國歷史地圖集》（以下《譚圖》）是最有影響的中國歷史地圖集，西漢的西域圖上的烏貪訾離、單桓緊鄰西且彌，卑陸在且彌之東，[註3]但是《前傳》說烏貪訾離去長安萬三百三十里，又說西且彌國去長安八千六百七十里，單桓國去長安八千八百七十里，說明三者不可能鄰近。《前傳》說東且彌國，去長安八千二百五十里，又說卑陸國去長安八千六百八十里，卑陸比且彌更遠，則卑陸不可能在且彌之東，說明此圖標注多誤。根據下文考訂，《譚圖》僅有西且彌標注正確，東且彌應在圖上稍西的位置，其餘全錯。

《前傳》記載了諸國到長安和到西域都護府的里數，《後傳》記載了東漢部分尚存之國到洛陽和到西域長史府的里數，下表諸國按照《前傳》順序排列，這個順序基本是諸國距離長安由遠而近的順序，可見古人編排有序，不能輕易否定，下文還有論證。

國名	國都	到長安里數	到都護府	到洛陽	到長史府
烏貪訾離	於婁谷	10330			
卑陸	天山東乾當國	8680	1287		
卑陸後	番渠類谷	8710			
郁立師	內咄谷	8830			
單桓	單桓城	8870			
蒲類	天山西疏榆谷	8360〔8660〕	1387	10490	1290
蒲類後		8630			
西且彌	天山東於大谷	8670〔8370〕	1487		
東且彌	天山東兌虛谷	8250	1587	9250	800
劫	天山東丹渠谷	8570	1487		
狐胡	車師柳谷	8200	1147		
車師前	交河城	8150	1807〔1087〕	9210	80
車師後	務塗谷	8950〔8650〕	1237	9620	500

我以為，《譚圖》之所以出現嚴重錯誤，因為前人多未理清山北諸國的位

置，清代《皇輿西域圖志》、〔註4〕徐松、〔註5〕李光廷、〔註6〕丁謙、〔註7〕陶保廉、〔註8〕岑仲勉、松田壽男、余太山〔註9〕等書說法不同，參見下表。為了簡要說明，前人所說地名已經一律用現在市縣表示。

國名	圖志	徐松	李光廷	陶保廉	丁謙	岑仲勉	松田	余太山
烏貪訾離	阜康	烏魯木齊	瑪納斯	呼圖壁	和靜	瑪納斯	瑪納斯	瑪納斯
卑陸 卑陸後	鄯善	阿拉溝谷	阜康	烏魯木齊	昌吉	烏魯木齊	阜康	阜康
郁立師	鄯善	托克遜	奇臺	阜康	米泉	米泉	吉木薩爾	吉木薩爾
單桓	阜康	阜康	烏魯木齊	昌吉	阿拉溝谷	吐魯番	呼圖壁	呼圖壁、昌吉
蒲類 蒲類後	昌吉	和靜	巴里坤	木壘	巴里坤	瑪納斯 不詳	巴里坤	巴里坤 巴里坤、木壘
西且彌 東且彌	烏魯木齊		呼圖壁、瑪納斯	呼圖壁 昌吉	吉木薩爾	吉木薩爾	和靜	瑪納斯 烏魯木齊
劫	鄯善		昌吉	烏魯木齊	昌吉	昌吉	烏魯木齊	烏魯木齊

前人研究有很多問題，徐松《補注》雖然有名，不過極其簡略，而且全部錯誤。山北諸國都在天山之北，不可能在今和靜縣。清人所考位置偏東，最西不過瑪納斯縣。而且矛盾之處頗多，李光廷認為且彌在呼圖壁到瑪納斯之間，但是且彌距離長安最近，而李說反而最遠。陶保廉也有同樣問題，他也說西且彌在呼圖壁，劫國比且彌遠，但是陶說的劫國卻比且彌近。丁謙之

〔註4〕〔清〕傅恒、劉統勳、于敏中等：《皇輿西域圖志》，《影印文淵閣四庫全書》第 500 冊。

〔註5〕〔清〕徐松著、朱玉麒整理：《漢書西域傳補注》，中華書局，2005 年，第 488～493 頁。

〔註6〕〔清〕李光廷：《漢西域圖考》，樂天出版社，1974 年。

〔註7〕〔清〕陶保廉：《辛卯侍行記》，甘肅人民出版社，2002 年。

〔註8〕〔清〕丁謙：《漢書西域傳地理考釋》，《蓬萊軒地理學叢書》第一冊，北京圖書館出版社，2008 年，第 222、226 頁。

〔註9〕余太山：《兩漢魏晉南北朝正史西域傳研究》，中華書局，2003 年，第 214～228 頁。

說也有和靜，岑仲勉修正了和靜之誤，其餘多襲丁說，可惜全錯。《譚圖》除了東且彌的位置更東，其餘地名主要沿用李光廷之說，而沒有採用近人之說。

岑仲勉在清人基礎上，注重運用新發現的民族語文史料，但是他過度關注對音，凡是距離不合即指責原書所記里數有誤，他勤勉地比較前後漢所記西域諸國到長安、洛陽及都護府、長史府的道里差異。其實古代的測繪既然全不精確，則不同時期不同人測繪的結果不可能沒有差異，不能比較不同的測量系統，而應比較同一系統之中的差異，如果在不同系統中的相對位置不變，則可以確認基本無誤。第一個表中有個別國家的道里數字有顯而易見的輕微錯誤，筆者有四處校正，校正數字在方括號中，校正原因詳見下文。岑仲勉專注對音，很多時候也是牽強附會，比如他說單桓是吐魯番（Turfan）的異譯，但是單的上古音明明是 tan，不可能對應 tur，敦煌的于闐王李聖天同慶十四年（925 年）的于闐文《使河西記》中吐魯番是 tturpanä，這是吐魯番讀音的最早記載，〔註10〕所以單桓不可能是吐魯番。

松田壽男注意使用地理資料，創立很多新說，現在看來他的新說全部不能成立。《三國志》卷三十《烏丸鮮卑東夷傳》裴注引魚豢《魏略·西戎傳》說：「北新道，西行至東且彌國、西且彌國、單桓國、畢陸國、蒲陸國、烏貪國，皆並屬車師後部王。」德國學者赫爾曼高度評價此條史料，認爲此條記述了諸國的東西次序。但是松田認爲此條沒按順序，理由是《魏略》又說：「南道西行，且志國、小宛國、精絕國、樓蘭國皆並屬鄯善也。」他說樓蘭是中道，不是南道，順序也不對，小宛不在南道，而在山麓，因此魚豢所述南道有誤，魚豢所述的北道也有誤。〔註11〕松田之說不確，樓蘭實爲南道、中道的分岔點，《魏略》說：「到故樓蘭，轉西詣龜茲，至蔥嶺，爲中道。」故樓蘭已經衰落，所以樓蘭置於且末、小宛、精絕之後。《魏略》這一句是列舉屬於鄯善的國家，不是講述道路。下文還列舉隸屬于寘、大月氏的國家，所以原文無誤，是松田不明原文體例。由於松田武斷地指責《魏略》有誤，於是輕率地改動諸國次序，其實大錯。如果經過筆者校正，則《魏略》所記的諸國東西次序基本和《前傳》一致，說明二者都可信。松田不取古書的一致處，卻隨意否定所有古書，這種態度和方法不足取。

松田有時爲了遷就距離，不顧常識，比如他不知蒲類國早已從巴里坤縣

〔註10〕黃盛璋：《于闐文〈使河西記〉的歷史地理研究》，《敦煌學輯刊》1987 年第 1 期。

〔註11〕〔日〕松田壽男、陳俊謀譯：《古代天山歷史地理學研究》，第 47 頁。

遷到車師的西北，以爲蒲類國仍然在巴里坤，而《後傳》說蒲類到洛陽 10490 里，顯然太遠，他就說從洛陽到巴里坤要先走焉耆，再到吐魯番，再到巴里坤，繞道幾千里。〔註12〕如果蒲類還在巴里坤，巴里坤緊鄰甘肅，古人會蠢到繞道幾千里嗎？哈密是伊吾是東漢屯兵重地，設有宜禾都尉，直接扼守其北部的巴里坤，阻擋匈奴西進之路。從玉門關到博格達山之北的近路在西漢末年已經開闢，《前傳》說平帝：「元始中（1～5年），車師後王國有新道，出五船北，通玉門關，往來差近，戊己校尉徐普欲開以省道里半，避白龍堆之厄。」《後傳》說明帝：「（永平）十六年（73年），明帝乃命將帥，北征匈奴，取伊吾盧地，置宜禾都尉以屯田，遂通西域。」《後漢書》卷二十二《竇固傳》說：「（竇）固、（耿）忠至天山，擊呼衍王……追至蒲類海，留吏士屯伊吾盧城。」蒲類海即今巴里坤湖（詳見下文），東漢人要到巴里坤，當然是從哈密走近路。松田爲了遷就巴里坤的錯誤考證，就忽略此路。實則此路是東漢打通西域的最重要路線，如果松田發現蒲類國早已遷走，就不必曲解史料。

松田之說破綻很多，他說卑陸在阜康縣，且彌在和靜縣，可是《前傳》說卑陸到都護府的距離居然比且彌還近，顯然不合。《前傳》說劫國、東且彌到都護府距離相同，松田解釋說從此二國到都護府都要經過車師前國，但是他又說東西且彌都在今和靜縣，如果從和靜縣到都護府，僅需向南翻過一座山，不需要向東翻山去車師，再向西南，否則要繞道兩千里。《後傳》說焉耆在長史府之南，且彌在長史府之西，可是松田說且彌在和靜縣，則且彌、焉耆到長史府方向應該相同，不應有別。他總結漢代的西域交通幹線時，第一條幹線是敦煌到羅布泊、焉耆、車師前國，向北翻越博格達山到車師後國，第三條幹線是從車師後國向西到瑪納斯，可是從車師前國到瑪納斯的最近道路明明是走烏魯木齊，又近又平，松田卻把這條捷徑列入第四條，而且相當懷疑此路的存在，〔註13〕但是他在上文又引《西州圖經》殘卷說：「右道出高昌縣界北烏骨山，向庭州四百里，足水草，峻險石粗，唯通人徑，馬行多損。」〔註14〕這條從車師前國直接向北的山路顯然難走，他不明白山北諸國多在烏魯木齊之西，從交河到烏魯木齊再向西北才是幹線。總之，松田之說全錯。

〔註12〕 〔日〕松田壽男、陳俊謀譯：《古代天山歷史地理學研究》，第 123 頁。
〔註13〕 〔日〕松田壽男、陳俊謀譯：《古代天山歷史地理學研究》，第 143 頁。
〔註14〕 〔日〕松田壽男、陳俊謀譯：《古代天山歷史地理學研究》，第 94 頁。

近年來的研究對山北諸國或語焉不詳，或考證不全，有學者雖然懷疑前人說法，又不能提出一個準確答案。余太山之說除了東西且彌外，全襲松田。他和松田一樣，任意否定古書的道里。他發現前人對且彌的定位有誤，於是根據道里推測且彌的位置。他的且彌定位固然接近眞實，東且彌位置也即《譚圖》的位置，但是他又說兩漢的東且彌不在一處，證據是根據《前傳》的長安道里，東且彌和車師前國相距 100 里，而根據《後傳》的長史府道里推算，則二者相距 720 里，他說《後傳》記載東且彌人以游牧爲主，所以時有遷徙。〔註15〕其實二說並不矛盾，《前傳》二者到長安的距離是根據各自到焉耆的路程算出，前漢時期的交通是從樓蘭到焉耆，再到車師及山北諸國。《前傳》車師前國：「去長安八千一百五十里……西南至都護治所千八百七里，至焉耆八百三十五里。」又說焉耆：「去長安七千三百里。」說明車師前國到長安的距離，正是焉耆到長安的距離加上焉耆到車師前國的距離。東且彌到長安的距離肯定不是經過車師前國，而是直接從焉耆向北，如此則完全吻合，原書不誤。下文考訂東且彌在今昌吉，則焉耆到東且彌的道路很可能是經過和靜縣的烏拉斯臺河，越過冰達阪到昌吉，這條路現在還是 216 國道所經。

玉門關直接到車師前國的道路，東漢到曹魏時期才開通，《後傳》：「自敦煌西出玉門、陽關，涉鄯善，北通伊吾千餘里，自伊吾北通車師前部高昌壁千二百里，自高昌壁北通後部金滿城五百里。此其西域之門戶也，故戊己校尉更互屯焉。伊吾地宜五穀、桑麻、蒲萄。其北又有柳中，皆膏腴之地。故漢常與匈奴爭車師、伊吾，以制西域焉。」《魏略》：「從敦煌玉門關入西域，前有二道，今有三道……從玉門關西北出，經橫坑，闢三龍沙及龍堆，出五船北，到車師界戊己校尉所治高昌，轉西與中道合龜茲，爲新道。」西漢時期還沒有玉門關到車師前國的道路，東且彌到長安自然不走車師前國。

第一節　東西且彌

焉耆國的位置確定在今焉耆縣，西域長史府的位置也是確定在高昌城東南的柳中，在今鄯善縣魯克沁鎮，《後傳》說：「焉耆國王居南河城，北去長史所居八百里。」可是我們看今天的地圖，焉耆明明在長史府的西南，不是正南。古人之所以誤以爲正南，因爲古人心目中的西域方向有誤。出長安向

〔註15〕 余太山：《兩漢魏晉南北朝正史西域傳研究》，第 220 頁。

西，逐漸偏向西北，但是路旁有連綿不絕的秦嶺、祁連山，所以給人一直向西的錯覺。《史記‧大宛列傳》說：「以（張）騫度之，大夏去漢萬二千里，居漢西南。」其實大夏是在長安正西，但是張騫誤以為新疆在長安正西，所以把大夏當成長安的西南了。同理，因為南疆的道路沿崑崙山，所以給人一直向西的錯覺，《前傳》說鄯善：「西通且末七百二十里。」其實是西南，不是正西。《魏書》卷一百二《西域傳》說且末：「在鄯善西。」又說：「于闐國，在且末西北。」其實于闐在且末西南。

所以我們把真實的北疆地圖逆時針旋轉，就是漢代人心目中的地圖，焉耆變成在長史府的南部，而《後傳》說：「東且彌國東去長史所居八百里。」則東且彌國其實是在長史府的西北，依照焉耆的八百里比對，東且末國應在今烏魯木齊之西。因為這一點不難發現，所以《皇輿西域圖志》、陶保廉、余太山、《譚圖》等對且彌的定位比較接近。

松田壽男注意到古書記載且彌盛產硫磺，《太平御覽》卷九八七引《博物志》曰：「西域使至，王暢說：石流黃出且彌山。去高昌八百里，有石流黃。高數十丈，縱廣五六十畝。有取流黃孔穴，晝視其孔上，狀如青煙，常高數尺，夜視皆如燃燈，光明高尺餘，暢所親視見也。且彌人言：是時氣不和，皆往保此山，毒氣自滅。」高昌緊鄰長史府，且彌距離高昌八百里，完全符合《後傳》東且彌到長史府八百里的記載，這條史料很重要。松田說龜茲產硇砂，《舊唐書》卷一百九十四《西突厥傳》說：「乃建庭於龜茲北三彌山。」他以為三彌山就是且彌山，且彌出產硫磺的地方就在龜茲之北，進而認為且彌國在今開都河上游。〔註16〕三彌不是且彌，林梅村就批評松田，說三彌、且彌無關。〔註17〕西域產硫磺地方很多，昌吉州的硫磺溝鎮因為盛產硫磺而名，筆者認為東且彌國就在昌吉，昌吉就在烏魯木齊之西，符合到長史府的距離。

西且彌國應該在東且彌國附近，《前傳》說西且彌到長安 8670 里，應是8370 之誤，因為草書的三、六形訛致誤，否則差 400 里，不可能東西並稱。則西且彌國在今呼圖壁縣，徐松《西域水道記》卷三《額彬格遜淖爾所受水》：「胡圖克拜河，準語呼圖克拜者，吉祥也。今彼中之諺，易曰呼圖壁，譯為

〔註16〕〔日〕松田壽男、陳俊謀譯：《古代天山歷史地理學研究》，第 106 頁。
〔註17〕林梅村：《西域文明——考古、民族、語言和宗教新論》，東方出版社，1995年，第 364 頁。

有鬼。」〔註18〕此說有誤，呼圖壁河不是來自準格爾語，此名很早就有，呼圖壁在于闐文《使河西記》中稱爲 khautanai，即《元史》卷六十三《西北地附錄》的古塔巴，也即海屯行程中的 xutapay（khutapai），〔註19〕筆者認爲西且彌國都所在的於大谷即呼圖壁的異譯，上古音於是匣母魚部，王力擬爲 ɣiua，鄭張尙芳擬爲 Gʷa，所以於大音近呼圖壁，於大谷即呼圖壁河谷。

第二節　劫、卑陸、卑陸後國、郁立師

劫國到長安的距離，比西且彌國更遠二百里，國都在丹渠谷，岑仲勉認爲丹渠的語源是 tängrï，即天，則此谷是天谷。岑仲勉對音正確，可惜他沒有繼續深入探究，即誤以爲劫國在今昌吉，他說昌吉在唐代爲張堡守捉，元代爲昌八里克（Djambalekh），劫的上古音是 kap，可以與 djam 勘同。〔註20〕其實 kap、djam 讀音相差很大，根本不能對應。

天山之北諸國之都多數在山谷，但是唯獨劫國所在之谷名爲天谷，說明正對最高峰，應是博格達峰（5445 米），在今阜康南部，則劫國在今阜康。博格達峰之北有天池，此名可以追溯到上古。

《前傳》卑陸後國：「東與郁立師、北與匈奴、西與劫國、南與車師接。」錢伯泉認爲卑陸的語源是突厥語的泉 bulak，〔註21〕筆者認爲此說可信。因爲卑陸國水源充足，所以歷兩漢到魏晉，仍然存在，《魏略》作畢陸。卑陸國是唐代的憑落守捉所在，《元和郡縣圖志》卷四十庭州說：「憑落鎭，在州西三百七十里。」庭州在今吉木薩爾縣，憑落在今阜康東部，其西正是劫國，在今阜康中西部。

《前傳》說郁立師：「東與車師後城長、西與卑陸、北與匈奴接。」則郁立師在今吉木薩爾縣，其西是卑陸。值得注意的是，郁立師的讀音非常接近烏魯木齊，位置也靠近。郁的上古音從有，現在閩南語還讀成 u。立的上古音的 lap，而 p 和 m 都是唇音，所以 rum 譯成立。烏魯木齊的原義優美的牧場，

〔註18〕〔清〕徐松著、朱玉麒整理：《西域水道記》，中華書局，2005 年，第 186～187 頁。

〔註19〕黃盛璋：《于闐文〈使河西記〉的歷史地理研究》，《敦煌學輯刊》1987 年第 1 期。

〔註20〕岑仲勉：《漢書西域傳地里校釋》，第 467 頁。

〔註21〕錢伯泉：《車師語言與車師種族初探》，《新疆大學學報（哲學社會科學版）》1997 年第 3 期。

這是一個地名通名，所以也可以在吉木薩爾，也可能是後世地名遷移。雖然一般認為烏魯木齊是蒙古語而非突厥語，不過很多地名都在民族轉換時有接近原音的新解，所以烏魯木齊的類似讀音也可能很早產生。

第三節　蒲類、烏貪訾離、單桓

《後傳》：「蒲類國居天山西疏榆谷，東南去長史所居千二百九十里，去洛陽萬四百九十里……蒲類本大國也，前西域屬匈奴，而其王得罪單于，單于怒，徙蒲類人六千餘口，內之匈奴右部阿惡地，因號曰阿惡國。南去車師後部馬行九十餘日。人口貧羸，逃亡山谷間，故留為國云。移支國，居蒲類地。戶千餘，口三千餘，勝兵千餘人。其人勇猛敢戰，以寇鈔為事。皆被髮，隨畜逐水草，不知田作。所出皆與蒲類同……前後部及東且彌、卑陸、蒲類、移支，是為車師六國，北與匈奴接。」

蒲類本為大國，就在蒲類海周圍，蒲類海是巴里坤縣巴里坤盆地中的巴里坤湖，隋唐時期還叫蒲類海，《隋書》卷六十七《裴矩傳》記裴矩《西域圖記》自序：「北道從伊吾，經蒲類海、鐵勒部、突厥可汗庭。」蒲類海在伊吾西北，《元和郡縣圖志》卷四十伊州納職縣說：「俱密山，在縣北一百四十里，山北二十里正抵蒲類海。其蒲類海，後漢桓帝時，匈奴呼衍王寇伊吾，司馬毛愷遣吏兵五百人與戰，悉為所沒，即此海也。繞海名良田，漢將趙充國所屯兵也，俗名婆悉厥海。」納職縣在今哈密市西，其北的蒲類海即巴里坤湖，四周多良田，與突厥傳說水草豐美吻合。《後漢書》卷七十七《班超傳》：「將兵別擊伊吾，戰於蒲類海。」《後傳》：「桓帝元嘉元年，呼衍王將三千餘騎，寇伊吾，伊吾司馬毛愷遣吏兵五百人，於蒲類海東與戰，悉為所沒，呼衍王遂攻伊吾屯城。」蒲類海在伊吾之北，漢代伊吾在今哈密市西，其北即巴里坤湖。蒲類被匈奴攻破，匈奴人把蒲類人的主體六千人遷徙到匈奴之西的阿惡。蒲類主體雖然分遷，但是蒲類海的名字一直保留。

《前傳》：「地節二年（前 68 年），漢遣侍郎鄭吉、校尉司馬憙將免刑罪人田渠犁，積穀，欲以攻車師……蘇猶教（車師）王擊匈奴邊國小蒲類，斬首，略其人民，以降吉。」說明蒲類人主體雖然被匈奴遷走，但是還有殘部，被車師擄掠，此地更加空虛。

蒲類原地成為匈奴蒲類王地，《前傳》：「至元帝時，復置戊己校尉，屯田車師前王庭。是時，匈奴東蒲類王茲力支將人眾千七百餘人降都護，都護分

車師後王之西爲烏貪訾離地以處之。」

此後的蒲類國已經不在巴里坤縣，漢朝將匈奴蒲類王部眾遷到車師之西，即後世的蒲類國，岑仲勉認爲在呼圖壁和馬納思之間，蘇北海認爲在木壘縣，〔註 22〕筆者認爲二說皆誤，因爲木壘縣不在車師之西北，而在東北，木壘縣緊鄰巴里坤縣，漢朝既然要阻隔蒲類王和匈奴，必須遠徙其人，不可能置於木壘縣。木壘一帶是唐代的蒲類縣，不是漢代的蒲類國，唐人不過是用典取名。筆者認爲蒲類國距離長安是 8660 里，不是 8360 里，因爲蒲類後國是 8630 里，二者鄰近，差 30 里，草書的三、六形近而誤。

魚豢《魏略》：「北新道，西行至東且彌國、西且彌國、單桓國、畢陸國、蒲陸國、烏貪國。」沙畹注說蒲陸即蒲類，蒲類爲巴爾庫爾（Barkoul）湖古名，即巴里坤湖，應該在最東，不應列在西部，但是他用《後漢書》蒲類人遷居阿惡解釋，〔註 23〕其實應該用《漢書》蒲類遷居烏貪訾離才對，所以《魏略》列於烏貪之前。但是《魏略》把蒲陸至於畢陸之西，不確，二者相差 20 里，地近易誤。按照西且彌國的位置比對，蒲類還在其西 290 里，則在今沙灣縣。沙灣縣的東西是石河子市、奎屯市，因爲這一帶水資源充足，所以現在還是屯墾要地。所以有能力按照蒲類移民。

從卑陸到且彌，全在天山之東的山谷，唯獨蒲類在天山之西的疏榆谷，這個西字一定是東字之誤。

新蒲類國所在原爲烏貪訾離之地，則烏貪訾離在其北部。《前傳》說烏貪訾離：「東與單桓、南與且彌、西與烏孫接。」烏貪訾離南是且彌，經過上文校正方向，其實應是東南，則烏貪訾離在西北，所以西接烏孫。烏貪訾離地域廣闊，距離長安遠達 10330 里，比蒲類還遠 1670 里，因爲準噶爾盆地多爲沙漠，所以人煙稀少。烏貪訾離很可能是因爲蒲類的遷居而向北遠徙，所治於婁谷在今塔城地區，所以西接烏孫。

《前傳》說烏貪訾離之東是單桓，則單桓在且彌之北，山北諸國多在山谷，唯獨此國在單桓城，因爲此國不在天山北麓，而在準噶爾盆地中，應在瑪納斯河下游到瑪納斯湖一帶，周圍多爲沙漠，但是此地水源充足。《漢書》卷五十五《霍去病傳》劉徹曰：「攻祁連山，揚武乎觻得，得單于單桓、酋塗

〔註22〕 蘇北海：《西域歷史地理》，新疆大學出版社，1988 年，第 183 頁。
〔註23〕 〔法〕沙畹：《魏略西戎傳箋注》，馮承鈞譯：《西域南海史地考證譯叢七編》，商務印書館，1962 年，第 53～54 頁。

王。」此祁連山的單桓可能是同名部族，也有可能是祁連山的單桓部戰敗才西遷到西域。單桓、兒虛音近，所以且彌、單桓可能是同族，此音又和吐火羅很近，此名很可能來自吐火羅人。

第四節　山北六國與車師六國

前漢的山北六國不應包括遠徙的烏貪訾離，《前傳》說：「分以爲車師前後王及山北六國。」如果把東西且彌合併，蒲類後國歸入蒲類國，卑陸後國歸入卑陸國，則是且彌、劫、蒲類、卑陸、單桓、郁立師六國，筆者認爲這可能是西漢的山北六國。也有可能是把東西且彌看成二國，把蒲類前後、卑陸前後看成二國，合爲六國，即徐松之說。如此則劫國不能在內，劫國僅有500人，是最小的一國，所以可能沒有計入。而單桓、郁立師、烏貪訾離遠離天山，也很可能沒有列入。總之，且彌、蒲類肯定在內。有學者不考諸國位置，偏信前人誤說，以爲且彌、蒲類不在內，又把車師都尉誤列在內，於是不能解釋爲何《後傳》的車師六國有且彌、蒲類，就說《後傳》的車師六國劃分既不是按照族屬、也不是按照地域，而是范曄編造的不倫不類名單，車師六國不存在。〔註24〕此說是厚誣古人，范曄不可能胡亂編造。車師都尉、車師後城長在車師的核心地區，不可能在西漢的山北六國之列。

《後傳》的車師六國是車師前後部及東且彌、卑陸、蒲類、移支，郁立師、單桓二國不在山麓，國力不強，所以消失。劫國本來極小，所以也消失了。最大的變化是蒲類故地崛起了移支國，因爲蒲類故地空虛，需要很長時間才能聚集人口，產生新的國家。

《前傳》所說的天山指今烏魯木齊西南的天山，沒有提到天山東部的博格達山，所以劫國所在的丹渠（tängri）谷即天谷。《史記》卷一百一十《匈奴列傳》說：「其明年（天漢二年，前99年），漢使貳師將軍廣利以三萬騎出酒泉，擊右賢王於天山。」《正義》注：「在伊州。」說明博格達山也叫天山，但是在西漢僅此一見，不見於《前傳》。清代人以爲博格達山是西漢的天山，所以考訂諸國位置偏東，所以譚圖的天山僅標在博格達山，而沒有標在現在的天山。山北六國本來就不在博格達山之北，而在天山之北，博格達山之北

〔註24〕孟凡人：《略論山北六國與車師六國》，《北庭歷史地理研究》，新疆人民出版社，1985年，第49～54頁。

僅有車師後國、後城長國，還是車師分出的小國。天山本爲通名，天山比博格達山高大，《譚圖》僅把博格達山標爲天山，而現在的天山卻在圖上沒有古名，這是不可能的，古人也一定把現在的天山稱爲天山。

車師國本來在吐魯番的車師前國，車師後國、後城長國是漢朝人分出去阻擋匈奴的小國，《前傳》：「樓蘭、姑師當道，苦之，攻劫漢使王恢等，又數爲匈奴耳目，令其兵遮漢使。」姑師在吐魯番，才能阻擋漢道。姑師就是車師，車的一個古音是讀如居，現在的車字別音爲 ju 即來自此音，《釋名》：「車，聲如居。」《史記》卷二十《建元以來功臣侯表》的浩侯說：「以中郎將兵捕得車師王功，侯。」《大宛傳》：「（趙）破奴虜蘭王，遂破姑師……令王恢佐破奴擊破之，封恢爲浩侯。」〔註25〕《前傳》又說：「徵和四年，遣重合侯馬通將四萬騎擊匈奴，道過車師北，復遣開陵侯將樓蘭、尉犁、危須凡六國兵別擊車師，勿令得遮重合侯。諸國兵共圍車師，車師王降服，臣屬漢。」姑師在吐魯番，所以樓蘭等國之兵才有可能遮蔽漢兵，如果在山北就沒有這個問題。又說：「車師旁小金附國隨漢軍後盜車師，車師王復自請擊破金附。」金附即今吉木薩爾地名由來，因爲在車師之北，而漢軍從南邊來攻，所以金附才能趁火打劫。又說：「（鄭）吉上書言：車師去渠犁千餘里，間以河山，北近匈奴。」車師到渠犁千餘里，渠犁在今尉犁縣，所以渠犁到車師的距離與都護府到車師距離相近，這些都說明車師原來就在車師前國。

車師之所以在吐魯番地區崛起，這是因爲吐魯番是東疆、北疆、南疆之間的樞紐，現在還是新疆的鐵路樞紐。因爲車師最強，所以被漢朝肢解爲數個小國。到了北魏時期，山北六國僅有且彌見於《魏書·西域傳》，這是因爲最東部的且彌扼守烏魯木齊山口，交通地位最重要。

車師前國附近還有狐胡國，丁謙誤以爲柳谷是柳中，但是此地到長安距離比前國遠 50 里，到都護府距離比前國遠 60 里，應在車師的西北，不是其東南的柳中。狐胡國在柳谷，柳谷本來是地名通名，《新唐書·地理志》：「自縣北八十里有龍泉館，又北入谷百三十里，經柳谷。」松田壽男認爲柳谷在交河之北 210 里，他又注意到《西州圖經》殘卷記載交河和庭州之間有四條路經過柳谷，因而認爲柳谷在陶保廉所考烏魯木齊東南的白楊河附近。〔註26〕筆者認爲柳谷是一條狹長的山谷，所以《新唐書》所說的交河西北 210 里的

〔註25〕黃盛璋：《最早吐魯番綠洲古城與胡、漢名起源和語源新探》，黃盛璋主編《亞洲文明》第四集，三秦出版社，2008 年，第 206 頁。

〔註26〕〔日〕松田壽男、陳俊謀譯：《古代天山歷史地理學研究》，第 92 頁。

柳谷是柳谷的北部，而狐胡國所在的柳谷是柳谷的南部，柳谷在交河城西北50 里，不到白楊河，應在今吐魯番西北大河沿鎮的紅柳河附近，這條河谷今名大河沿，原名是柳谷。狐胡國扼守交河城西北到烏魯木齊西北的山北六國要道，也是車師前後二國的交通樞紐。

交河故城（周運中攝於 2017 年 8 月 23 日）

岑仲勉認為狐胡的《切韻》音是 kuo-ɣuo，語源是突厥語井泉 quduɣ，〔註27〕筆者認為此說不確，因為《切韻》是中古音，西漢應是上古音 ɣua-ɣa，《後傳》作狐胡，上古音是 kua-ɣa，讀音不近。

車師都尉國的位置，史書毫無線索，岑仲勉說前人全是推測，筆者認為此國應在山南，因為山北已有車師後、後城長二國，不應再立一國。車師都尉國僅有 40 戶，置於山北，不能防禦匈奴。車師前國有左右都尉，又有歸漢都尉，此歸漢都尉可能就是車師都尉國。

車師後國距長安 8950 里，徐松校正為 8670 里，筆者認為原書確實有誤，《後漢書·耿秉傳》：「車師有後王、前王，前王即後王之子，其廷相去五百餘里。」《後傳》：「（永元）三年（91 年），班超遂定西域，因以超為都護，居龜茲。復置戊己校尉，領兵五百人，居車師前部高昌壁，又置戊部候，居車師後部候城，相去五百里……自高昌壁北通後部金滿城五百里。」既然車師後國在前國之北 500 多里，則 8950 的九應是六之形訛。徐松說《後傳》車

〔註27〕岑仲勉：《漢書西域傳地里校釋》，第 471 頁。

師後國去洛陽 9620 里，又引《郡國志》洛陽到長安 950 里，於是他用 9620 減去 950，得出 8950 應爲 8670 之誤。其實古人的測繪不精確，所以不同測繪系統的數字不能通用。如果改爲 8650，雖然相差 20 里，但是不必多改一字，五、七字形不近，而 20 里的誤差在近萬里的幾套系統中完全可以忽略。

因爲《前傳》說山北六國都在天山之東，漢代的天山之東不包括車師前、車師後、車師後城長、車師都尉、狐胡國，所以我不贊成松田把車師諸國統稱爲天山東部諸國。我們可以把車師前、車師後、車師後城長、車師都尉、狐胡國稱爲狹義的車師諸國，把包括山北六國在內的諸國稱爲廣義的車師諸國。

前人考訂的諸國位置，沒有一個系統是既諸國符合到長安的距離，又符合諸國到都護府的距離，而筆者上文考訂的位置則完全符合諸國到長安及到都護府的距離。卑陸國在今奎屯到沙灣縣一帶，直向南就都護府，所以距離最近，是 1287 里。其東的蒲類國稍遠，1387 里，南稍偏東。西且彌與劫國到都護府都是 1487 里，東且彌最遠，這些國家到都護府的距離都是直接翻過天山的道里，而非繞道車師。車師到都護府的直線距離雖然遠，但是所經多是平地，所以僅有 1087 里。山北諸國到都護府的距離都是 87 爲尾，唯獨車師前國是 1807，松田認爲是 1087 之誤，此說可信。至於他說這些數字全是僞造，筆者認爲可以存疑，但是按照原書，諸國到都護府的遠近次序符合實際，所以不必推翻原書。

山北諸國之名雖然沒有保留至今，但是呼圖壁之名很可能源自西且彌國都所在的於大谷，吉木薩爾之名很可能源自金附國與金蒲城，烏魯木齊也有可能來自郁立師，所以還有一些蛛絲馬蹟。

傳統的漢代西域地圖上，山北諸國局促在呼圖壁縣以東的一隅之地，經過本文的修訂，山北諸國分布之地西到奎屯市，西北到塔城、克拉瑪依市，填補了傳統地圖上的空白疑問。呼圖壁縣之西的廣闊地域在漢代不可能是一片空白，相反，烏魯木齊之西才是山北諸國的主要地域。

山北諸國之所以集中在烏魯木齊之西的天山北麓，而非博格達山的北麓，因爲北疆的降水主要來自西北部，烏魯木齊之西降水更多，冬季氣溫更高，所以人口更多。至今新疆縣市最密集的地區仍然是烏蘇市到阜康市的一線，自西向東依次有烏蘇市、奎屯市、沙灣縣、石河子市、瑪納斯縣、呼圖壁縣、昌吉市、五家渠市、烏魯木齊市、米泉市、阜康市，500 多里居然內有 11 個縣市一字排開，即便在內地也很密集，這種情況由自然環境決定。這一地區在歷代新疆版圖上都是人口和聚落密集之地，最早可以追溯到西漢。

本文基本沒有改動古書記載的里程，而所考山北諸國位置不僅符合古書

里程，也符合地理形勢與讀音，諸國之間的方位也符合古書。由此可見，古書不能輕易否定。所謂的原文錯誤，往往因爲是現代研究者沒有找出正確的答案。班固、魚豢、范曄等人雖然未到西域，但是這些博學之士在撰寫史書時其實都有考證，他們能看到我們現在看不到的史料，很有可能看到當時的西域地圖，他們也可以根據文字記載繪製地圖。我們不能以爲古代的史家僅是一個謄寫的書手，即使是書手也不會抄錯很多，所以不能厚誣古人。

　　經過筆者修訂的山北諸國示意圖如下，本圖的底圖來自《譚圖》，黑體地名是筆者修訂的位置，這樣方便與《譚圖》的原地名對照。

修訂的山北六國位置示意圖

高昌古城（周運中攝於 2017 年 8 月 24 日）

第四章　漢代蔥嶺以西諸國考

西漢人以爲西域南道的極點是烏弋山離、安息，北道的極點是康居、奄蔡，所以《漢書》開頭說：「自玉門、陽關出西域有兩道：從鄯善傍南山北，波河西行至莎車，爲南道，南道西逾蔥嶺則出大月氏、安息。自車師前王廷隨北山，波河西行至疏勒，爲北道，北道西逾蔥嶺則出大宛、康居、奄蔡焉。」西漢人對地中海之西的大秦還很不熟悉，東漢人已經安息到大秦的路線，曹魏人的記載更加詳細，本章先考證蔥嶺以西到大秦以東諸國。

第一節　大宛國都貴山在苦盞

《史記》說，大宛在匈奴西南，在漢正西，去漢可萬里。其俗土著，耕田，田稻麥。有蒲陶酒。多善馬，馬汗血，其先天馬子也。有城郭屋室。其屬邑大小七十餘城，衆可數十萬。其兵弓矛騎射。其北則康居，西則大月氏，西南則大夏，東北則烏孫。

《漢書》的《西域傳》、《李廣利傳》說，大宛國，王治貴山城，去長安萬二千五百五十里。戶六萬，口三十萬，勝兵六萬人。副王、輔國王各一人。東至都護治所四千三十一里，北至康居卑闐城千五百一十里，西南至大月氏六百九十里。北與康居、南與大月氏接。大宛左右以蒲陶爲酒，富人藏酒至萬餘石，久者至數十歲不敗。俗耆酒，馬耆目宿。宛別邑七十餘城，多善馬。馬汗血，言其先天馬子也。大宛有善馬在貳師城，漢使求馬不得，漢使怒。宛國貴人令其東邊郁成王遮攻殺漢使，取其財物。太初元年，以廣利爲貳師將軍，發屬國六千騎及郡國惡少年數萬人以往，期至貳師城取善馬，攻郁成

城，郁成距之，所殺傷甚眾。往來二歲，至敦煌，士不過什一二。其夏，六萬人再出敦煌，爲人多，道上國不能食，分爲數軍，從南北道。校尉王申生、故鴻臚壺充國等千餘人別至郁成，申生去大軍二百里，負而輕之，攻郁成急，戰敗被殺。李廣利先至宛，決其水原，移之，破外城，宛貴人殺王投降。李廣利回破郁成，其王亡走康居，康居聞漢已破宛，出郁成王。

大宛在今費爾干納盆地，《魏書》說破洛那，故大宛國也。破洛那即費爾干納（Farghana）的異譯。大宛的大，是相對於塔里木盆地東南的小宛而言，正如大月氏相對於南山的小月氏而言。法國人拉古伯里（Lacouperie）提出大宛的宛，源自東方人對希臘人的稱呼，梵文是 Yavana（耶盤那），源自希臘東部地名愛奧尼亞（Ionian），波斯人稱希臘人爲 Yauna。我以爲此說合理，大宛人豪飲葡萄酒，正是希臘風俗。

郭茨米德以爲大宛是 Varena，夏德以爲是 Tauriua。岑仲勉說《史記·大宛列傳》全把大宛簡稱爲宛，說明大是漢人所加之名。不過他仍誤以爲大宛是安集延（Andijan）的音譯，其實讀音無法對應。蒲立本說大宛就是吐火羅 taxwar 的異譯，小宛是小的大宛。〔註1〕我以爲此說不確，taxwar 的讀音中無 n，不可能譯爲大宛，小宛也不可能是小的大宛，大小本來相對。鄭張尚芳認爲，大宛即宛，宛是浩罕（Khokand），魏、唐到清《西域圖志》皆以浩罕爲大宛，宛是省譯 oand，誤以爲 qho 是零聲母。〔註2〕我以爲此說不確，清代人說在浩罕是方便，浩罕興起較晚，讀音也有差別，爲何斬頭去尾，僅譯中間？

大宛都城貴山，拉古伯里以爲在 Kâsân（今卡桑賽 Kosonsoy），讀音接近。李希霍芬、沙畹以爲在今鄂勒推帕（Ulaynobo）。那珂通世說在浩罕，三宅米吉說在苦盞（Khujand），即唐代的俱戰提。

桑原騭藏 1915 年發表《關於大宛國的貴山城》，1916 年白鳥庫吉發表《大宛國考》，藤田豐八也發布《大宛國的貴山城和月支的王庭》，批評桑原之說，桑原發表《再論大宛國的貴山城》，答覆白鳥、藤田的批評。桑原提出，苦盞城外的 Khodja-Bakargan 汲水不便，夏季乾枯，所以漢人移去河道，絕其水源，而且苦盞的讀音比 Kâsân 更近，大宛去大夏 2000 里，大夏在巴克特里亞

〔註1〕蒲立本著、徐文堪譯：《蒲立本西域史二題》，《西域研究》2015 年第 1 期。
〔註2〕鄭張尚芳：《大夏西遷及大夏、月氏、焉夷、龜茲的對音勘原問題》，《內陸歐亞歷史語言論集——徐文堪先生古稀紀念》，第 129 頁。

（Balkh），則大宛在苦盞，苦盞在錫爾河南岸，而 Kâsân 遠離錫爾河。〔註3〕

　　白鳥庫吉以爲，大宛在今費爾干納盆地，而苦盞在盆地之外，張騫從大宛經過康居到達月氏，而從塔什干到月支有兩條路，吉紮克一路被土人稱爲飢餓曠野，行人多從苦盞一路，所以苦盞必屬康居而不屬大宛。他說李希霍芬誤信休循國鳥飛谷爲 Ufi 的誤譯，指爲奧什（Osh），把大宛國境西移。即使苦盞屬於大宛，也在易受敵國攻佔的西邊。他說桑原誤考亞歷山大所建的 Kyropolis 在苦盞，應在 Ura-tübe，桑原說亞歷山大攻陷 Kyropolis 方法與李廣利攻陷貴山方法相同也不能成立。費爾干納盆地的土著是 Tapura，即大宛語源。苦盞到吉紮克一帶是塔什干、苦盞、撒馬爾罕三方爭奪之地，漢代康居佔據塔什干和撒馬爾罕，不可能允許苦盞歸屬費爾干納。他說，苦盞的讀音，接近貴，但不近山。《漢書》記載西域里程多誤，不足爲據。《漢書》說休循條說休循到大月氏 1610 里，到大宛 920 里，大宛條說大月氏到大宛 690 里，相加正是 1610 里，大月氏到大宛的 690 里不可信，是 1610 減去 920 所得，應是 1690 之誤。《史記》不提貴山城，唯有貳師城，即大宛都城。李廣利伐大宛後，才遷都錫爾河北的 Kâsân。郁成城是奧什（Osh），貳師是 Nisā，根據形勢，應在今馬爾吉蘭（Marghilan）。《史記》說虜宛貴人勇將煎靡，烏孫君主名字帶靡，即突厥語的戰君 Süngüš bi，所以大宛君主是突厥人，才能在大國烏孫、月氏間立足。〔註4〕

　　藤田豐八以爲貴山城是卡桑賽，貳帥城是其北的 Gidghil，郁成城是 Aksikath。岑仲勉以爲貴山城在卡桑賽，貳師城是吉紮克（Dsizak），郁成是烏茲根（Uzgheng）。

　　我以爲郁成確是烏茲根，讀音吻合，且在盆地最東，是漢軍必經之地。奧什譯不出成字。

　　白鳥庫吉詳細研究這一帶的古代文獻與地理形勢，資料豐富，但是他的說法有個很大的漏洞，如果康居佔據苦盞，疆域從楚河延伸到阿姆河，則是中亞最大的強國了！但是《史記》說康居：「國小，南羈事月氏，東羈事匈奴。」康居的大小，張騫固然難以檢測，但是他臣服月氏、匈奴，張騫不可能胡說。

〔註3〕　〔日〕桑原騭藏著、楊鍊譯：《張騫西征考》，上海：商務印書館，1934 年，第 29～31 頁。

〔註4〕　〔日〕白鳥庫吉著、王古魯譯：《塞外史地論文譯叢》第二輯，上海：商務印書館，1940 年，第 217 頁。

司馬遷記載大宛距離大月氏 2000 里，班固說距離 690 里，白鳥說 690 里是休循到大月氏的 1610 里減去休循到大宛的 920 里得出，此說不假，但是《漢書》其實道明了真相，《漢水》休循：「西北至大宛國九百二十里，西至大月氏千六百一十里。」說明休循到大宛是西北一路，到大月氏是西路，不是一路。到大月氏的西路其實就是瓦赫什河谷，因為休循本來在瓦赫什河源頭，所以休循去大月氏是先向西，再向西南。既然 690 里不可信，則應用大宛、休循、烏孫距離長安、都護府的里程差來衡量大宛的位置。

我以為貴山是苦盞，原因有以下十點：

1. 卡桑賽讀音不合，貴的上古音是 kuət，白鳥說苦盞不符合貴山的山，毫無依據，因為苦盞是 Khujand，所以中國古人譯為俱戰提、忽氈、苦盞，後半部分能譯為山。岑仲勉也說卡桑賽讀音不合，但是又說西方人的 a 轉化為東方的 u，此說無據。

2. 苦盞扼守費爾干納盆地西口，地位重要，所以雖然不在盆地中心，但是也能控制盆地。其實按照白鳥之說，其西的飢餓曠野正是苦盞的西北屏障。

3. 亞歷山大在苦盞建設極東的亞歷山大城（Alexandria Eschate），大宛以希臘為名，自然應以亞歷山大城為都。塞琉古以其子安條克為北部總督，安條克一世時期（前 281～261 年）在中亞建了很多安條克城，苦盞擴建為斯基泰的安條克城（Antioch Ssythia），見於苦盞城堡的中世紀考古層下，考古發現證明東曹、苦盞和費爾干納盆地西部的希臘文化因素。〔註5〕

4. 苦盞在盆地最西，雖然到烏茲根的距離僅比卡桑賽多 153 千米，但是從烏茲根到卡桑賽走的是盆地東北邊緣，而從烏茲根到苦盞穿過的是費爾干納盆地核心，城多人密，所以李廣利不敢西行。

5. 貴山城去長安 12550 里，比休循多 2290 里，比烏孫多 4650 里，但是休循、烏孫費爾干納盆地的距離相等，不可能有 4000 里，所以大宛到長安的距離一定是通過休循而非烏孫計算。休循在今伊爾克什坦山口，到卡桑賽的現代公路是 600 千米，古代 1440 里，古人實際行程更長，所以比較接近。總之不可能是卡桑賽，伊爾克什坦到卡桑賽的現代公路僅有 431 千米，也即古代千里。

貴山去都護府 4031 里，休循去都護府 3120 里，烏孫去都護府 1721 里，

〔註5〕〔匈〕雅諾什・哈爾馬塔主編、徐文堪譯：《中亞文明史》第二卷，中國對外翻譯出版公司，2002 年，第 62、68、365 頁。

貴山去都護府僅比休循多 911 里，比烏孫多 2310 里，所以貴山到都護府顯然是從烏孫而非休循計算。

6. 貴山到長安是通過休循計算，到都護府是通過烏孫計算，恰好透露了大宛到塔里木盆地的兩條路，一條是經過烏孫向西，一條是從休循向北，而且兩條路距離相仿，到休循 2290 里，到烏孫 2310 里。李廣利和王申生就是從這兩條路分開，李廣利是走休循，王申生是走烏孫。所以王申生所攻的郁成正在費爾干納盆地最東部，接近烏孫。李廣利從休循北來，也要經過郁成附近。所以王申生開始攻打郁成時，距離李廣利大軍 200 里，不是說距離貴山 200 里，否則李廣利第一來就不必在郁成停留。

7. 唐代人以為大宛在東曹、石國一帶，《括地志》：「率都沙那國，亦名蘇對沙那國，本漢大宛國。」〔註 6〕杜環《經行記》石國：「其國城一名赭支，一名大宛。」東曹靠近苦盞，東曹之北是石國（今塔什干）。

8. 貳師城是吉紮克，正在苦盞之西，漢人必經苦盞，所以大宛才敢拒絕漢朝，漢人必克大宛才能獲得汗血馬。《新唐書》卷二二一下《西域傳下》說：「東曹，或曰率都沙那，蘇對沙那，劫布呾那，蘇都識匿，凡四名。居波悉山之陰，漢貳師城地也。東北距俱戰提二百里。」

9. 大宛北至康居卑闐城千五百一十里，卑闐城，下文將考證在今塔什干與奇姆肯特之間，則大宛都城在今苦盞。

10. 考古學的證據，現在中亞五國發現漢式鏡共有 46 件，分布在 24 個地點，僅有 2 地在哈薩克斯坦西北與阿富汗北部，其他 22 地全在費爾干納盆地及附近，其中 3 地在塔什干東北，3 地在納倫河上游的托克托古爾（Toktogul）東南，其他 16 地在費爾干納盆地中。16 地中，僅有兩地在盆地的西北與東北，其他 14 地全在盆地西南部。盆地西南部的 14 地中，集中在苦盞、伊斯法拉（Isfara）、費爾干納（Fergana）三城周圍，苦盞西南有 3 地，伊斯法拉東南有 8 地，費爾干納南有 3 地。〔註 7〕

伊斯法拉之南的 Chorku 有一座名為 Hazrati Shoh 的大型陵墓，時代與墓主不明，一說 8 世紀，一說 10～12 世紀。伊斯法拉可能是墓葬集中地，但是距離苦盞不遠，苦盞附近也出漢鏡，盆地北部不出漢鏡，說明大宛國都貴山城肯定不在卡桑賽。

〔註 6〕《史記‧大宛列傳》大宛之跡引。
〔註 7〕白雲翔：《漢式銅鏡在中亞的發現及認識》，《文物》2010 年第 1 期。

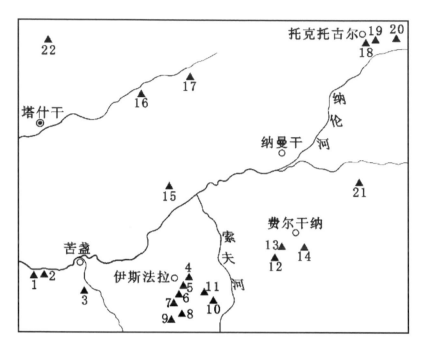

費爾干納盆地及周邊的漢鏡出土地點圖

所以貴山是苦盞，而卡桑賽應是唐代的渴塞，譯音明顯不同，《新唐書·西域傳下》：「寧遠者，本拔汗那，或曰鉞汗，元魏時謂破洛那。去京師八千里。居西鞬城，在眞珠河之北……鼠匿死，子遏波之立契苾兒子阿了參爲王，治呼悶城，遏波之治渴塞城。」西鞬城即 Akhsikath，在今納曼干（Namangan），渴塞在其北的卡桑賽，耶律楚材《西遊錄》作可傘，《元史·地理志六》西北地附錄作柯散，《曷思麥里傳》作可散。

第二節　康居與粟特五小王位置

《史記·大宛列傳》：「康居在大宛西北可二千里，行國，與月氏大同俗。控弦者八九萬人，與大宛鄰國。國小，南羈事月氏，東羈事匈奴。」

《漢書·西域傳》：「康居國，王冬治樂越匿地，到卑闐城。去長安萬二千三百里。不屬都護。至越匿地馬行七日，至王夏所居蕃內九千一百四里。戶十二萬，口六十萬，勝兵十二萬人。東至都護治所五千五百五十里……其康居西北可二千里，有奄蔡國。控弦者十餘萬人。與康居同俗。臨大澤，無崖，蓋北海雲。康居有小王五：一曰蘇䪻王，治蘇䪻城，去都護五千七百七

十六里，去陽關八千二十五里。二曰附墨王，治附墨城，去都護五千七百六十七里，去陽關八千二十五里。三曰窳匿王，治窳匿城，去都護五千二百六十六里，去陽關七千五百二十五里。四曰罽王，治罽城，去都護六千二百九十六里，去陽關八千五百五十五里。五曰奧鞬王，治奧鞬城，去都護六千九百六里，去陽關八千三百五十五里。凡五王，屬康居。」

《陳湯傳》：「康居王以女妻郅支，郅支亦以女予康居王。康居甚尊敬郅支，欲倚其威以脅諸國。郅支數借兵擊烏孫，深入至赤穀城，殺略民人，驅畜產，烏孫不敢追，西邊空虛，不居者且千里。郅支單于自以大國，威名尊重，又乘勝驕，不為康居王禮，怒殺康居王女及貴人、人民數百，或支解投都賴水中⋯⋯建昭三年，湯與延壽出西域⋯⋯即日引軍分行，別為六校，其三校從南道逾蔥嶺徑大宛，其三校都護自將，發溫宿國，從北道入赤谷，過烏孫，涉康居界，至闐池西。而康居副王抱闐將數千騎，寇赤穀城東，殺略大昆彌千餘人，驅畜產甚多，從後與漢軍相及，頗寇盜後重⋯⋯入康居東界⋯⋯未至單于城可六十里⋯⋯明日引行，未至城三十里⋯⋯明日，前至郅支城都賴水上，離城三里。」

　　1911年，白鳥庫吉發表《康居考》，他提出西方人混淆康居與康國（粟特），康居是行國，也即游牧民族，粟特是土著，也即定居民族。而且康居是突厥人，而粟特是伊朗人。他認為康居的上古音是 kang-kü，即突厥碑文中的 Kängäres，范倍來（Vámbéry）以為即高加索的 Kenger 族，鐵克土庫曼斯坦（Tekke Turkoman）有 Köngör，伊本科達貝赫（Ibn Xordāddbih）說錫爾河又名 Kankar，羅馬皇帝君士坦丁（Constantin Porphyrogenetus）有 Kangar 三高等部落，統治 Pecěneg 族，康居是從錫爾河中游北擴到吉爾吉斯草原。康居的原意，范倍來以維吾爾語的 Kang 與突厥語的 kän，釋為廣闊，阿布加錫（Abulgazi）以突厥語的 kang 釋為馬車。白鳥以為羅馬君士坦丁帝釋 Kangar 為驍勇，白鳥說卑闐是 Pecěneg 族，或是察合臺文的城堡 bicin，樂越匿是突厥語 ulug ottok，即大部落，卑闐在今哈薩克斯坦南部錫爾河邊的小地名突厥斯坦（Turkestan），又說或在鄰近的奇姆肯特（Chimkent）。《新唐書・西域傳下》說蘇䧺在石國，附墨是何國，窳匿是石國，罽是安國，奧鞬是火尋國。白鳥說《史記・大宛列傳》：「宛西小國驩潛、大益，宛東姑師、扜罙、蘇薤之屬。」蘇薤即蘇䧺，則在大宛之東，驩潛即火尋，所以唐人之說不可信。五小王全在康居本土而非粟特境內，也即在錫爾河北。《晉書・西戎傳》：「康

居國在大宛西北可二千里，與粟弋、伊列鄰接。其王居蘇薤城。」白鳥以爲粟弋是在康居境內的粟特人。〔註8〕

現在一般認爲康居即金、元的康里族，也即突厥語的車 Kingly，康居即高車，元代黃溍《康里氏先塋碑》：「康里，古高車國也。」拉斯特說此族造車，高車的車，如同車師（姑師）的車，古音讀爲 ka，此即現代車的別讀 ju 的由來，所以高車是音兼義譯。松田壽男說《唐會要》卷七二康曷利，即 Kangli，則唐代的譯名介於康居、康里之間。

岑仲勉說樂越匿是 lux yanaq，記蘆葦叢邊，卑闐在西突厥王庭千泉，《大慈恩寺三藏法師傳》說又名屛聿，聖馬丁比爲蒙古語（實爲突厥語）的 Mïng-bulaq 與奧斯曼突厥語的 Bïng-göl，伯希和說應是 Bïng yul，〔註9〕岑仲勉說卑闐即突厥語沼澤 batar，在今 Merke 附近。柯爾克孜語的千是 miñ，法語的千是 mille，顯然是同源字，因爲突厥人源自印歐人。

王國維說多夏居地不可能相距 9104 里，應是 1104 里，窊匿即越匿，窊匿去都護 5266 里，卑闐去都護 5550 里，則卑闐在窊匿界內，故名越匿。

岑仲勉認爲夏居地 9104 里是指夏居地到長安 9104 里，窊匿不是越匿，而是塔什干西南的 Chinaz，蘇籬是粟特（Soghd），即今撒馬爾罕，附墨是附黑，即布哈拉（Bokhara），說闐是唐嬀水州的羯城、元《經世大典》的柯提，即花剌子模故都 Kath，在今希瓦（Xiva）之北，奧鞬是元代花剌子模都城烏爾鞬赤（玉龍傑赤）。

我以爲岑說諸地不合原文里程，奧鞬的讀音雖然接近烏爾鞬赤，但是烏爾鞬赤的距離太遠。闐也不是柯提，距離也太遠。附墨也不是布哈拉，距離也太遠。蘇籬、附墨去長安里程相同，而去都護 5776 里、5767 里，則應都是 5776 里，則去長安、去都護比越匿都多 500 里，則蘇籬、附墨去長安、都護里程相同，按照岑說，則附墨比蘇籬多數千里。奧鞬去長安 8355 里，去都護 6906 里，闐去長安 8555 里，去都護 6296 里，則奧鞬去都護應是 6096 里，比闐去長安少 200 里，去都護也少 200 里，按岑說則奧鞬比闐還遠。多居地樂越匿，白鳥說是大部落，岑說是蘆葦邊，都不可能，因爲王居總是大部落，蘆葦邊太普通，不可能成爲地名專名。

〔註8〕〔日〕白鳥庫吉：《康居考》，收入傅勤家譯：《康居粟特考》，上海：商務印書館，1936 年。

〔註9〕〔法〕伯希和：《玄奘記傳中之千泉》，馮承鈞譯：《西域南海史地考證譯叢》第五編，第 5、6 頁。

　　林梅村認為蕃內是奇姆肯特西北 54 千米的庫勒塔佩遺址，卑闐是塔什干西南 80 千米的 Kanka 城。〔註10〕我認為此說不確，這兩個地方都在遠離山地的草原，距離不遠，不應是夏居地和冬居地。冬居地應該偏南，才能避風。夏居地應該在山北，才能避暑。庫勒塔佩城磚上的粟特文銘文說這座城市屬於石國的將軍，可見不是都城。

　　我以為，樂讀為音樂的 yue，上古音的樂越匿是 iak-ʎiuat-niet，即東方人對希臘的稱呼 Yavana，也即大宛的語源。漢人把 Yavana 譯為宛，即省去詞頭的 ya，因為讀音較輕。因為康居的多居地樂越匿靠近大宛，所以《史記・大宛列傳》說康居：「與大宛鄰國。」西域各國本來相鄰，為何別的國家不提鄰國？其實正是因為康居的多居地就在大宛附近。

　　卑闐城可能是杜尙別之南的 Pskent，ps 音近卑闐，源自五，突厥語的五是 bes，波斯語是 panj，是同源字。卑闐城是五城，說明是一個大城。卑闐城位置偏南，再南接近大宛，故名樂越匿地。卑闐到大宛（樂越匿）地，馬行七日，所以《漢書》大宛條說：「北至康居卑闐城千五百一十里。」1510 里，大概是馬行七日的路程。

　　松田壽男提出唐代突厥的弓月部就是康居，《新唐書・地理志四》北庭大都護府：「又經黃草泊、大漠、小磧，渡石漆河，逾車嶺，至弓月城，過思渾川、蟄失蜜城，渡伊麗河，一名帝帝河。至碎葉界，又西行千里至碎葉城。」石漆河是精河，車嶺在精河、伊寧縣間，弓月城在伊犂河谷，則印證了康居是突厥語車的音譯。〔註11〕

　　受到松田此說的啓發，我想到《大唐西域記》恭御城的讀音極近弓月，所以很可能就是康居城。《大唐西域記》卷一說，呾邏私城南行十餘里有小孤城，西南行二百餘里，至白水城，西南行二百餘里，至恭御城，南行四五十里，至笯赤建國。西行二百餘里，至赭時國。呾邏斯城的位置可以確定在哈薩克斯坦的塔拉茲，白水城在今奇姆肯特以東十五千米的 Sayram，赭時國即石國，在今塔什干，突厥語 Toshkent 即石城。恭御城在白水城和赭時城之間，其東南不遠就是費爾干納盆地，也即大宛，故名樂越匿地，也即大宛地。

　　關於恭御城的具體位置，英國學者瓦特斯（T. Wattors）認為恭御源自突厥語泉水 kuyu，前人或認為恭御城就是白水（泉）城，是玄奘重複記載，

〔註10〕林梅村：《西域考古與藝術》，第 115～120 頁。
〔註11〕〔日〕松田壽男：《古代天山歷史地理學研究》，第 425 頁。

〔註 12〕我認爲此說不確，恭御城和白水城不是一地，白水的名字有阿拉伯地理學家伊本·胡爾達茲比赫《道里邦國志》的 Isbījab 爲證，sbi 是白色，普什圖語是 spin，庫爾德語是 api，ab 是水。或認爲在白水城西北的康居達阪 Kängü-darban，〔註 13〕我認爲這個說法不符合玄奘所說恭御城在白水城西南。

伊本·胡爾達茲比赫說 Isbījab（白水城）東北到 Abārjāj，山上有千泉，因爲東流，故名倒流的水。河北岸的 Juwīkt 到怛邏斯城是 5 法爾薩赫，怛邏斯城的東部 7 法爾薩赫有 Kuwaykat。〔註 14〕

我認爲千泉是在怛邏斯城的西南部，而不是玄奘所說的東部。Juwīkt 是今天河北岸的 Nurkent，即新城，即玄奘所說的笯赤建 Nujikath。其東 3 法爾薩赫處有 Kurkureu-su，即恭御城（康居城），其東北 7 法爾薩赫處是怛邏斯城。玄奘《大唐西域記》誤把恭御城、笯赤建城插入白水城之下，伊本·胡爾達茲比赫則誤把恭御城移到怛邏斯城的北部。

夏居地，岑仲勉誤以爲是卑闐城，其實夏居地名爲蕃內。但是他說的位置正確，就是千泉，千泉在山北，水草豐美，夏居宜人，玄奘說是突厥可汗避暑地。康居的夏居地蕃內，其實不是藩籬之內，也是音譯。我認爲蕃內就是伊本·胡爾達茲比赫所說的千泉名稱 Barkūāb，源自倒流的水 Al-Mā'al-Maqlūb。蕃內的上古音的 ban-nap，讀音吻合。ab 是粟特語的水，bark 和英語的向後 back、馬來語的向後 balik、漢語的反，都是同源字。

康居的夏居地千泉不應在楚河上游，因爲此處緊靠烏孫，《漢書·匈奴傳下》說康居常被烏孫所困，爲了對抗烏孫，迎來匈奴郅支單于。說明烏孫比康居強大，康居都城不能太靠烏孫。《漢書·甘延壽傳》說郅支單于殺康居王女及貴人、人民數百，或支解投都賴水中。都賴即怛邏斯，印證康居國都靠近怛邏斯城，正是我考證的位置。

冬居地卑闐距離長安 12300 里，卑闐到樂越匿是馬行七日，卑闐到夏居地蕃內 9104 里，應該是 1904 里。岑仲勉說 9104 里是夏居地到長安的距離，我認爲不確，因爲冬居地和夏居地不可能相差 3200 里，否則遷徙的路線太長，

〔註 12〕許序雅：《千泉、白水城和恭御城考辨》，《中國歷史地理論叢》2010 年第 2 期。
〔註 13〕林梅村：《通往恭御城之路——兼論中亞歷史上的訛答剌城》，《江海學刊》2016 年第 2 期。
〔註 14〕〔阿拉伯〕伊本·胡爾達茲比赫著、宋峴譯注、郅溥浩校訂：《道里邦國志》，北京：中華書局，1991 年，第 30、31 頁。

也不符合情理。因為康居的實力不及烏孫，所以不可能有 3200 里。

卑闐城距離都護府 5541 里，正是大宛距離都護府的 4031 里，加上卑闐城到大宛的 1510 里。因為卑闐城靠近大宛，所以是通過大宛計算。

但是蕃內城在烏孫之西，《漢書·西域傳》說烏孫赤穀城西到蕃內地五千里，說明蕃內城到長安的距離 12300 里是通過烏孫計算。蕃內到長安比大宛到長安還少 200 里，因為從長安到蕃內的道路直接從姑墨（今阿克蘇）向北，到烏孫，再向西。而長安到大宛需要從疏勒（今喀什），經過捐毒，比較繞道。林梅村沒有發現蕃內、卑闐到長安是從不同的路線計算，所以把卑闐到長安的距離改為 1460 里，不確。

松田壽男提出，康居是游牧國家，國境常有變動，張騫出使的年代，康居是小國，但西漢末年已是十二萬人的大國。河中地區的月氏強盛，而且康居五小王僅有《漢書》記載，或者臣屬康居的時間很短。〔註 15〕我認為月氏和康居的地域界限非常明顯，月氏的中心在鐵門以南的阿姆河流域，康居的中心在哈薩克草原，月氏和粟特之間是高山，而康居和粟特之間是低山，所以康居能征服粟特。

蘇䩅、附墨到陽關比越匿多 500 里，奧鞬比蘇䩅、附墨多 330 里，窳匿比蘇䩅、附墨多 500 里，罽比奧鞬再多 200 里。蘇䩅，䩅是匣母月部 γat，前人多以為蘇䩅是粟特，讀音吻合。此地應是粟特中心撒馬爾罕，撒馬爾罕到塔什干恰好是 500 里。《新唐書·西域傳下》說即史國，不知所本，如果粟特是特指撒馬爾罕，則有所偏差。

附墨，我以為就是米國 Māymurgh 的異譯，玄奘譯為弭秣賀國，音近附墨。靠近撒馬爾罕東南，所以附墨里數與蘇䩅相同。

窳匿到都護府的 5266 里，應該是 6266 里，則比附墨多 500 里，如此才吻合窳匿到陽關的距離比附墨多 500 里。同樣，罽到陽關的 5296 里，應該是 6296 里，則比附墨多 530 里，如此才吻合罽到陽關比附墨多 530 里。奧鞬到都護府的 6906 里，應該是 6096 里，則比附墨多 330 里，如此才吻合奧鞬到陽關比附墨多 330 里。因為五小王的敘述順序是由近及遠，所以是到都護府的距離有誤，而不是到陽關的距離有誤。

窳匿，顯然是何國，《新唐書·西域傳下》：「何，或曰屈霜你迦，曰貴霜匿，即康居小王附墨城故地。」貴霜匿是中古波斯語 Kusānik，讀音極近窳匿

〔註15〕萬雪玉：《康居國地望辨》，《西域研究》2002 年第 1 期。

gua-nik。不過唐代人說是附墨，則完全是誤考。《世界境域志》第 25 章說 Kuashani 是粟特最繁榮的城鎮，〔註16〕穆斯林地理學家伊斯塔赫里稱為粟特的心臟。竊匿不是樂越匿，讀音不合，也不可能是多居地。因為何國在撒馬爾罕西北，也在平原，冬天沒有避寒的優勢。

奧鞬比何國近，應是西曹國，《新唐書》說西曹：「南接史及波覽，治瑟底痕城。」瑟底痕即今伊斯特汗 Ishtihan，音近奧鞬 uk-kan，《大唐西域記》稱為劫布呾那國。

闟的上古音是見母月部 kat，即史國，《大唐西域記》稱羯霜那國，阿拉伯人、波斯人稱 Kašš、Kišš，讀音極近 kat。在撒馬爾罕之南的 Shahr-isabz，波斯語是綠城。

至於《新唐書》所說漢代粟特五小王的位置絕不可信，唐代人把大量漢代地名用在錯誤的位置，今天有學者誤信《新唐書》之說。〔註17〕

康居冬夏居地、都城及粟特五小王位置圖〔註18〕

〔註16〕 王治來譯：《世界境域志》，上海古籍出版社，2010 年，第 107 頁。

〔註17〕 郝樹聲：《漢簡中的大宛與康居——絲綢之路與中西交往研究的新史料》，《中原文化研究》2015 年第 2 期。

〔註18〕 底圖來自譚其驤主編：《中國歷史地圖集》第五冊，第 63 頁。黑體字及方框是本書添加。

第三節　大月氏五翕侯的位置

《史記·大宛列傳》：「大月氏在大宛西可二三千里，居嬀水北。其南則大夏，西則安息，北則康居。行國也，隨畜移徙，與匈奴同俗。控弦者可一二十萬。故時彊，輕匈奴，及冒頓立，攻破月氏，至匈奴老上單于，殺月氏王，以其頭爲飲器。始月氏居敦煌、祁連間，及爲匈奴所敗，乃遠去，過宛，西擊大夏而臣之，遂都嬀水北，爲王庭。其餘小眾不能去者，保南山羌，號小月氏。」

《漢書·西域傳》：「大月氏國，治監氏城，去長安萬一千六百里。不屬都護。戶十萬，口四十萬，勝兵十萬人。東至都護治所四千七百四十里，西至安息四十九日行，南與罽賓接……大夏本無大君長，城邑往往置小長，民弱畏戰，故月氏徙來，皆臣畜之，共稟漢使者。有五翕侯：一日休密翕侯，治和墨城，去都護二千八百四十一里，去陽關七千八百二里；二日雙靡翕侯，治雙靡城，去都護三千七百四十一里，去陽關七千七百八十二里；三日貴霜翕侯，治護澡城，去都護五千九百四十里，去陽關七千九百八十二里，四日肹頓翕侯，治薄茅城，去都護五千九百六十二里，去陽關八千二百二里；五日高附翕侯，治高附城，去都護六千四十一里，去陽關九千二百八十三里。凡五翕侯，皆屬大月氏。」

《漢書》	距都護（里）	距陽關（里）	《魏書》	距代（里）
休密（和墨）	2841〔4841〕	7802	伽倍	13000
雙靡（雙靡）	3741〔4741〕	7782	折薛莫孫	13500
貴霜（護澡）	5940	7982	鉗敦	13560
肹頓（薄茅）	5962	8202〔8002〕	弗敵沙	13660
高附（高附）	6041〔7041〕	9283	閻浮謁	13760

大月氏的五翕侯，休密，《魏書·西域傳》：「伽倍國，故休密翕侯，都和墨城。」岑仲勉以爲即《梁書》胡密丹、《大唐西域記》拘謎陀、《往五天竺國傳》胡密、《舊唐書·地理志》護密多，即今瓦罕，所以到中國最近。

蒲立本認爲護澡（gwag-tsog，hwax-tsau）對應 Wakhshu（Wakshab），五翕侯分布在吐火羅北部的弧形地帶，從瓦罕到巴爾克（Balkh）。〔註19〕

〔註19〕〔加〕蒲立本：《早期中古漢語、晚期中古漢語、早期官話構擬發音的詞彙》，溫哥華，1991 年，第 222～223 頁。

　　葛樂耐（Frantz Grenet）認爲可以根據托勒密的記載判斷五翕侯的位置，托勒密《地理志》說：「從馬基亞納（Margiane）的安條克（Antioch）出發，這條路向東通向巴克特里亞（Bactriane）的都城巴克塔拉（Bactra），從這裡折向北，可以到達庫麥德（Komedi）山區的北麓，然後越過群山，此路就折而向南，直達通往大草原的峽谷。」然後再到石塔和中國，葛樂耐說 Kemedoi 就是和墨，距離中國最近，所以在瓦赫什河上游，雙靡音近數瞞 Shuman，在今杜尙別附近的希薩爾（Hisar），薄茅是卡菲爾尼甘河（Kafirnigan）下游的 Kobadian，都密在鐵爾梅茲（Termez），高附也在此處，高附是阿拉伯史料的 Kuftan，即今庫拉唐山脈（Kuthing），源自古伊朗語的山丘 Kaufa。〔註 20〕

　　我以爲葛樂耐之說不能成立，因爲恰好不符合托勒密的記載，托勒密說，道路經過 Komedi 山區的北麓，葛樂耐說在瓦赫什河上游，則是在吉爾吉斯山脈的南麓！而且經過吉爾吉斯山脈南麓，就直向東到疏勒，道路不是轉向南，所以根本不合。他說和墨在瓦赫什河上游的唯一原因就是距離中國最近，既不對音，也不對地，自然不能成立。按照托勒密的記載，Komedi 必在今噴赤河出高原的第一個沖積扇，也即今阿富汗最北部的噴赤河大轉彎的西部。因爲如果在此處，向東進入噴赤河大轉彎，先向北走，再轉向南方。

　　我以爲岑說不確，《新唐書·地理志七下》：「鳥飛州都督府，以護蜜多國摸逵城置。」《往五天竺國傳》：「又胡蜜國北山裏，有九個識匿國。」識匿即《大唐西域記》尸棄尼國，今塔吉克斯坦霍羅格附近的什格南（Shighnan），《新唐書·西域傳下》：「王居塞迦審城，北臨烏滸河。」塞迦審即《世界境域志》第 26 章西卡什姆：「是一個瓦罕地方的主要城鎮……瓦罕的滅里就住在那裡。」即今噴赤河轉彎的地方伊斯卡希姆（Eshkashem）。

　　護蜜多國北不遠的瓦赫什河上游，有俱密國，《大唐西域記》卷一說：「拘謎陁國東西二千餘里，南北二百餘里，據大曲嶺中。國大都城週二十餘里。西南鄰縛芻河，南接尸棄尼國。南渡縛芻河，至達摩悉鐵帝國、鉢鐸創那國、淫薄健國、屈浪拿國、呬摩呾羅國、鉢利曷國、訖栗瑟摩國、曷邏胡國、阿利尼國、瞢健國。自活國東南至闊悉多國、安呾邏縛國，事在回記。」因爲瓦赫什河上游大致是東西向，所以護蜜多國東西 2000 里，南北僅 200 里。

　　護蜜多、俱密顯然是同源民族，二者之間是庫洛布河，中心是庫洛布，《世

〔註 20〕〔法〕葛樂耐、王楠譯：《關於月氏五翕侯地點的新材料——商人馬埃斯·提提安努斯遊歷的政治背景》，《西域文史》第七輯，第 235～245 頁。

界境域志》第 26 章：「胡勒布克（Hulbuk），是骨咄的主要地方和國王的駐地。」胡勒布克即今庫洛布，拘謎陀、俱密與 Hulbuk 音近，是同源地名。

雙靡，前人往往認爲即《魏書・西域傳》賖彌、《大唐西域記》商彌，在今巴基斯坦北部的奇特拉爾河谷，其北是瓦罕。

休密到都護府 2841 里，顯然太少，應該是 4841 里。雙靡到都護府 3741 里，應是 4741 里。如此改動，則貴霜到都護府比雙靡多 1200 里，則貴霜到陽關的 7982，應該是 8982，如此貴霜到陽關才比雙靡多 1200 里。從瓦罕到貴霜，沿阿姆河而行，大概 1200 里。薄茅到都護府比貴霜多 22 里，則薄茅到陽關應該改爲 8002，則多出 20 里，大體吻合。

貴霜，伯希和以爲是今昆都士 Kunduz，也即監氏城，音近護澡，岑仲勉從之。我以爲護澡的讀音應該是瓦赫什，即《大唐西域記》的鑊沙國。《魏書・西域傳》說貴霜爲鉗敦國，讀音更近昆都士。瓦赫什河注入阿姆河的河口距離昆都士很近，說明北魏時期的貴霜中心稍微南移。

監氏，《史記》作藍氏，即塞語城市 Lamthi。監氏城不應在貴霜，貴霜是月氏統治下的一個翕侯。月氏的中心應即《大唐西域記》所說的覩貨邏國故地，其南緊鄰呾蜜國（今鐵爾梅茲 Tirmidh）。鐵爾梅茲之北 90 千米有達爾弗津特佩古城，這是大月氏的都城。此地正是在阿姆河北，《史記》說大月氏都城在嬀水（今阿姆河）之北，完全吻合。〔註 21〕

高附在今喀布爾，高附到都護府 6041 里，應是 704 里，則高附到都護府都比薄茅城多 1090 里，高附到陽關比薄茅城多 1081 里，大體吻合。從薄茅（巴爾赫）到高附（喀布爾）的實際行程，正是 1080 里。

肹頓翕侯，治薄茅城，是薄茅之形誤。《魏書・西域傳》：「弗敵沙國，故肹頓翕侯……大月氏國，都盧監氏城，在弗敵沙西，去代一萬四千五百里。北與蠕蠕接，數爲所侵，遂西徙都薄羅城，去弗敵沙二千一百里。」沙畹以爲弗敵沙即巴達赫尙的首府法紮巴德（Faizabad），也即嚈噠國王都拔底延城，西遷到薄羅城（Balka）。〔註 22〕白鳥以爲是薄茅之誤，即巴達赫尙，馬迦特以爲是帕爾旺（Parwan），岑仲勉以爲即巴克特里亞（Bactra，也即 Balka），我以爲沙畹考錯，因爲如果在巴達赫尙則距離太近，但是肹頓比貴霜還遠。肹

〔註 21〕　〔日〕小谷仲男著、王仲濤譯：《大月氏——尋找中亞謎一樣的民族》，北京：
　　　　　商務印書館，2017 年，第 146～151 頁。
〔註 22〕　〔法〕沙畹：《大月氏都城考》，馮承鈞譯《西域南海史地考證譯叢》第七編，
　　　　　第 36～40 頁。

頓到都護府 5962 里，應是 4262 里，比貴霜多 300 里。胅頓到陽關 8282 里，比貴霜多 300 里。今巴爾赫到昆都士直線距離 130 千米，實際行程接近古代的 300 里。

薄苐、拔底沿即巴克特里亞，古波斯大流士（前 522～486 年）在貝希斯頓山崖銘文稱巴克特里亞爲 Bāxtris，〔註 23〕這是此地的古名，譯爲弗敵沙。沙畹又誤以爲薄羅是巴克特里亞，其實薄羅顯然是布哈拉（Bukhara），正在巴克特里亞西北的沙漠中。《魏書・西域傳》嚈噠：「其王都拔底延城，蓋王舍城也。其城方十里餘，多寺塔，皆飾以金。」《大唐西域記》卷一縛喝國：「國大都城週二十餘里，人皆謂之小王舍城也。」說明嚈達國都拔底延即巴克特里亞。

但是《魏書・西域傳》記載折薛莫孫（雙靡）比伽倍（休密）多 500 里，而不是 900 里。鉗敦（貴霜）多 560 里，弗敵沙（胅頓）多 660 里，閻浮謁多 760 里，或許有誤，或許是計算的路線不同。

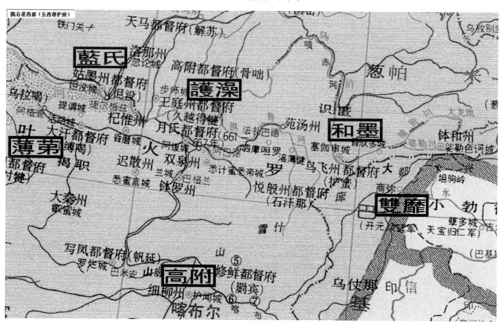

大月氏五翕侯在唐代歷史地圖上的位置〔註 24〕

〔註 23〕〔唐〕玄奘、辯機原著、季羨林等校注《大唐西域記》，第 115 頁。
〔註 24〕底圖來自譚其驤主編《中國歷史地圖集》第五冊，第 63 頁。方框內的黑體字地名是本書添加。

第四節　烏弋山離

　　班固《漢書‧西域傳》說烏弋山離國：「王去長安萬二千二百里。不屬都護。戶口勝兵，大國也。東北至都護治所六十日行，東與罽賓、北與撲挑、西與犁靬、條支接。行可百餘日，乃至條支。國臨西海，暑濕，田稻。有大鳥，卵如甕。人眾甚多，往往有小君長，安息役屬之，以為外國。善眩。安息長老傳聞條支有弱水、西王母，亦未嘗見也。自條支乘水西行，可百餘日，近日所入雲。烏弋地暑熱莽平，其草木、畜產、五穀、果菜、食飲、宮室、市列、錢貨、兵器、金珠之屬皆與罽賓同，而有桃拔、師子、犀子。俗重妄殺。其錢獨文為人頭，幕為騎馬。以金銀飾杖。絕遠，漢使希至。自玉門、陽關出南道，歷鄯善而南行，至烏弋山離，南道極矣。轉北而東得安息。」

　　撲挑即巴克特里亞（Bactra），即玄奘所說的縛喝國，在今阿富汗巴爾赫省的巴爾赫（Balkh）。沙畹以為是巴克特里亞，《後漢書‧西域傳》貴霜滅濮達，即撲挑。白鳥庫吉以為此地早入大月氏國土，故非巴克特里亞，撲挑是喀布爾首府的普什圖語 Portasthana 的省譯，岑仲勉以為撲挑是安息的古波斯語 Parthava 的省譯。

　　今按白鳥、岑氏二說皆非，烏弋山離國之西是安息，則撲挑不可能是安息。而且夏德提出《漢書》說安息都城是番兜，即 Parthava，〔註25〕也即帕提亞（Parthia），我以為此說合理，則不是撲挑。撲挑不是濮達，讀音有別。撲挑應是巴克特里亞，上古音撲是 pok，所以能譯 Bactra，而喀布爾、安息兩說的讀音不合。巴克特里亞雖然被月氏所滅，但是月氏的都城在阿姆河之北，巴克特里亞的原地仍然保持原名。

　　沙畹以為烏弋山離是亞歷山大（Alexandric），在今赫拉特 Herat，即 Aria 的亞歷山大城。白鳥庫吉以為是坎大哈，大流士碑為 Haruvatis，藤田豐八以為是阿富汗西南的 Zarah 湖東南的第二湖床 Gawd-i-Zarah。〔註26〕岑仲勉從之，但是他也說此地極為荒涼，所以他說西域南道到此結束，因為此地荒涼。

　　其實沙畹的對音為真，但是藤田所說的位置正確。烏弋山離是炎熱的平原，又在安息的西南，應該在阿富汗的南部。

〔註25〕〔德〕夏德著、朱傑勤譯：《大秦國全錄》，北京：商務印書館，1964 年，第 45 頁。

〔註26〕〔日〕藤田豐八著、楊煉譯：《條支國考》，《西北古地研究》，第 121 頁。

　　孫毓棠認爲烏弋山離國都在塞斯坦的首府紮蘭季（Zarangian），又名亞歷山大普洛夫達西亞（Alexandria Prophthasia），在今阿富汗西南的法拉（Farah）。烏弋山離國是安息貴族蘇林在西元前 1 世紀中期建立，他征服了塞斯坦，從安息獨立，子孫世襲王位，擴張到印度西北部。〔註27〕

　　我認爲此說合理，《後漢書·西域傳》說自皮山西南經罽賓，六十餘日至烏弋山離國，當時改名排持。排持顯然是波斯 Pesia，《後漢書·西域傳》說：「今撰建武以後其事異於先者，以爲《西域傳》，皆安帝末班勇所記云。」說明《後漢書》的當時指的是漢安帝時，此時烏弋山離國仍然屬波斯人，則烏弋山離國不是貢達法勒斯（Gondapharid）王朝，或名印度帕提亞（Indo-Parthian）王朝，是安息王朝的臣子塞人貢達法勒斯一世，約在西元前 20 年（漢成帝鴻嘉元年）建立，統一印度河西北部塞人控制的希臘化諸國，延續約一百年。都城開始在塔克西拉（Taxila），在今巴基斯坦旁遮普省，末年移到喀布爾（Kabul）。

　　貴霜國王丘就卻滅亡了貢達法勒斯王朝，所以《後漢書》說貴霜的翕侯丘就卻：「攻滅四翕侯，自立爲王，國號貴霜。侵安息，取高附地。又滅濮達、罽賓，悉有其國……高附國在大月氏西南，亦大國也。其俗似天竺，而弱，易服。善賈販，內富於財。所屬無常，天竺、罽賓、安息三國，強則得之，弱則失之，而未嘗屬月氏。《漢書》以爲五翎侯數，非其實也，後屬安息。及月氏破安息，始得高附。」高附即喀布爾，丘就卻所滅的高附國即貢達法勒斯朝，因爲貢達法勒斯王朝曾經臣服於安息，故稱安息之地。

　　烏弋山離到長安的距離竟與罽賓相同，數字有誤，《陳湯傳》服虔注：「山離烏弋不在三十六國中，去中國二萬里。」《後漢書》：「自皮山西南經烏秅，涉懸度，歷罽賓，六十餘日行至烏弋山離國，地方數千里，時改名排持。」《前漢紀》：「烏弋國去長安萬五千三百里。」岑仲勉說二萬里太遠，六十日是從皮山算起，二說合理。今按法顯從子合走，兩個月才到陀歷（Darel），到罽賓更遠。如果六十日是馬行，則大約是六十日。烏弋山離到長安的距離應超過15300 里，在罽賓之西 3000 里。

〔註27〕 孫毓棠：《安息與烏弋山離》，《文史》第 5 輯，1978 年。收入孫毓棠：《孫毓棠學術文集》，北京：中華書局，1995 年，第 324～346 頁。

阿富汗國家博物館藏貝格拉姆（Begram）出土一世紀彩繪玻璃杯、阿伊哈努姆（Ai-Khanum）前150年赫拉克力士銅像（周運中攝於2017年8月31日）

第五章　安息到大秦交通考

　　安息是波斯的阿薩西斯王朝，最爲清晰。大秦雖是羅馬，前人的語源解釋還有爭議。安息到羅馬的小地名，爭議則更多。所以本章第二節先列前人研究史，再分考各地名與路線。

第一節　安息、黎軒與大秦

　　《史記・大宛列傳》說安息：「其西則條枝，北有奄蔡、黎軒。」又說：「初置酒泉郡，以通西北國。因益發使，抵安息、奄蔡、黎軒、條枝、身毒國。」又說：「初，漢使至安息，安息王令將二萬騎迎於東界。東界去王都數千里。行比至，過數十城，人民相屬甚多。漢使還，而後發使隨漢使來觀漢廣大，以大鳥卵及黎軒善眩人獻於漢。」

　　《漢書》說，安息國，王治番兜城，去長安萬一千六百里。不屬都護，北與康居、東與烏弋山離、西與條支接。其屬小大數百城，地方數千里，最大國也。臨嬀水，商賈車船行旁國。武帝始遣使至安息，王令將將二萬騎迎於東界。東界去王都數千里，行比至，過數十城，人民相屬。因發使隨漢使者來觀漢地，以大鳥卵及犁軒眩人獻於漢，天子大說。安息東，則大月氏。

　　安息即波斯阿薩西斯（Arsaces）王朝，都城尼薩，在今土庫曼斯坦首都阿什哈巴德西北，瀕臨嬀水（阿姆河）。

　　《後漢書》說，安息國居和櫝城，去洛陽二萬五千里。北與康居接，南與烏弋山離接。地方數千里，小城數百，戶口勝兵最爲殷盛。其東界木鹿城，號爲小安息，去洛陽二萬里。章帝章和元年，安息遣使獻師子、符拔。符拔形似麟而無角。和帝永元都護班超遣甘英使大秦，抵條支。十三年，安息王滿屈復獻師子及條支大鳥，時謂之安息雀。

　　和櫝城，應是赫卡通皮洛斯（Hecatompylos），在今伊朗塞姆南省塞姆南與達姆甘間。東界木鹿城，即今土庫曼斯坦的馬雷（Mary）。章和到永元年間（87～105 年），安息頻頻遣使來華。但是此時甘英卻想繞過安息去大秦，安息人成功地阻撓了甘英。

上海博物館藏安息帝國弗拉特斯五世（Phraates V）、塞琉古帝國安條克一世（Antichus I）銀幣（周運中攝於 2015 年 7 月 10 日）

　　班固首次記載烏弋山離，而班固誤說烏弋山離西與犁軒、條支接，其實烏弋山離之西是安息，安息之北才是犁軒，《史記・大宛列傳》安息：「其西則條枝，北有奄蔡、黎軒。」《後漢書》：「大秦國一名犁鞬，以在海西，亦云海西國。地方數千里，有四百餘城。」既在安息之北，則不是大秦。

　　瓊斯密說大秦是塞留西亞（Seleucia），夏德說黎軒是亞喀巴灣北端的 Petra，土名 Rekem，悅金斯以為是希臘人別名 Laiken，白鳥庫吉、伯希和以為是埃及的亞歷山大，伯希和引用巴利文《那先比丘經》王言：「我本生大秦國，國名阿荔散。」指出阿荔散顯然是亞歷山大，則大秦是亞歷山大。〔註1〕藤田豐八以為 Rekem 讀音不合，軒的尾音是 n 而非 m，應是德黑蘭的古名 Ragan。〔註2〕岑仲勉以為藤田之說不確，因為《後漢書》來自使者記載，不會大誤，德黑蘭不在安息都城之北。藤田說，大秦源自波斯語的右方 dasina，也即古印度語的 daksira，右方也即西方，原是泛指，轉為專名。〔註3〕

　　伯希和審音最精，但是考證黎軒失誤。阿荔散固然是亞歷山大，但不能

〔註1〕　〔法〕伯希和：《犁軒為埃及亞歷山大城說》，原載《通報》1915 年，馮承鈞譯《西域南海史地考證譯叢》第七編，第 34～35 頁。
〔註2〕　〔日〕藤田豐八著、楊煉譯：《黎軒與大秦》，《西北古地研究》，第 144～151 頁。
〔註3〕　〔日〕藤田豐八著、楊煉譯：《黎軒與大秦》，《西北古地研究》，第 160 頁。

說黎軒是亞歷山大，因爲軒的古音是曉母元部 xuan，是牙音，不是齒音，所以不可能是 Alexandria 的音譯。古人把亞歷山大譯爲阿荔散，說明 alexandria 中間的 xan 讀如 san。岑說也誤，daksina 不可能譯爲犁軒。

藤田考證黎軒的位置也對，安息的夏都在埃克巴坦那（Ecbatana，即哈馬丹 Hamada），在德黑蘭西南，戈塔爾澤斯一世（前 90～80 年）又遷都泰西封，在今巴格達東南，所以德黑蘭確在安息之北。而且所謂在安息北，未必指國都之北，今德黑蘭仍在伊朗最北部。因爲德黑蘭在厄爾布爾士山與卡維爾鹽漠南北相夾的東西孔道上，所以自古以來必然是商路要衝，所以漢人特地記載犁軒。《後漢書》說大秦又名犁軒應是誤解，可能是因爲犁軒在安息故都之西，向西又通往大秦，所以混淆。

藤田解釋大秦的語源不確，波斯語的右方是 râst，塔吉克語是 rost，波斯語的西方是 bâxtar、ğarb、mağreb，印度語的 daksina 是南方，可見大秦不是源自波斯語。

我認爲，大秦源自希臘語的西方，希臘語的西方是 dexiós，馬其頓語、保加利亞語是 désen，斯洛文尼亞語是 desni，意大利語是 destra，所以古希臘人所說的西方的 désen 即大秦，是羅馬。

亞歷山大是馬其頓人，最早來中國的歐洲人也是馬其頓人，《後漢書·西域傳》說：「班超遣掾甘英，窮臨西海而還。皆前世所不至，《山經》所未詳，莫不備其風土，傳其珍怪焉。於是遠國蒙奇兜勒皆來歸服，遣使貢獻。」蒙奇兜勒即馬其頓 Macedonia 的音譯，前人看到皆字，一定要分蒙奇兜勒爲蒙奇、兜勒二國，比如張星烺說蒙奇是馬其頓，兜勒是吐火羅，〔註4〕或說是色雷斯。〔註5〕我認爲，其實不必拆分蒙奇兜勒，因爲原文雖然說有很多遠國，但是舉例或許僅有最遠的一個，相當於說蒙奇兜勒等國。《後漢書》是南朝范曄所作，後人不清楚漢代情況、不清楚歐洲情況很正常，或許古人就誤以爲是二國。吐火羅離馬其頓很遠，距離中國很近，不可能是吐火羅。

因爲大秦源自希臘語，所以印度人也稱留在中亞的希臘人爲大秦人，證據有四條：

1.《那先比丘經》甲種上卷：「今在北方大臣國，國名沙竭，古王之宮，其國中外安穩，人民皆善。」乙種上卷：「今在北方大秦國，國名舍竭。」大

〔註4〕張星烺：《中西交通史料彙編》，第 38 頁。

〔註5〕莫任南：《中國和歐洲的直接交往始於何時》，《中外關係史論叢》第一輯，世界知識出版社，1985 年，第 26～33 頁。

臣即大秦，秦的上古音是從母眞部 dzien，臣是襌母眞部 zien，讀音很近。此處所說印度北方的大秦國，是亞歷山大東征留在中亞的希臘化王國。

2.《佛使比丘迦旃延說法沒盡偈經》：「將有三惡王，大秦在於前，撥羅在於後，安息在中央。」撥羅是印度的波羅（Vārānasī），在今貝納雷斯（Benares），夾在安息、撥羅之間的大秦是中亞的希臘化王國。

3.《佛本行集經》卷十一：「耶寐尼書，隋言大秦國書。」耶寐尼是東方人對希臘人稱呼 Yavana，大秦是希臘。

4.《大寶積經》卷十：「是閻浮利天下大國，具足有一千，各有大郡。其十六大國……各有種號：釋種、安息、月支、大秦、劍浮、擾動、丘慈、于闐、沙勒、襌善、烏耆，前後諸國，匈奴、鮮卑、吳、蜀、秦地。」靠近安息、月支的大秦不是羅馬，而是東方的希臘化國家。

大秦原來是波斯人所說的西方，傳到東方，誤以為是專名，而且用了中國古代秦朝的秦字來譯，更增添了神秘的色彩。秦原來在中原的西部，漢取代秦，秦人有西奔者，不料漢代人所知的極西之地居然又出現一個大秦，好像那個敗亡的秦朝在極西之地復興了！不知是翻譯者的草率所書，或許是翻譯者故弄玄虛，有意要耍弄中原的漢人。

第二節　條支在兩河流域下游

司馬遷《史記‧大宛列傳》說：「條枝在安息西數千里，臨西海。暑濕。耕田，田稻。有大鳥，卵如甕。人眾甚多，往往有小君長，而安息役屬之，以為外國。國善眩。安息長老傳聞條枝有弱水、西王母，而未嘗見。」〔註6〕

班固《漢書‧西域傳》多出的內容是：「烏弋山離國，王去長安萬二千二百里。不屬都護。戶口勝兵，大國也。東北至都護治所六十日行，東與罽賓、北與撲挑、西與犁軒、條支接。行可百餘日，乃至條支。自條支乘水西行，可百餘日，近日所入雲。烏弋地暑熱莽平，其草木、畜產、五穀、果菜、食飲、宮室、市列、錢貨、兵器、金珠之屬皆與罽賓同，而有桃拔、師子、犀子。俗重妄殺。其錢獨文為人頭，幕為騎馬。以金銀飾杖。絕遠，漢使希至。自玉門、陽關出南道，歷鄯善而南行，至烏弋山離，南道極矣，轉北而東得安息。」〔註7〕《漢書》對條支位置有了比較明確的記載，條支在烏弋山離之

〔註6〕〔漢〕司馬遷：《史記》，北京：中華書局，1959年，第3163頁。
〔註7〕〔漢〕班固：《漢書》，北京：中華書局，1962年，第3888頁。

西，烏弋山離在安息的西南，則條支也在安息的西南。

范曄《後漢書·西域傳》說：「自皮山西南經烏秅，涉懸度，歷罽賓，六十餘日行至烏弋山離國，地方數千里，時改名排持。復西南馬行百餘日至條支，條支國城在山上，周回四十餘里。臨西海，海水曲環其南及東、北，三面路絕，唯西北隅通陸道。土地暑濕，出師子、犀牛、封牛、孔雀、大雀，大雀其卵如甕。轉北而東，復馬行六十餘日至安息。後役屬條支，為置大將，監領諸小城焉……和帝永元九年，都護班超遣甘英使大秦，抵條支。臨大海欲度，而安息西界船人謂英曰：『海水廣大，往來者逢善風三月乃得度，若遇遲風，亦有二歲者，故入海人皆齎三歲糧。海中善使人思土戀慕，數有死亡者。』英聞之乃止。十三年，安息王滿屈復獻師子及條支大鳥，時謂之安息雀。自安息西行三千四百里，至阿蠻國。從阿蠻西行三千六百里，至斯賓國。從斯賓南行度河，又西南至於羅國九百六十里，安息西界極矣。自此南乘海，乃通大秦。」〔註8〕東漢的記載明確說條支在烏弋山離和安息的西南，條支到烏弋山離馬行百餘日，而且詳細描述了條支的微觀地理。

陳壽《三國志》卷三十裴松之注引魚豢《魏略·西戎傳》說：「前世謬以為條支在大秦西，今其實在東。前世又謬以為強於安息，今更役屬之，號為安息西界。前世又謬以為弱水在條支西，今弱水在大秦西。前世又謬以為從條支西行二百餘日，近日所入，今從大秦西近日所入。大秦國一號犁靬，在安息、條支大海之西。從安息界安穀城乘船，直截海西，遇風利二月到，風遲或一歲，無風或三到。其國在海西，故俗謂之海西。有河出其國，西又有大海。海西有遲散城，從國霞直北到烏丹城，西南又渡一河，乘船一日乃過。西南又渡一河，一日乃過。凡有大都三，卻從安穀城陸道直北行之海北，復直西行之海西，復直南行經之烏遲散城，渡一河，乘船一日乃過。周回繞海，凡當渡大海六日乃到其國。國有小城邑合四百餘，東西南北數千里。其王治濱側河海，以石為城郭……又今《西域舊圖》云罽賓、條支諸國出琦石，即次玉石也……大秦道既從海北陸通，又循海而南，與交趾七郡外夷比，又有水道通益州、永昌，故永昌出異物。前世但論有水道，不知有陸道……自蔥嶺西，此國最大，置諸小王甚多，故錄其屬大者矣。澤散王屬大秦，其治在海中央，北至驢分，水行半歲，風疾時一月到，最與安息安穀城相近，西南詣大秦都不知里數。驢分王屬大秦，其治去大秦都二千里。從驢分城西之大秦渡海，飛橋長二百三十里，渡海道西

〔註8〕〔劉宋〕范曄：《後漢書》，北京：中華書局，1965年，第2917～2918頁。

南行，繞海直西行。且蘭王屬大秦，從思陶國直南渡河，乃直西行之且蘭三千里。道出河南，乃西行，從且蘭復直西行之汜復國六百里。南道會汜復，乃西南之賢督國。且蘭、汜復直南，乃有積石，積石南乃有大海，出珊瑚、眞珠。且蘭、汜復、斯賓、阿蠻北有一山，東西行。大秦、海西東，各有一山，皆南北行。賢督王屬大秦，其治東北去汜復六百里。汜復王屬大秦，其治東北去於羅三百四十里，渡海也。於羅屬大秦，其治在汜復東北，渡河。從於羅東北又渡河，斯羅東北又渡河。斯羅國屬安息，與大秦接也。大秦西有海水，海水西有河水，河水西南，北行有大山。西有赤水，赤水西有白玉山，白玉山有西王母，西王母西有修流沙。流沙西有大夏國、堅沙國、屬繇國、月氏國，四國西有黑水，所傳聞西之極矣」〔註9〕

　　早期歐洲學者提出條支在今伊朗、埃及、阿拉伯、阿曼等諸多誤說，後來很多人以爲條支是安條克（Antioch）的音譯，塞琉古帝國有很多安條克城，其中之一在恰拉克斯（Charax），在今伊拉克巴士拉以北的 Jabal Khayabar 遺址。因爲毗鄰阿拉伯部落 Spasines，又名 Spasinu Charax。前 323 年，亞歷山大大帝在此建城。亞歷山大帝國滅亡後屬塞琉古帝國，安條克六世在前 166 年改名爲安條克。安息（帕提亞）帝國滅塞琉古帝國後，前 127 年，Hyspaosines 在此獨立建國，國名 Characene，延續了 282 年。羅馬皇帝圖蘭眞（Tranjan）在 116 年吞併此國，羅馬人通過此港通往東方，繞過薩珊王朝。131 年，又被一個帕提亞王子奪取，在此獨立建國。薩珊王朝的建立者愛爾達希爾（Ardašēr）攻佔此地，改名愛爾達希爾。後以亞拉姆語名字 Naysān 聞名，阿拉伯人佔領此地，9 世紀衰敗。雖然在甘英的時代，此地已經不叫安條克，但很可能是因爲《史記》已經出現條支的譯名，所以沿用西漢的譯名。這個安條克在安息的西南，方位符合，而且是一個重要的海港。

　　很多人以爲條支在地中海東岸的安條克城（Antioch），在今土耳其哈塔伊省（Hatay）省會安塔基亞（Antakya）。原屬敘利亞，後被土耳其佔領，又名敘利亞的安條克。這是塞琉古一世建造的十六個安條克城之一，希臘化時代到羅馬帝國前期是西方第三大城市，僅次於羅馬和亞歷山大港。敘利亞是塞琉古帝國最後領土，前 83 年，安條克本地人趕走塞琉古王族，併入亞美尼亞。羅馬在前 69 年戰勝亞美尼亞，立安條克十三世（Antiochus XIII）爲王。前 64 年，亞美尼亞的提格蘭尼斯大王（Tigranes the Great）獻出敘利亞，龐培廢

〔註9〕〔晉〕陳壽：《三國志》，北京：中華書局，1959 年，第 860、862 頁。

黜安條克十三世。敘利亞成爲羅馬的一個省，但安條克仍是自由城。這個城市確實是一個非常重要的海港，但是這個城市是《魏略》的安谷，而非條支。這個安條克在安息的正西，方位不合，也不可能靠近中亞的烏弋山離。

安息（帕提亞）在 224 年已經滅亡，《魏略》仍然說安息，說明其材料源自漢代。《魏略》引用的《西域舊圖》，可能是東漢著作。《魏略》記載的諸多西亞和歐洲地名，前人考證很多，夏德（F. Hirth）先有專著《中國與羅馬東境》，〔註10〕赫德遜、伯希和、沙畹、白鳥庫吉、藤田豐八、小川琢治、宮崎市定、楊憲益、蒲立本等人都有考證，諸說參見下表。

諸家考訂安息、大秦地名表（標*號爲本人新説）

	夏　德	伯希和	白　鳥	宮　崎	周運中
條支	Hira		Charax	Selucia	Antioch
阿蠻	Hamadan		Hamadan	Armenia	Armenia
斯賓	Ctesiphon		Ctesiphon	Sophene	Sophene
斯羅	Selucia		Selucia	Osrhoene	Osrhoene
於羅	Hira		Hira	Aleppo	Oropos *
安谷	Uruku		Orcheo	Antioch	Antioch
海西	Rome		Rome	Rome	Greek *
大秦	Romc		Rome	Rome	Rome
遲散	Alexandria		Antioch	Gallia	Thessalie *
烏丹	Myos Hormos		Petra	Adria	Athens *
澤散	Charax		Charax	Alexandria	Cos *
驢分	Nicephorium		Edessa	Propontis	Ilium *
思陶	Sittake		Sittake	Sidon	Seleucia *
旦蘭	Palmyra		Palmyra	Jerusalem	Syria *
汜復	Emésa	Bambyke	Emesa	Cyprus	Palmyra *
積石	Petra		Petra	阿拉伯沙漠	敘利亞沙漠 *
賢督	Damascus	Antioch	Damascus	Creta	Arados *

〔註10〕 F. Hirth, *China and the Roman Orient*, Shanghai and Hongkong, 1885. 漢譯本見〔德〕夏德著、朱傑勤譯：《大秦國全錄》，北京：商務印書館，1964 年。

夏德考證的地點全錯，原因如下：

1. 他說阿蠻是哈馬丹（Hamadan），但哈馬丹古名埃克巴坦那（Ecbatana），讀音較遠。

2. 他說條支是希拉（Hira），安谷是烏魯古 Uruku，思陶是 Sittake，澤散是波斯灣的 Alexandria 也即 Charax，但希拉不靠海，讀音也不合。阿倫批評夏德的觀點，說大秦在海西，不可能是敘利亞，條支城在山上，不可能在兩河平原，東方商人不可能從波斯灣繞過阿拉伯半島，再到紅海。夏德回應說，羅馬東部在波斯灣與紅海之西，土丘也可稱山，古代商人可以繞過阿拉伯半島。〔註11〕

3. 夏德自己也說，色諾芬所說的 Sittake 不知在漢魏時期是否仍在。

4. 他說烏丹是 Myos Hormos，但是此地在埃及東部，在蘇伊士灣南口之南不遠，原文說遲散直北是烏丹，而 Myos Hormos 在亞歷山大港東南，位置顯然不合。因爲他誤考了烏丹，又誤以爲烏丹之西的那條河是尼羅河，說漢代中國人已知尼羅河。

5. 他說驢分是 Nicephorium，但此地是今敘利亞北部的拉卡（Raqqah），不靠海，而原文說驢分臨海。

6. 烏遲散是遲散之誤，前人多誤以爲是亞歷山大港 Alexandria，其實讀音不合，lex 不能譯爲遲。烏遲散是上文出現的遲散之誤，烏是因爲下文烏丹而出現的衍字。

7. 他說且蘭是巴爾米拉（Palmyra），不合漢語古音。氾復、賢督的漢語古音也不合，所以伯希和批評他的說法。

伯希和以爲賢督的古音是 An-tuk，對應安條克 Antioche，氾復是氾復之誤，氾復的古音是 bam-buk，對應幼發拉底河渡口希爾拉城（Hierapolis）的土名 Bambyke。〔註12〕伯希和考音最精，但是氾復改爲氾復，不太合理。如果賢督是敘利亞的安條克，也不合理。因爲賢督東北 600 里到氾復，氾復東北 340 里到幼發拉底河的渡口於羅，從敘利亞的安條克到幼發拉底河顯然不足 940 里，而僅有 300 多里。但是他說古代地理學家托勒密等人記載的商路經過 Zeugma 渡口，所以他在幼發拉底河上游尋找地名，或許啓發了宮崎在兩河上游找到了阿蠻、斯賓、斯羅的正確位置。

〔註11〕 二人論戰之文見〔德〕夏德著、朱傑勤譯：《大秦國全錄》，第 141～155 頁。不過阿倫把大秦等地全置於裏海附近，錯得更遠。

〔註12〕 〔法〕伯希和：《魏略西戎傳中的賢督同氾復》，馮承鈞譯《西域南海史地考證譯叢》第一編，北京：商務印書館，1995 年，第 13～19 頁。

　　藤田說條支是 Grains 河上的 Taôkê ，音近條支，有波斯王宮，在今伊朗布什爾省布什爾（Bushire）南 5 英里，恰好是在半島，符合三面是海的描述。安谷是 Rhogonis 河口的海港 Aru-guna，在今布什爾港北 35 英里。〔註 13〕白鳥批評藤田之說，說他誤信《後漢書》烏弋山離西南馬行一句，說烏弋山離既是南道終點，不應有通往西方之路，而且開始是西南，後轉西北。其實《後漢書》方向不誤，烏弋山離是亞歷山大的音譯，國都在塞斯坦紮蘭季（Zarangian）的亞歷山大城，又名亞歷山大普洛夫達西亞（Alexandria Prophthasia），在今阿富汗西南的法拉（Farah）。烏弋山離國是從安息（帕提亞）分裂的政權，一度擴張到印度西北部，〔註 14〕從烏弋山離國到條支大體上是西南行。但是藤田所考條支、安谷都錯了，因爲 Taôkê 不是東漢時期的國都，安谷應是安條克。

　　白鳥之說，多同夏德，但也有新說。他說大秦是埃及的亞歷山大港，澤散、條支是波斯灣的亞歷山大城，也即 Charax，遲散是敘利亞的安條克，烏丹是佩特拉（Petra），驢分是 Edessa，賢督是耶路撒冷古名 Hierosolyma，且蘭是是且蘭之形訛，是巴爾米拉的古名 Tadmor。〔註 15〕他除了考證條支爲 Charax 正確外，其他全錯，錯誤在於：

　　1. 他把條支定在 Charax，位置正確，但說條支之名源自敘利亞語的河中之地 Gezire，不僅讀音不合，而且疑點太多，爲何河中之地在安息，但是西方人要用敘利亞語告訴東方人？

　　2. 原文說遲散直北渡海是烏丹，白鳥說烏丹在今約旦西南佩特拉，遲散在安條克，方向全反，也無海路。

　　3. 原文說於羅在氾復之北 340 里，但是白鳥說的於羅在波斯灣，氾復在大馬士革，不僅方向相反，也遠超千里。

　　4. 他說驢分是 Edessa 的八世紀敘利亞語 Ruhu，但是此地是今土耳其東南的尙勒烏爾法，不靠海，不可能有海路通往波斯灣。甚至不靠幼發拉底河，他就把原文渡海改爲渡海北，說海北是敘利亞，但是波斯灣有海路通往敘利亞嗎？敘利亞南面是海嗎？

〔註 13〕〔日〕藤田豐八著、楊煉譯：《條支國考》，《西北古地研究》，上海：商務印書館，1935 年，第 121 頁。

〔註 14〕孫毓棠：《安息與烏弋山離》，《文史》第 5 輯，1978 年。收入孫毓棠：《孫毓棠學術文集》，北京：中華書局，1995 年，第 324～346 頁。

〔註 15〕〔日〕白鳥庫吉、王古魯譯：《大秦國及拂菻國考》、《見於大秦傳中的西域地理》，《塞外史地論文譯叢》第一輯，上海：商務印書館，1938 年。

5. 且的上古音 tan 即使能譯 tad，mor 絕不可能譯爲蘭，蘭的古音是來母談部 lam。

6. 耶路撒冷不可能譯爲賢督，讀音不合。

7. 他說氾復是大馬士革，但是開頭的 dama 爲何省去？耶路撒冷能省去詞頭，因爲 jeru 音輕，dama 讀音不輕，不能省去。

總之，白鳥之說不僅不能改正夏德諸地多在兩河平原的錯，還犯了更多的錯誤，即使不合常理地找出不少土語地名，也完全不能對應漢語古音，而且改字錯音之後，竟仍不合原文地名方向與里程。

赫德遜認爲甘英所到的條支在波斯灣，從波斯灣到埃及之間的海路有羅馬史料的印證。〔註16〕沙畹說條支是底格里斯河口的 Mésēse 國都 Charax，號稱 Dest-Misan，dest 是平原沙漠，即條支的語源。此說不通，平原沙漠既非正名，又非專名。小川琢治提出是條支是安條克（Antioch），但是安條克城很多，條支、安谷是波斯灣的安條克城，也即 Charax。岑仲勉以爲條支如小川之說，但安谷是敘利亞的安條克城，孫毓棠也以爲漢代的條支是 Charax。〔註17〕

孫毓棠的學生余太山認爲，條支是古敘利亞的安條克，理由是西海在安息之西，所以是地中海，大鳥是鴕鳥，不是波斯灣而是敘利亞沙漠的特產，條支在安息去大秦的路上，不在烏弋山離國到安息的路上，因爲從烏弋山離向西南是克爾曼沙漠。他說《後漢書》篡改《漢書》，東漢時的條支已經不再臣屬於安息。又說《後漢書》抄襲《魏略》，《後漢書》說班超遇到安息西界船人，《魏略》也稱條支爲安息西界。〔註18〕我認爲這些說法不能成立，原因如下：

1. 條支城邊的西海是波斯灣，而非地中海。波斯灣連通印度洋，漢人把印度洋海域統稱爲西海。宮崎也說波斯灣在波斯西南而非正西，所以不能稱西海。其實上古的伊拉克海岸線遠比今天深入內陸，今天兩河流域下游還可以清楚地看到殘存的大片潟湖，所以古代的波斯灣在波斯的正西。

2. 古代伊拉克南部的沙漠就產鴕鳥，如果條支在今兩河流域下游，其國境就有鴕鳥。

〔註16〕 〔英〕G. F. 赫德遜著、李申、王遵仲、張毅譯：《歐洲與中國》，北京：中華書局，2004 年，第 52～53 頁。
〔註17〕 孫毓棠：《條支》，《文史》第六輯，1979 年。收入《孫毓棠學術論文集》，第 317～323 頁。
〔註18〕 余太山：《古代地中海和中國關係史研究》，北京：商務印書館，2012 年，第 9～17 頁。

3. 條支是在中國到安息國都的路上，不在安息到大秦的路上，《漢書》、《後漢書》明確說從烏弋山離國先到條支，再到安息國都。條支在恰拉克斯（Charax），本來就在安息大部分國土的西南，所以《後漢書》、《魏略》都說安息西界，二者不存在抄襲關係。條支既然排在安息之前，則不可能是古敘利亞的安條克，中國人不可能繞過安息，先到古敘利亞的安條克。《後漢書》說條支在安息的東南，是指在安息國都的東南。而古敘利亞的安條克在安息的西北，方位不合，《漢書》明確說在安息的西南。自古以來就有從阿富汗西南到伊拉克的陸路，克爾曼沙漠很小，陸路可以輕鬆繞過。

4. 甘英在永元元年（95 年）想從條支渡海去大秦，但安息人不希望甘英打通羅馬商路，所以說路程太遠，《魏略》說大秦：「常欲通使於中國，而安息圖其利，不能得過。」安息人所說也不錯，從波斯灣繞道渡海去羅馬確實比較遠，但安息人故意不說西行的近路。古敘利亞的安條克在前 64 年就已經是羅馬的一部分，如果甘英到了這裡，則已經進入羅馬，不存在安息人阻撓問題。余太山爲了解決這個問題，說地中海邊可能也有安息人，說陪同甘英的安息人可能不是安息人而是敘利亞人。他的這兩個說法，完全出自他的臆測，毫無根據，而且不能成立。如果甘英到了地中海邊也即羅馬境內，安息人還有必要騙他嗎？古人行經萬里，遇到的民族很多，會分不清安息人和敘利亞人嗎？

5. 安息曾征服條支，見於《史記》、《漢書》，《後漢書》又說安息在條支設大將，監管諸小城，但魚豢《魏略》說條支：「前世又謬以爲強於安息，今更役屬之。」其實這是魚豢的誤解，漢代人從來沒說條支征服安息。安息從來沒有征服過地中海東岸的安條克，但是安息三面包圍恰拉克斯（Charax），所以能在名義上降服恰拉克斯。余太山爲了解決古敘利亞的安條克臣屬於安息的問題，說東漢時的條支已經不臣屬於安息，說《後漢書》抄襲《漢書》。此說顯然不能成立，范曄能看到大量東漢史書，不必抄襲《漢書》，《後漢書》比《漢書》多出很多內容，而且這些多出的內容來自東漢人甘英的實地考察。東漢時的安條克顯然臣屬於安息，不可能是古敘利亞的安條克。

6. 古敘利亞的安條克顯然不符合條支唯有西北通陸地的描述，因爲該地的西部是地中海，海岸線是南北向。

語言學家蒲立本原來信從藤田之條支說，[註19] 但後來又根據他自己的複輔

〔註19〕〔加拿大〕蒲立本著、潘悟雲、徐文堪譯：《上古漢語的輔音系統》，中華書局，1999 年，第 55 頁。

音理論，提出條和修是諧聲，聲母是是 s-lw，漢代的條讀 liw，條支的上古音是是 s-lwkje，也即塞琉古 Seleukia，即安條克的外港 Seleucia。語言學家說：「古史專家依據《史記》、《漢書》等上古材料考釋西域地名，因爲不懂上古音，往往陷於主觀臆測，蒲立本教授的長處正是把語言史與古史考證結合起來。」〔註20〕

我認爲蒲立本之說不能成立，原因如下：

1. 條的上古音 slw 顯然不可能保留到東漢。

2. Selucia 的 c，讀音不是 k，而是 ʃ，讀音不合。

3. 《史記》說條支種稻，稻是南亞的作物，《後漢書》說條支所出犀牛、封牛（瘤牛）、孔雀都是印度的特產，說明條支靠近印度，正是在今伊朗南部，而不可能在地中海邊。地中海氣候是最典型的雨熱不同期的氣候，特別不適合種稻，古代也沒有在地中海沿岸種稻的記載。古敘利亞的安條克不產犀牛、孔雀，也不可能因爲貿易取得犀牛、孔雀而出名，因爲中國南方和南亞就有犀牛、孔雀，中國人不必到古敘利亞的安條克去取。當時西方商路網已很暢通，中國人早已知道各地土產。

所以蒲立本的新說不能成立，歷史學家考證地名，從來不是主觀臆測。而語言學家脫離歷史來考訂地名才很危險，因爲同名或讀音近似的地名太多，考證地名絕不能僅從讀音一條出發而拋開基本的地理信息。

我認爲，條支是安條克 Antioch 的音譯，但是因爲有很多個安條克，所以中國古人混淆了敘利亞的安條克和波斯灣的安條克。在山上的安條克是敘利亞的安條克，甘英所到的安條克是恰拉克斯（Charax）的安條克，在今阿拉伯河東岸，三面是潟湖，所以說三面是海，僅西北方也即阿拉伯河岸和底格里斯河岸有陸路。正是因爲地處灘塗地帶，又有海洋貿易之利，所以竟能長期未被安息吞併。恰拉克斯立國 282 年，甘英到時仍是國都。甘英看到的西海是波斯灣，從波斯灣渡海，繞過阿拉伯半島可以到羅馬帝國。這是一條遠路，所以安息人說有時三個月，有時兩年。

其實《史記》說條支有弱水、西王母，不是中國人胡亂移植上古漢文典籍的記載。《禹貢》：「導弱水，至於合黎，餘波入於流沙。」弱水在沙漠中，水流很小，故名弱水。條支在兩河入海口，西南正是大沙漠，所以說有弱水。唐代建中二年（781 年）的《大秦景教流行中國碑》文說：「案《西域圖記》

〔註20〕潘悟云：《一川煙雨，萬里翻紅──紀念蒲立本教授》，《文匯報》2013 年 5 月 6 日。

及漢魏史策，大秦國南統珊瑚之海，北極眾寶之山，西望仙境花林，東接長風弱水。」大秦是東羅馬帝國，其東的弱水就是西亞沙漠中的河流。

波斯灣西南的阿拉伯部落有女王，所以說有西王母。上古阿拉伯半島有示巴女王，馬可波羅記載阿拉伯半島附近的女子島。〔註 21〕因為弱水和西王母在阿拉伯半島，所以安息人也未親見。所以條支不可能是敘利亞的安條克，敘利亞的安條克在海邊，古人不可能分不清河流和大海。至於《魏略》大秦國最末所說的赤水、白玉山、西王母等字句全部出自《山海經》，不足為信。大秦之西有海，海西又有河，西南流，似乎是指今天法國或西班牙的河流。《魏略》說前代誤以為條支在大秦西，其實《史記》、《漢書》等從未說條支在大秦西，這是《魏略》的誤解。

宮崎市定說阿蠻是亞美尼亞（Armenia），斯賓是小國索菲尼（Sophene），國都阿拉薩莫薩塔（Arsamosata）在今土耳其埃拉澤（（Elâzığ），安谷是敘利亞的安條克，斯羅是小國奧斯羅恩（Osrhoene），國都艾德莎（Edessa）在今土耳其的尚勒烏爾法（Şanlıurfa），此四地正確，其他全錯。〔註 22〕

宮崎說於羅是敘利亞的阿勒頗（Aleppo），但是阿勒頗在希臘與羅馬時代的名字是 Beroea，阿勒頗雖是土名，但在漢代不是正名，而且不在安息的西界，東漢時期已屬羅馬的敘利亞省，也不是很大的城市。他說思陶是今黎巴嫩南部的西頓（Sidon），但是原文說在思陶渡河，正西兩千里才是且蘭。而宮崎說且蘭是耶路撒冷，西頓在耶路撒冷之北，則思陶不可能是西頓。且蘭也不可能是耶路撒冷（Jerusalam），因為且蘭之西 600 里是汜復，汜復到幼發拉底河的渡口於羅僅有 340 里，說明且蘭不可能遠離幼發拉底河。原文說思陶西北諸國都是陸行，但是宮崎居然全置於海中，說汜復是塞浦路斯（Cyprus），賢督是克里特島（Creta），原文說賢督在汜復東南，可是克里特島在塞浦路斯正西，可見不確。原文說且蘭、汜復南有積石，宮崎說積石是阿拉伯沙漠，但是阿拉伯沙漠顯然不在塞浦路斯之南。積石實為敘利亞沙漠，而非阿拉伯沙漠。宮崎說烏丹、遲散是意大利的 Adria、Cisalpina（Gallia），說澤散是埃及的亞歷山大港，但即使從亞歷山大港北渡，也不可能向北到意大利，亞歷

〔註21〕〔意〕馬可·波羅著、馮承鈞譯：《馬可波羅行紀》，上海書店出版社，2001年，第 456 頁。

〔註22〕〔日〕宮崎市定：《條支和大秦和西海》，《史林》第 24 卷第 1 號。劉詔軍譯文，收入《日本學者研究中國史論著選譯》第九卷，北京：中華書局，1993年，第 385～412 頁。

山大也不是最靠近敘利亞的安條克。驢分也不是馬爾馬拉海，而是特洛伊。
雖然如此，宮崎還是有重大進步，特別是把阿蠻、斯賓、斯羅定在古代的亞
美尼亞，改正了前人的很多錯誤。

張星烺的考證也全部錯誤，他認爲烏丹是紅海西岸的密俄斯忽爾謨斯
（Myos Hormus），安谷是幼發拉底河下游的鄂爾柯（Orchoë），烏遲散是亞歷
山大港，澤散是 Charax，驢分是幼發拉底河上游的 Nicephorium，且蘭是帕爾
米拉（Palmyra），思陶是錫塔克（Sittake），氾復是 Emesa，賢督是大馬士革，
斯賓是泰西封，阿蠻是哈馬丹，於羅是希拉，斯羅是泰西封對岸的塞琉西亞
城。安都是敘利亞的安條克，條支是大食 Tajik 或 tazi，即阿拉伯人。〔註23〕
條支不可能是 tajik，因爲那時阿拉伯人尚未興起，也不在西海岸邊。

余太山多沿前人之誤說，又說於羅是 Harta，又說澤散即烏遲散、烏丹，
拼爲一個地名烏遲散丹，是埃及的亞歷山大港。〔註24〕原文說於羅屬大秦，
斯羅屬安息，接壤大秦，他自己也說羅馬直到 198 年還在攻打 Harta，他無法
解釋，就說這是兩國必爭之地。其實宮崎釋斯羅爲索菲尼，在安息控制的亞
美尼亞。本文釋於羅爲奧羅珀斯（Oropos），則可以解釋，因爲奧羅珀斯在羅
馬的敘利亞省東界，中間的幼發拉底河正是羅馬、安息之界。一個地名不可
能錯爲三個，原文說從烏遲散直北到烏丹，不可能是一個地方。

楊憲益認爲安谷是今亞美尼亞埃里溫南部的阿爾塔沙特 Artaxata，烏遲
散是黑海西岸的 Odessus（在今保加利亞瓦爾納 Varna），烏丹是拜占庭（今
伊斯坦布爾）西部的 Hadiranopolis（今埃迪爾內 Edirne），於羅是 Osroene，
斯羅是黑海南岸的 Sinopis，斯賓是 Sebastia（今土耳其的錫瓦斯 Sivas），澤
散是克里米亞半島南部的 Chersoesus，驢分是克里米亞半島西北的
Nymphaeum，且蘭是 Carrhae（今土耳其尙勒烏爾法東南邊界的哈蘭 Harran），
氾復是伯希和所說的 Bambyke。〔註25〕

我認爲楊說不確，阿爾塔沙特在內陸，不在海邊，讀音也不合，而且也
不在安息邊界，而是亞美尼亞之地。Hadiranopolis 是羅馬皇帝哈德良建立，時
間比甘英晚，也不在海邊，讀音也不合。從黑海東南部到歐洲可以航海，不

〔註23〕 張星烺：《中西交通史料彙編》第一冊，北京：中華書局，2003 年，第 143～
145、151、677 頁。
〔註24〕 余太山：《古代地中海和中國關係史研究》，第 26～33 頁。
〔註25〕 楊憲益：《譯余偶拾》，山東畫報出版社，2006 年，第 146～150 頁。

必繞道黑海北岸。但是從西亞到歐洲，可以航海，也可以走陸路。黑海是羅馬帝國的邊緣，不可能有三大都會，不應該是中國人關注的重點。澤散和驪分如果都在克里米亞半島，不需要航海一個月。斯羅如果在黑海南岸，則遠離安息，不符合《三國志》所說斯羅屬安息。且蘭的讀音和 Carrhae 不合，且的上古音是 tsa，不是 ka，哈蘭到 Bambyke 很近，不足 600 里。而且哈蘭在幼發拉底河之北，不是在河的南岸。既然《三國志》說且蘭到氾復是南道，則阿蠻（亞美尼亞）道就是北道，不會還有一條更北部的黑海道。

第三節　亞美尼亞通大秦路

因為安息在陸路阻擋大秦，所以大秦商人開闢了海路，《後漢書》：「桓帝延熹九年，大秦王安敦遣使自日南徼外獻象牙、犀角、玳瑁，始乃一通焉。其所表貢，並無珍異，疑傳者過焉。」延熹九年（166 年）的大秦遣使，在羅馬未留記載，可能是大秦商人謊稱使者。羅馬人從海路來華，源自羅馬與安息 161～166 年在兩河的戰爭，165 年羅馬佔領底格里斯河邊的安息都城泰西封，正是在羅馬控制兩河平原時，羅馬人從波斯灣出發來華。

其實除了海路，羅馬人和中國人還在探索從北部繞開安息的道路，即亞美尼亞路。如宮崎市定所考，阿蠻即亞美尼亞，斯賓是索菲尼，在今土耳其東南的埃拉澤省與迪亞巴克爾省一帶。於羅在安息西界，但宮崎說於羅是阿勒頗，我以為不確，因為阿勒頗屬羅馬的敘利亞省。《魏略》說於羅渡河到斯賓，宮崎說斯羅是奧斯羅恩國，此說不錯，則於羅靠近奧斯羅恩。奧斯羅恩在索菲尼之南，西界是幼發拉底河，則於羅不是阿勒頗，而是幼發拉底河岸的一座名城。

於羅，我認為是奧羅珀斯（Oropos），讀音接近。這是幼發拉底河岸的重要渡口，而且《後漢書》說從斯賓（Sophene）到於羅有 940 里，如果於羅是幼發拉底河的另一個重要渡口希爾拉（Hierapolis），雖然讀音也比較接近，但是距離不足 940 里。奧羅珀斯在幼發拉底河的西岸，對岸是臣屬於安息的小國奧斯羅恩，都城是艾德莎（Edessa），所以說安息的西界到此為止。

從安息到阿蠻 3400 里，再到斯賓 3600 里，再到於羅 960 里，但安息都城到西界不可能有 7960 里，所以敘述有誤。其實原文應是指從阿蠻到斯賓 200 里，從安息到斯賓 3600 里。

東漢人記載經過阿蠻（亞美尼亞）、斯賓（索菲尼）、於羅（奧羅珀斯）

到條支（安條克）的北路，源自羅馬和帕提亞在亞美尼亞的和平時期。索菲尼原爲亞美尼亞的一部分，塞琉古爲了削弱亞美尼亞，促使索菲尼獨立，但王室仍是亞美尼亞的王族。前 200 年左右，安條克三世佔領亞美尼亞，任命將軍管理。羅馬打敗塞琉古，索菲尼獨立。前 80 年，亞美尼亞合併了索菲尼。羅馬在前 73～63 年最終攻滅在今土耳其北部的彭托斯（Pontos）國，順勢迫使亞美尼亞國王提格蘭尼斯大王獻出敘利亞，索菲尼再次獨立，成爲臣屬於羅馬的小國。羅馬人在 63 年和帕提亞簽約，帕提亞國王弗羅加塞石的兄弟成爲亞美尼亞國王，但是羅馬皇帝尼祿在羅馬爲他加冕。兩國妥協，促成了亞美尼亞的百年和平。161 年，帕提亞人入侵敘利亞，羅馬反擊，帕提亞割讓兩河流域給羅馬。

永元元年（95 年），甘英出使條支時，恰好是羅馬和帕提亞在亞美尼亞的百年和平時期，所以很可能還有其他東方商人或使節經過亞美尼亞到條支，《後漢書》記載的阿蠻、斯賓、於羅到條支之路就是這一路線。

這條經過亞美尼亞的北路，其實非常重要，裕爾（H. Yule）的《東域行程錄叢》第五章一章談中國與亞美尼亞、波斯等國的交流，他引用 440 年亞美尼亞歷史學家摩西的記載，說提格蘭尼斯六世（Tigranes Ⅵ，142～178 年）時期，有中國人定居在戈爾第耶（Gordyene，即庫爾德），爲亞美尼亞戍邊。又記載東方的 Jenasdan（Chinistan，即中國）盛產絲綢，富庶和平。亞美尼亞的奧佩里安家族（Orpelians）祖先是中國皇族，馬米戈尼（Mamigonians）家族在 200 年前來到亞美尼亞，祖先是中國王子，到波斯避難，再到亞美尼亞。敘利亞人齊諾比（Zenob）西元 4 世紀初在亞美尼亞記載，亞美尼亞與波斯爭鬥，中國皇帝曾經調解，有亞美尼亞人到中國避難。〔註 26〕這些家族的祖先未必是中國皇族，但很可能是中國商人。

值得注意的是，俄國高加索山北部的莫謝瓦亞・巴勒卡（Moshchevaya Balka）墓地出土了 8～9 世紀的絲綢約 300 片，還出土了一些漢文文書，包括賬歷、佛經。有學者認爲這很可能是因爲唐代中國商人想跨過高加索山，直接打通拜占庭的商路，途徑此地留下一些物品。〔註 27〕

〔註 26〕 〔英〕H. 裕爾撰、〔法〕H. 考迪埃修訂、張緒山譯：《東域紀程錄叢》第 75 ～76 頁。

〔註 27〕 全濤：《北高加索的絲綢之路》，寧夏文物考古研究所編《絲綢之路上的考古、宗教與歷史》，文物出版社，2011 年，第 114 頁。

第四節 安谷通大秦路

魚豢《魏略》安谷（安條克）說乘船到海西，下文明顯分開說海西、大秦，所以海西特指希臘。所謂有河出其國，西又有大海，應是有海出其國之誤，指希臘以西有海，向西是意大利，又有海路。古代中國的中原人無法想像地中海的海陸交錯景象，誤海爲河。直到明代洪武年間，中國人根據元代李澤民（李汝霖）翻譯的阿拉伯人世界地圖《聲教廣被圖》繪製《大明混一圖》時，雖然畫出了地中海輪廓，仍然無法想像大地中間能有一個大海，因而誤把地中海塗成黃色。朝鮮人根據《聲教廣被圖》繪製的《混一疆里歷代國都之圖》，也不把地中海塗成海洋的藍色。

魚豢《魏略》下文再次明確說大秦、海西是兩國，但前人竟然不察。所謂大秦、海西之東各有一山，皆南北行。說明大秦不是海西，大秦東面的山，是羅馬東部的科爾諾山（海拔 2912 米）。海西東面的山，是希臘東部的奧林匹斯山（海拔 2917 米）。所謂南北行，指的是兩個半島的山脈和交通乾道都是南北向。因爲這段文字是根據地圖敘述，地圖上畫出的是最高峰，所以作者說各有一山，其實不止一座山。

海西的遲散城，應是色薩利 Thessalie，讀音接近。色薩利靠近亞歷山大的家鄉馬其頓，所以非常重要。羅馬帝國馬其頓行省的省會是讀音接近色薩利的塞薩洛尼基 Thessaloniki，今天仍然是希臘第二大城市。原文說遲散北通烏丹城，下文又說需要向西南渡河（渡海）兩次，說明應是南通烏丹之誤。色薩利西南的烏丹，顯然是希臘最重要的城市雅典 Athens。烏的上古音是 a，源自烏鴉的叫聲，故譯烏丹。海訛爲河的原因，上文說過。下文說有三大都，指羅馬在希臘設的三個省會：雅典、馬其頓、伊庇魯斯，都是都會。

安谷城陸道直北行到海北，再直西行到海西，再南行到遲散城，渡河（渡海）一日而過。指從安條克沿海岸向北，再向西到今土耳其南部，也即海北。再向西到海西，即今希臘的東北部。再向南到塞薩洛尼基，渡海很快即到。所以說周回繞海，指上述道路構成環形。

澤散向北航海到驢分，要一個月或半年，恰好是安谷（安條克）到遲散（塞薩洛尼基）航程的一半，說明澤散在土耳其的西南部。土耳其西南部的希臘人殖民地以利西亞（Lycia）爲首，其城邦聯盟包括23個小國。首府桑索斯（Xanthos）在今安塔利亞省西南角的桑索斯遺址，澤散可能指桑索斯，讀音接近。

驢分向西到大秦，海上的飛橋長 230 里，海路是西南行，繞海路是西行。宮崎說驢分是 Propontis 海，即今馬爾馬拉海，飛橋是前 480 年波斯薛西斯一世攻打希臘時在達達尼爾海峽上架的浮橋，位置大體正確，但是 Propontis 的讀音不近驢分。另外，這個海峽最窄處僅有 1.2 千米，不需要架 230 里的浮橋。所謂浮橋應是海峽西北部的加利波利（Gallipoli）半島，長度正好接近 230 里。因為這個半島很狹長，或許又在地圖上畫得不準確。這種不精確的地圖傳到東方，中國人誤以為是飛橋。

我以為飛橋既然在驢分之西，則驢分在達達尼爾海峽東岸南端，而非馬爾馬拉海。所以說從澤散北航到此登岸。驢分就是著名的特洛伊，扼守達達尼爾海峽的南口，在《奧德賽》中的古希臘名是 liion，羅馬人稱為 Ilium，譯為驢分。分是唇音，所以 m 譯為分。特洛伊在拜占庭時期才衰落，波斯人在海峽最窄處架橋，恰好在特洛伊之北不遠。《魏略》說渡海道是西南行，繞海道是西行，指從特洛伊到大秦（羅馬），海路是直向西南，陸路是先向北渡過達達尼爾海峽，再向西行。

思陶，前人或以為是安息都城泰西封（Ctesiphon），在巴格達東南 32 千米，但是讀音不合，而且泰西封在底格里斯河東岸，從下文斯羅條來看，原文區分了底格里斯河與幼發拉底河，但是原文說思陶渡河，應指幼發拉底河。所以思陶應是泰西封隔河相對的塞留西亞城，又名底格里斯河上的塞留西亞城（Seleucia on the Tigris），讀音接近。此城是塞琉古建造，此城規模與埃及的亞歷山大港比肩，甚至超過安條克城。

從向南渡過的就是幼發拉底河，沿南岸向西 3000 里，其實是向西北，到達且蘭，上古音的且是清母魚部 tsya，蘭是來母談部 lam，應該是敘利亞 Syria，讀音接近。

且蘭向西到氾復，我認為氾復是氾夏的形訛，氾夏讀音很接近絲綢之路的樞紐城市巴爾米拉（Palmyra），氾的上古音是並母侵部 biuəm，夏的上古音是匣母魚部 hea。阿富汗的巴米揚（Bamiyan），《北史・西域傳》作范陽，《隋書》作帆延、失範延，《大唐西域記》作梵衍那。〔註28〕

巴爾米拉是幼發拉底河西部是絲路重鎮，古人不應不提。帕爾米拉的古名是塔得莫（Tadmor），出現在前 2000 年的泥板書上，很早就是連接兩河平

〔註28〕 〔法〕伯希和：《中國載籍中之梵衍那》，馮承鈞譯《西域南海史地考證譯叢》第一編，第 8〜12 頁。

原和地中海的城市。前 64 年，帕提亞王朝取代塞琉古王朝時，巴爾米拉趁機獨立，成爲帕提亞和羅馬之間的緩衝國。2 世紀時，羅馬佔領兩河平原，帕提亞衰落，薩珊王朝崛起，巴爾米拉也被併入羅馬。115 年，羅馬皇帝圖拉眞修建從艾美莎（Emesa）向東通往巴爾米拉的圖拉眞大道，戴克里先又修建了從巴爾米拉向西南穿過沙漠到大馬士革的戴克里先大道，〔註 29〕也即《魏略》所說從且蘭到氾復（氾夏）的道路。巴爾米拉的王子奧丹納圖斯（Septimius Odaenathus），被羅馬帝國的皇帝瓦勒良（Valerian）任命爲敘利亞省長官，他攻擊薩珊人，又獨立爲王。羅馬人暗殺了奧丹納圖斯，王后澤諾比婭（Septimia Zenobia）擁立其子。272、273 年羅馬人兩次佔領此城，擒獲女王，又燒毀此城。現在羅馬帝國境內出土中國絲綢的西亞城市，有巴爾米拉和杜拉歐羅普斯（Dura Europus），〔註30〕杜拉歐羅普斯是巴爾米拉之東的幼發拉底河渡口。如果且蘭是旦蘭之誤，則旦蘭也可能是杜拉歐羅普斯，讀音接近。

從於羅（奧羅珀斯）向西到敘利亞的安條克，向南到氾夏（巴爾米拉），正是 340 里，所以說南道在氾夏（帕爾米拉）會合。

氾夏西南六百里的賢督，按照原文的方向總體偏轉，則實際應在正西，或許是古代地中海的重要港口阿拉多斯 Arados，讀音接近，在今敘利亞的塔爾圖斯。從帕爾米拉向西到阿拉多斯是一條東西向的大道，稍晚於甘英的羅馬皇帝圖拉眞修建了從埃美莎 Emesa 到帕爾米拉的人道，〔註31〕就是這條大道。

且蘭與氾夏的南部有積石，積石之南有海。積石，夏德、白鳥說是佩特拉，原義是岩石，佩特拉很重要，積石可能是佩特拉，也有可能就是指戈壁。佩特拉在且蘭（敘利亞）正南，不在氾夏（巴爾米拉）之南。宮崎說是阿拉伯沙漠，我以爲既然在氾夏（巴爾米拉）、且蘭（敘利亞）之南，按照原文的方向偏轉，則是東南，則是敘利亞沙漠。而敘利亞沙漠南部的哈馬德沙漠正是典型的多石平原，這就是積石。因爲《魏略》根據的《西域舊圖》，原來是地圖，畫出很多沙石，所以說是積石。

〔註29〕〔英〕萊斯利‧阿德金斯、羅伊‧阿德金斯著、張楠、王悅、范秀琳譯：《探尋古羅馬文明》，北京：商務印書館，2008 年，第 333 頁。
〔註30〕宋馨：《漢唐絲綢的外銷——從中國到歐洲》，寧夏文物考古研究所編《絲綢之路上的考古、宗教與歷史》，第 22～33 頁。
〔註31〕〔英〕萊斯莉‧阿德金斯、羅伊‧阿德金斯著、張楠、王悅、范秀琳譯：《古代羅馬社會生活》，北京：商務印書館，2016 年，第 234 頁。

　　且蘭（敘利亞）北部的山，是今敘利亞中部的比什里山。氾夏北部的山，是今阿布魯季邁因山（海拔 1391 米）。斯賓北部的山，是今土耳其埃拉澤省的凱西什山（海拔 3527 米）。阿蠻北部的山，是今亞美尼亞埃里溫北部的阿拉加茨山（海拔 4090 米）。

　　漢、安息、羅馬是絲綢之路上的三個大帝國，三大帝國之間各有一些小國。漢和安息之間是西域綠洲諸國，包括天山南北、中亞兩河、阿富汗等地的小國。安息和羅馬之間是亞美尼亞、奧斯羅恩、索菲尼、塞琉古、恰拉克斯、本都和希臘人的諸多小國。絲綢之路在西亞的主要線路經過伊拉克、敘利亞、亞美尼亞、土耳其，而不是走波斯灣到埃及的海路。波斯灣的海路主要通往印度而非埃及，所以甘英確實是被安息人欺騙了。羅馬人通過波斯灣通往東方的海路時間不長，羅馬人的海路主要是從紅海通往東方。然而正如前人指出，直接到東方的羅馬商人很少，主要是通過西亞商人間接獲得東方的商品。因為主要道路不通過埃及，所以漢代中國人不提埃及地名。

漢魏大秦、安息地名圖〔註32〕

〔註32〕大秦中心在今意大利，本圖為突出顯示中東地名，基本未顯示意大利。底圖來自〔德〕A-M.威特基、E.奧爾斯豪森、R.希德拉克主編、葛會鵬、古原馳、史湘潔、王聰譯：《古代世界歷史地圖集》，華東師範大學出版社，2016 年。黑體漢字地名為本書添加。

第六章　漢魏西域交通變化

　　從漢代到唐代，西域交通發生很大變化。幹線逐漸北移，先出現經過伊吾到高昌的北新道，原來的北道樓蘭道變成了中道。這條北新道之北又出現兩條新道，樓蘭中道消失，所以北新道又變成中道。

第一節　五船（五泉）到伊吾新道的開闢

　　《三國志》卷三十引《魏略·西戎傳》：

> 西域諸國，漢初開其道，時有三十六，後分爲五十餘。從建武以來，更相吞滅，於今有二十（道）〔國〕。從敦煌玉門關入西域，前有二道，今有三道。

> 從玉門關西出，經婼羌轉西，越蔥領，經縣度，入大月氏，爲南道。從玉門關西出，發都護井，回三隴沙北頭，經居盧倉，從沙西井轉西北，過龍堆，到故樓蘭，轉西詣龜茲，至蔥領，爲中道。從玉門關西北出，經橫坑，闢三隴沙及龍堆，出五船北，到車師界戊己校尉所治高昌，轉西與中道合龜茲，爲新道。凡西域所出，有前史已具詳，今故略說。

> 南道西行，且志國、小宛國、精絕國、樓蘭國皆並屬鄯善也。戎盧國、扜彌國、渠勒國、皮山國皆並屬於寘。罽賓國、大夏國、高附國、天竺國皆並屬大月氏……盤越國一名漢越王，在天竺東南數千里，與益部相近，其人小與中國人等，蜀人賈似至焉。南道而西極轉東南盡矣。

中道西行尉梨國、危須國、山王國皆並屬焉者，姑墨國、溫宿
國、尉頭國皆並屬龜茲也。楨中國、莎車國、竭石國、渠沙國、西
夜國、依耐國、滿犁國、億若國、榆令國、捐毒國、休脩國、琴國
皆並屬疏勒。自是以西，大宛、安息、條支、烏弋⋯⋯

北新道西行，至東且彌國、西且彌國、單桓國、畢陸國、蒲陸
國、烏貪國，皆並屬車師後部王。王治於賴城，魏賜其王壹多雜守
魏侍中，號大都尉，受魏王印。轉西北則烏孫、康居。

西漢僅有南北兩道，此時北道改名中道，北面又多出新道，新道從玉門
關外的西北，經橫坑，五船之北，到高昌。

其實這條新道，西漢末年已經開關，《漢書·西域傳》車師：

元始中，車師後王國有新道，出五船北，通玉門關，往來差近，
戊己校尉徐普欲開以省道里半，避白龍堆之厄。車師後王姑句以道
當為挂置，心不便也。地又頗與匈奴南將軍地接，曾欲分明其界然
後奏之，召姑句使證之，不肯，繫之。姑句數以牛羊賕吏，求出不
得⋯⋯即馳突出高昌壁，入匈奴⋯⋯莽不聽，詔下會西域諸國王，
陳軍斬姑句、唐兜以示之。

這條路也是從五船之北到玉門關，顯然就是北新道。黃文弼認為新道是伊
吾道，[註1] 但是不少人以為這條新道是從玉門關外直通車師前王國的大海
道。[註2] 我以為此說不確，因為大海道雖然是高昌與沙州之間的直線通道，
但是路過沙漠，往來不便，敦煌寫本《西州圖經》：「大海道：右道出柳中縣界，
東南向沙州一千三百六十里，常流沙，人行迷誤，有泉井鹹苦，無草。行旅負
水擔糧，履踐沙石，往來困弊。」[註3] 又名柳中路，《太平寰宇記》卷一五六
西州柳中縣：「柳中路，裴矩《西域記》云：自高昌東南去瓜州一千三百里，並
沙磧，乏水草，人西行，四面茫茫，道路不可準記，惟以人畜骸骨及駝馬糞為
標驗，以知道路。若大雪，即不能行。兼有魖魅，是以商客往來多取伊吾路。」

北新道肯定不是大海道，原因有四：

1. 漢代人明確說此道是屬車師後王國，如果是大海道，必先到車師前王
國，而《漢書》不會單說車師後王國有新道，而不提車師前王國。只有把北

〔註1〕黃文弼：《兩漢通西域路線之變遷》，《西北史地論叢》，第78頁。
〔註2〕王炳華：《西域考古文存》，蘭州大學出版社，2010年，第50頁。
〔註3〕王仲犖：《敦煌石室地志殘卷考釋》，第210頁。

新道解釋爲伊吾道，才能解釋車師後王國，因爲伊吾向西南到車師前王國，伊吾向西北到車師後王國。

2. 漢代人說新道很靠近匈奴邊界，如果是大海道，則不會靠近。

3. 大海道極難走，伊吾路沿線有巴里坤山南麓的綠洲，所以古人說商人多走伊吾路。

4. 東漢重點經營伊吾路，設宜禾都尉屯田，五船道不應遠離伊吾。

吐魯番出土北涼建平年間文書提到守海，絲毫不能證明西漢要開闢的新道是大海道。因爲北涼年代已晚，形勢不同，何況文書僅說守海，不能證明漢代的道路變化。嚴耕望認爲新道是大海道，他說人海道是北朝荒廢，[註4] 此說不確，大海道的荒涼本自降水稀少，自古如此，不可能是北朝發生變化，所以在同樣的地理形勢對比下，漢代人肯定也是首選伊吾道。

北新道的關鍵地名是五船，五船不可解，岑仲勉以爲北新道是伊吾道，他把五船釋爲《大慈恩寺三藏法師傳》的五烽。[註5] 但是五烽與五船無關，而且五烽是伊吾路開通才設的烽堠，所以用五烽釋五船是因果顛倒。或說五船是車師異譯，差距太遠。或說五船即伊吾，[註6] 也無根據。或說是五傳，是玉門關外到哈密的五個山峰，[註7] 不僅無據，而且線路不合。

我以爲五船應是五泉之音訛，上古音的船是船母元部 dziuan，泉是從母元部 dziuan，讀音極近，五泉可解。今哈密東北有五眼泉，或即五船。其北的巴里坤縣爲蒲類國，鄰近匈奴。五眼泉在今沁城鄉南，沁城是唐代伊州最東的柔遠縣，沁城是哈密最東的綠洲，也是哈密的門戶，其正南是敦煌，所以車師後王國的新道是從哈密，沿巴里坤山南麓綠洲，走到五眼泉，向南直達敦煌。

這條路屬車師後國，但是在哈密之西分爲兩路，一條向西北通往車師後國，一條向西南通往車師前國。所以不能說五船道、新道僅通車師後國，有人雖然指出五船道與車師後國的關係，但是認爲僅是奇臺通往十三間房這一條路，因此認爲五船道僅在東段與新道重合。[註8] 我以爲五船道不是一條路，西端有分叉，所以五船道與新道可以看成是一條路，其標誌不在西段是否分叉，而在東段取道五船的改變。

〔註4〕嚴耕望：《唐代交通圖考》第二卷，第485頁。

〔註5〕岑仲勉：《中外史地考證》，第694頁。

〔註6〕〔日〕松田壽男、陳俊謀譯：《古代天山歷史地理學研究》，第140頁。

〔註7〕馬千希：《漢代「五船道」考略》，《西域研究》1999年第2期。

〔註8〕王宗維：《五船道與伊吾路》，《西域研究》1994年第4期。

　　有人說伊吾道不能節省一半路程，可能是看到《後漢書‧西域傳》說：「自敦煌西出玉門、陽關，涉鄯善，北通伊吾千餘里，自伊吾北通車師前部高昌壁千二百里。」此處似乎有誤，伊吾新道不必經過鄯善，高昌也不在伊吾之北而在西南。其實從玉門關出發，走伊吾新道，再到高昌，才一千多里，《元和志》沙州說北至伊州七百里，伊州說正南微東至沙州七百里，西南至西州七百三十里，則共 1430 里。敦煌文書《沙州伊州圖經》說沙州之北 663 里胡桐驛，北去伊州柔遠縣界赤崖驛 80 里，則沙州到伊州不超過千里。如果從故道走樓蘭，則多一倍路程。

　　敦煌寫本《西天路竟》沙州：「又西行三十里，入鬼魅磧，行八日，出磧，至伊州。」據研究這是北宋乾德四年（966 年）派 157 名僧人去印度的行記，〔註9〕這條路就是北新道。

伊吾縣出土羊柄銅鏡、巴里坤縣獵羊岩畫（周運中攝）

　　北新道之北是蒲類國，靠近匈奴，但此時已在西漢末年，蒲類國早已爲匈奴遷走，所以西漢斬車師後王，可能已經開闢伊吾的新道。《後漢書‧西域傳》：「蒲類本大國也，前西域屬匈奴，而其王得罪單于，單于怒，徙蒲類人六千餘口，內之匈奴右部阿惡地，因號曰阿惡國。南去車師後部馬行九十餘

〔註 9〕黃盛璋：《敦煌寫本〈西天路竟〉歷史地理研究》，《中外交通與交流史研究》，第 88～108 頁。

日。人口貧羸，逃亡山谷閒，故留爲國云。」《漢書·西域傳》：「地節二年（前 68 年），漢遣侍郎鄭吉、校尉司馬憙將免刑罪人田渠犁，積穀，欲以攻車師……蘇猶教（車師）王擊匈奴邊國小蒲類，斬首，略其人民，以降吉。」又說：「至元帝時，復置戊己校尉，屯田車師前王庭。是時，匈奴東蒲類王茲力支將人眾千七百餘人降都護，都護分車師後王之西爲烏貪訾離地以處之。」匈奴遷走蒲類大概在宣帝時，元帝時遷居此處的匈奴人降漢，所以漢朝才能開通伊吾道。

但是王莽建國二年（10 年），都護殺車師後王，王兄狐蘭支將眾二千餘人，驅畜產，舉國亡降匈奴。匈奴殺後城長，傷都護司馬。戊己校尉刀護病，陳良等人殺刀護，降匈奴，盡脅略戊己校尉吏士男女二千餘人入匈奴。因爲西漢末年北新道已經短暫開關，所以東漢更想開通。

第二節　漢匈新道爭奪戰

東漢時期的北新道已經最爲重要，《後漢書·西域傳》說：

> 自敦煌西出玉門、陽關，涉鄯善，北通伊吾千餘里，自伊吾北通車師前部高昌壁千二百里，自高昌壁北通後部金滿城五百里。此其西域之門戶也，故戊己校尉更互屯焉。伊吾地宜五穀、桑麻、蒲萄。其北又有柳中，皆膏腴之地。故漢常與匈奴爭車師、伊吾，以制西域焉。自鄯善逾蔥領出西諸國，有兩道。傍南山北，陂河西行至莎車，爲南道。南道西逾蔥領，則出大月氏、安息之國也。自車師前王庭隨北山，陂河西行至疏勒，爲北道。北道西逾蔥領，出大宛、康居、奄蔡焉。

伊吾到車師，被看成西域門戶，取代了西漢西域門戶樓蘭的地位。東漢在西域三絕三通，雖然班超孤軍在塔里木盆地奮戰的故事非常傳奇，但是東漢的主要戰場在伊吾、蒲類與車師前後國一帶，共有 17 次戰爭。而且戰爭規模很大，遠非南方小國的戰爭可比。

伊吾之所以重要，因爲其北是匈奴進攻西域的主力呼衍王所居，安帝延光二年（123 年）敦煌太守張璫上書陳三策說：

> 北虜呼衍王常輾轉蒲類、秦海之間，專制西域，共爲寇鈔。今以酒泉屬國吏士二千餘人集崑崙塞，先擊呼衍王，絕其根本，因發鄯善兵五千人脅車師後部，此上計也。若不能出兵，可置軍司馬，

將士五百人，四郡供其犁牛、穀食，出據柳中，此中計也。如又不
能，則宜棄交河城，收鄯善等悉使入塞，此下計也。

蒲類海即巴里坤湖，秦海，李賢注：「大秦國在西海西，故曰秦海也。」
這是胡說，大秦遠在歐洲，風馬牛不相及。秦海，我以爲即今蒙古國西南部，
阿爾泰山西南有來自西北的北冰洋的水汽，降水多，河湖多，正在蒲類海之北，
這一片地區是呼衍王游牧範圍。〔註 10〕元代在今蒙古國科布多省北部的哈爾
湖、哈爾烏蘇湖、德勒湖三大湖區之南設稱海城，上古音秦是從母眞部 dzien，
音近稱，但是元代的稱海城來自建城人鎮海，〔註 11〕二者無關。不過成吉思汗
命令鎮海建城是統治俘虜的中原人，令我們想到匈奴的秦海很可能也是源自秦
人，此處在匈奴西北，匈奴把擄掠的秦人（漢人）置於此處，因而得名秦海。
漢朝想通過佔領伊吾，阻擋匈奴呼衍王南下的道路，再北攻匈奴。

從蘭州灣子村石屋遺址遠眺巴里坤湖（周運中攝於 2017 年 8 月 22 日）

〔註10〕 有人說，秦海是地中海，蒲類、秦海之間是勾勒西域範圍，極言其勢力之盛，
見余太山：《兩漢魏晉南北朝正史西域傳研究》，第 235 頁。我以爲此說不通，
呼衍僅是匈奴一部，不可能達到地中海。

〔註11〕 陳得芝：《元稱海城考》，《蒙元史研究叢稿》，人民出版社，2005 年，第 55～
60 頁。

　　光武帝時西域隔絕，明帝永平十六年（73 年），北征匈奴，竇固破呼衍王於天山，取伊吾盧地，置宜禾都尉以屯田，遂通西域，於寘諸國皆遣子入侍。西域自絕六十五載，乃復通焉。

　　十七年（74 年）冬，騎都尉劉張出擊車師，與奉車都尉竇固及從弟駙馬都尉竇秉破降之。始置西域都護、戊己校尉，耿恭爲戊己校尉，屯後王部金蒲城，謁者關寵爲戊己校尉，屯前王柳中城，各置數百人。耿恭移檄烏孫，烏孫遣使獻名馬。

　　十八年（75 年）三月，北單于遣左鹿蠡王二萬騎擊車師。恭遣司馬將兵三百人救之，皆爲所歿。匈奴破殺後王安得，攻金蒲城，耿恭大敗之。恭以疏勒城傍有澗水可固，五月，引兵據之。七月，匈奴復攻，恭募先登數千人直馳之，胡騎散走，匈奴遂於城下擁絕澗水。恭於城中穿井十五丈不得水，吏士渴乏，笮馬糞汁而飲之。有頃，水泉奔出，匈奴引去。

　　漢明帝崩，漢章帝建初元年（76 年）春，焉耆、龜茲攻沒都護陳睦，悉覆其眾，匈奴、車師圍戊己校尉關寵於柳中，圍耿恭於後部，漢遣征西將軍耿秉屯酒泉，行太守事，遣秦彭與謁者王蒙、皇甫援發張掖、酒泉、敦煌三郡及鄯善兵，合七千餘人，會柳中擊車師，攻交河城，斬首三千八百級，獲生口三千餘人，駝驢馬牛羊三萬七千頭。北虜驚走，車師復降。〔註 12〕漢章帝不欲疲敝中國以事夷狄，乃迎還戊己校尉耿恭，不復遣都護。二年（77 年），復罷屯田伊吾，匈奴因遣兵守伊吾地。此時北道斷絕，班超在疏勒孤軍奮戰。〔註 13〕

　　漢和帝永元元年（89 年），大將軍竇憲大破匈奴。二年（90 年），憲因遣副校尉閻槃將二千餘騎掩擊伊吾，破之。三年（91 年），班超遂定西域，因以超爲都護，居龜茲。復置戊己校尉，領兵五百人，居車師前部高昌壁，又置戊部候，居車師後部候城，相去五百里。六年（94 年），班超復擊破焉耆，於是五十餘國悉納質內屬。

　　巴里坤縣東南的奎蘇鎮松樹塘村發現東漢永元五年（94 年）任尚碑，碑文已殘，叮見永元五年、任尚、海等字，〔註 14〕《後漢書‧南匈奴傳》：「（永元）三年，北單于復爲右校尉耿夔所破，逃亡不知所在。其弟右谷蠡王於除鞬自立爲單于，將右溫禺鞬王、骨都侯已下眾數千人，止蒲類海，遣使款塞。

〔註 12〕　《後漢書》卷十九《耿恭傳》。
〔註 13〕　《後漢書》卷四七《班超傳》。
〔註 14〕　馬雍：《新疆巴里坤、哈密漢唐石刻叢考》，《西域史地文物叢考》，第 16～17 頁。

大將軍竇憲上書，立於除鞬爲北單于，朝廷從之。四年，遣耿夔即授璽綬，賜玉劍四具，羽蓋一駟，使中郎將任尙持節衛護屯伊吾，如南單于故事。方欲輔歸北庭，會竇憲被誅。五年，於除鞬自畔還北，帝遣將兵長史王輔以千餘騎與任尙共追誘將還斬之，破滅其眾。」此碑記載的應是任尙在蒲類海追滅匈奴右谷蠡王於除鞬之事，位置靠近竇固碑。

永元八年（97 年），戊己校尉索頵欲廢後部王涿鞬，涿鞬反擊前王，次年，漢遣將兵長史王林，發涼州六郡兵及羌胡二萬餘人，以討涿鞬，獲首虜千餘人。涿鞬入北匈奴，漢軍追斬，立涿鞬弟農奇爲王。

漢和帝死，西域背畔。漢安帝永初元年（107 年），頻攻圍都護任尙、段禧等，朝廷以其險遠，難相應赴，詔罷都護。北匈奴復收屬諸國，共爲邊寇十餘歲。敦煌太守曹宗患其暴害，元初六年（119 年），乃上遣行長史索班，將千餘人屯伊吾以招撫之，於是車師前王及鄯善王來降。數月，北匈奴復率車師後部王共攻沒索班等，遂擊走其前王。鄯善逼急，求救於曹宗，曹宗因此請出兵擊匈奴，報索班之恥，復欲進取西域。鄧太后不許，但令置護西域副校尉，居敦煌，復部營兵三百人，羈縻而已。其後北虜連與車師入寇河西，朝廷不能禁，議者因欲閉玉門、陽關，以絕其患。永寧元年（120 年），車師後王軍就及母沙麻反畔，殺後部司馬及敦煌行事。

延光二年（123 年），以班超之子班勇爲西域長史，將五百人，西屯柳中，破車師後王。自建武至延光，西域三絕三通。永建元年（126 年），勇率後王農奇子加特奴及八滑等，擊破北虜呼衍王，破之。立加特奴爲後王，八滑爲後部親漢侯。順帝永建二年（127 年），班勇降服焉耆，龜茲、疏勒、於寘、莎車等十七國皆來服從。〔註15〕六年（131 年），帝以伊吾舊膏腴之地，傍近西域，匈奴資之，以爲鈔暴，復令開設屯田，如永元時事，置伊吾司馬一人。

陽嘉三年（134 年），車師後部司馬率加特奴等千五百人，大敗北匈奴於閶吾陸谷，壞其廬落，斬數百級，獲單于母、季母及婦女數百人，牛羊十餘萬頭，車千餘兩，兵器什物甚眾。四年（135 年）春，北匈奴呼衍王率兵侵後部，帝以車師六國接近北虜，爲西域蔽捍，令敦煌太守發諸國兵，及玉門關候、伊吾司馬，合六千三百騎救之，掩擊北虜於勒山，漢軍不利。秋，呼衍王復將二千人，攻破後部。

永和二年（137 年），漢滅呼衍王，巴里坤縣石人子鄉有東漢裴岑碑，雍

〔註15〕 《後漢書》卷四七《班勇傳》。

正七年（1729 年）岳鍾琪發現，碑文全文：「惟漢永和二年八月，敦煌太守雲中裴岑將郡兵三千人，誅呼衍王等，斬馘部眾，克敵全師，除西域之災，蠲四郡之害，邊境艾安，振威到此，立海祠以表萬世。」

　　巴里坤縣松樹塘東南十多里的天山頂，清人發現唐代姜行本碑。哈密北部的煥彩溝有一石碑，上有清人所書煥彩溝三字地名，利用天然岩石刻成，其實也是漢、唐兩代之碑。漢碑的多數文字無法辨認，右端第一行有十一個字可認出：「唯漢永和五年六月十二日。」第二行有沙海二字。其左端又有唐姜行本四字，是唐代姜行本又在漢碑之上加刻。《舊唐書·姜薆傳》：「及高昌之役，以行本爲行軍副總管，率眾先出伊州。未至柳谷百餘里，依山造攻具。其處有班超紀功碑，行本磨去其文，更刻頌，陳國威德而去。」此處已經誤以爲姜行本加刻的是班超碑，大概那時漢碑已經漫滅不清。馬雍指出不是班超碑，因爲此時班超已死。〔註16〕敦煌石窟發現的寫本《沙州伊州圖經》伊州柔遠縣：「時羅漫山，縣北四十里，按《西域傳》即天山也，綿亙數千里。其上有漢將竇固破呼衍王刻石紀德之碑。姜行本磨去舊文，更刻新文，以贊唐德。」但是竇固也未活到永和五年。此碑在巴里坤與哈密之間的天山的山口，很可能也是記述裴岑北攻呼衍王一事，此地正在哈密去巴里坤的天山南麓。

　　桓帝元嘉元年（151 年），呼衍王將三千餘騎寇伊吾，伊吾司馬毛愷遣吏兵五百人於蒲類海東與呼衍王戰，悉爲所沒，呼衍王遂攻伊吾屯城。夏，遣敦煌太守司馬達將敦煌、酒泉、張掖屬國吏士四千餘人救之，出塞至蒲類海，呼衍王聞而引去，漢軍無功而還。

　　元嘉二年（152 年），長史王敬爲於寘所沒。永興元年（153 年），車師後部王阿羅多攻圍漢屯田且固城，殺傷吏士。後部候炭遮領餘人降漢，阿羅多將其母妻子從百餘騎亡走北匈奴，敦煌太守宋亮立後部故王軍就質子卑君爲後部王。阿羅多回國，戊校尉閻詳，許復爲王，阿羅多降漢。於是收奪所賜卑君印綬，更立阿羅多爲王，仍將卑君還敦煌，以後部人三百帳別屬役之，食其稅。

　　拜城縣之東的賽里木鎮以北，有喀拉克達格（博孜剋日格）山口，向北進入天山，山石上有東漢永壽四年（158 年）題刻：

龜茲左將軍劉平國以七月廿六日發家

從秦人孟伯山狄虎賁趙當卑夏姜

石當卑程阿姜等六人共來作列亭從

〔註16〕馬雍：《新疆巴里坤、哈密漢唐石刻叢考》，第21～23頁。

□谷關八月一日始斫山石作孔至十日

止堅固萬歲人民喜長壽億年宜

子孫永壽四年八月甲戌朔十二日

乙酉直建紀此東烏累關城皆

將軍所作也□披

劉平國是龜茲國的左將軍，與中原人一起開鑿孔道，設置亭障，延伸到其東的烏累（烏壘）關城。其實此處向北的孔道主要是爲了通往天山以北的烏孫，說明東漢也很看重烏孫，試圖開闢聯結天山南北的新通道。

東漢時期，漢與匈奴在伊吾、蒲類、車師一帶發生密集的爭奪戰，漢明帝時三年五戰，漢和帝時七年三戰，漢安帝時四年兩戰，漢順帝時九年四戰。伊吾、蒲類、車師前國、車師後國構成矩形，東部的蒲類、伊吾一線有六戰，北部匈奴與車師後國一線有六戰，西南的車師前國與漢有三戰，西北的車師後國與漢有三戰，說明戰爭集中在東線與北線，西南的車師前後國一線戰爭較少。漢北攻伊吾與蒲類四次，匈奴南攻伊吾僅城兩次，漢西攻車師前國兩次，北攻車師後國兩次，車師後國東攻匈奴兩次，匈奴西攻車師後國四次，匈奴與車師合攻敦煌一次，合攻柳中一次，合攻且固一次。漢攻車師前國、後國比車師攻漢次數多，匈奴攻車師後國及其地漢軍次數是車師後國攻匈奴次數的兩倍，說明漢對車師主動，而匈奴對車師後國主動。漢攻匈奴是匈奴攻漢次數的兩倍，而且漢與車師多次大勝，而匈奴反攻的三次，僅有兩次勝利，說明漢對匈奴主動。

東漢雖然佔據伊吾，多次在蒲類海大破匈奴，東漢扶持的車師後國也兩破匈奴，但是東漢始終未能佔據蒲類海，也不能完全控制車師後國。漢在山北的力量薄弱，耿恭撤回時僅有 26 人，到玉門關僅有 13 人。匈奴三次攻打車師後國的漢軍，而在此地的漢軍不能反攻。耿恭堅守車師後國的疏勒城，一次依靠風雨，一次偶然獲得泉水，一次依靠車師後王的漢裔夫人通風報信，私給糧餉，每次存活都很驚險。所以東漢的勝利主要來自伊吾與蒲類，比起西漢，伊吾是東漢最重要的突破口。

北魏雖然一度佔有鄯善與焉耆，但是不能佔有高昌，而且最終退出西域。伊吾靠近柔然、高車，北魏不能控制伊吾。直到唐代，才在伊吾建伊州，在車師後國之地建庭州，在蒲類海建伊吾軍城，打敗突厥，佔有西域。唐朝的突破口仍在伊吾，但又能在山北立足，所以在西域的勝利超過漢朝。

哈密和巴里坤之間的天山河谷道路（周運中攝）

第三節　莎車、揭盤陁、疏勒興衰的交通原因

　　東漢初年，莎車首先崛起，建武九年（33 年），莎車王賢攻破拘彌、西夜國，蔥領以東諸國皆屬莎車，數攻龜茲諸國。二十二年（46 年），攻破鄯善、龜茲。又破很遠的嬀塞王，我以為即嬀水流域的塞人之王，說明莎車的疆域

擴大到了蔥嶺以西。莎車以大宛貢稅減少，將諸國兵數萬人攻大宛，徙拘彌王橋塞提爲大宛王，康居數攻大宛，大宛王逃回。莎車王又盡殺在各國設立的新王，遣將鎮守各國。明帝永平三年，于闐大人休莫霸復與漢人韓融等殺莎車在于闐的鎮將都末，自立爲於寘王。匈奴與龜茲諸國共攻莎車，擒殺賢。

于闐繼興，但很短暫，而且地域不大，龜茲佔領疏勒，班超平定西域的主要精力全在疏勒。漢明帝永平十六年（73 年），班超平定樓蘭、于闐，次年（74 年）從小路先到疏勒，此時龜茲所立的疏勒王在九十里外的磐橐城，班超進入磐橐城，廢龜茲所立疏勒王，另立新王。次年（75 年），漢明帝死，焉耆攻沒西域都護陳睦，龜茲、姑墨數發兵攻疏勒。漢章帝建初元年（76 年），班超擊破尉頭國。三年（78 年），班超率疏勒、康居、於寘、拘彌兵一萬人，攻破姑墨石城。九年（84 年），班超發疏勒、於寘兵擊莎車，疏勒王趁機反漢，西保烏即城，康居遣精兵救之。班超齎錦帛遺月氏王，令曉示姻親康居王，康居罷兵，班超擒獲疏勒王。元和二年（86 年），疏勒王又借兵康居，還據損中，班超攻破，才平定疏勒。

損中，《東觀記》作頓中，《續漢》及《華嶠書》作損中，我以爲，損中、頓中應即《後漢書·西域傳》與《魏略·西戎傳》疏勒國的楨中，形近而誤。漢順帝陽嘉三年（134 年），涼州刺史孟佗遣從事任涉將敦煌兵五百人，與戊司馬曹寬、西域長史張晏，將焉耆、龜茲、車師前後部，合三萬餘人，討疏勒，攻楨中城，四十餘日不能下，引去。今地不詳，或在疏勒西北。

元和三年（86 年），班超發於寘諸國兵二萬五千人，復擊莎車。龜茲王遣左將軍發溫宿、姑墨、尉頭合五萬人救之，班超攻破援軍，莎車投降。

漢和帝永元二年（90 年），月氏遣其副王謝將兵七萬攻班超，班超堅守，月氏向龜茲求援，班超伏擊龜茲援軍，月氏退兵。三年（91 年），龜茲、姑墨、溫宿皆降，班超爲西域都護，居龜茲它干城，長史徐幹屯疏勒。六年（94 年），班超發龜茲、鄯善等八國兵合七萬人，及吏士、賈客千四百人攻破焉耆，殺焉耆王廣、尉犁王，縱兵鈔掠，斬首五千餘級，獲生口萬五千人，馬畜牛羊三十餘萬頭，於是西域五十餘國悉皆納質內屬焉。

漢安帝時，疏勒國舅磐借兵月氏，自立爲王。莎車強盛時，居然能夠攻破大宛，疏勒兩次借兵康居，月氏攻打班超，又扶持疏勒國舅爲王。說明疏勒與大宛、康居、月氏的交通日益密切，西域的主道是北道。

魏晉時期莎車衰亡，《北史·西域傳》:「渠莎國，居故莎車城。」其實渠莎不是莎車，莎車早已被朅盤陁攻佔，渠莎是朅盤陁國。《大唐西域記》卷十

二烏鎩國：「自數百年王族絕嗣，無別君長，役屬揭盤陁國。」斯坦因以爲烏鎩在英吉沙與莎車（葉爾羌）之間，莎車也屬烏鎩，伯希和同之，白鳥庫吉以爲在今莎車，赫爾曼同之。我以爲在今莎車與英吉沙之間，不在莎車故都，所以讀音不合，玄奘也不提是莎車故地。

烏鎩很可能就是唐代的半城、遍城，《新唐書・地理志七下》：「于闐西五十里有葦關，又西經勃野，西北渡繫餡河，六百二十里至郅支滿城，一曰磧南州。又西北經苦井、黃渠，三百二十里至雙渠，故羯飯館也。又西北經半城，百六十里至演渡州，又北八十里至疏勒鎮。」羯飯館很可能因爲揭盤陁得名，半城即同卷疏勒都督府的遍城州，也是羯飯地名的由來。此地在疏勒城南 240 里，在今英吉沙縣，很可能就是揭盤陁佔領的烏鎩。

揭盤陁國在今塔什庫爾干縣，地處高原，人少地阻，之所以攻打莎車，很可能因爲魏晉時期的全球氣候變冷，帕米爾高原受到嚴重影響，所以揭盤陁人走出高原，遷居盆地。

法顯從于闐走二十五日到子合國，《法顯傳》：「南行四日至蔥嶺山。到於麾國安居。安居已山行二十五日到竭叉國……山寒不生餘穀。唯熟麥耳……其國當蔥嶺之中。自蔥嶺已前草木果實皆異。唯竹及安石榴甘蔗三物與漢地同耳。從此西行向北天竺國。在道一月得度蔥嶺。」《魏書・西域傳》：「權於摩國，故烏秅國也。」於麾即權於摩國，蔥嶺中間的竭叉國無疑是揭盤陁，《梁書・諸夷傳》：「渴盤陁國，于闐西小國也。西鄰滑國，南接罽賓國，北連沙勒國。所治在山谷中，城周回十餘里，國有十二城……王姓葛沙氏。中大同元年，遣使獻方物。」渴盤陁即揭盤陁，其王姓葛沙，我以爲這就解釋了此國又名竭叉國的原因！《水經注》卷二稱爲伽舍羅逝，伽舍即葛沙，羅逝是梵語的王 raja。所以疏勒吞併的渠沙國應是揭盤陁，前人看到《大唐西域記》把疏勒稱爲佉沙，多誤以爲渠莎是疏勒的異名，現在看來《魏略》這組地名很多看似重複，其實不是重複。揭盤陁國在南北朝時竟有十二城，正是因爲吞併莎車、依耐等地，達到極盛。

唐代又名蔥嶺國，《舊唐書・西突厥傳》說乙毗射匱可汗求婚，詔令割龜茲、于闐、疏勒、朱俱波、蔥嶺等五國爲聘禮。開元十五年（727 年），慧超路過此地，看到唐朝設蔥嶺鎮，而原居民逃奔吐蕃，他說：「此即屬漢，兵馬見今鎮押。此即舊日王裴星國境，爲王背叛，走投吐蕃。然今國界，無有百姓，外國人呼云渴飯檀國，漢名蔥嶺。」

漢代的疏勒地位就很重要，《漢書》疏勒「有市列，西當大月氏、大宛、康居道也。」這種描述在各國很少見。曹魏時期，疏勒再次興起，吞併楨中國、莎車國、竭石國、渠沙國、西夜國、依耐國、滿犁國、億若國、榆令國、捐毒國、休脩國、琴國，其中竭石國、渠沙國、榆令國、琴國是新出現的名字，渠沙上文已釋。

榆令，或是蒲令之誤，即蒲犁。如果原字無誤，則音近葉爾，葉爾羌在11世紀70年代的馬合木·喀什噶里《突厥語辭典》稱為 Yarkand，yar 是崖，kant 是城，榆令或在葉爾羌河流域。

琴的上古音是群母侵部 giəm，音近俱密，或是省譯，《新唐書·地理志七下》月支都督府：「至拔州都督府，以俱蜜國褚瑟城置。」《西域傳》：「俱蜜者，治山中。在吐火羅東北，南臨黑河。」在噴赤河上游，或在瓦赫什河中游，也即桃槐國之西，疏勒很可能是通過捐毒、桃槐向西擴張到此。

疏勒國吞併的領土，不僅包括全部葉爾羌河流域，還向西佔領全部帕米爾高原，可謂極盛。而南道、中道的西口全為疏勒佔領，這可能是疏勒擴張的經濟基礎。雖然地名有重複，不過可能還是有所增加，所以《北史·西域傳》說疏勒國內有大城十二，小城數十，于闐有大城五，小城數十，焉耆有九城，疏勒城市最多。《大唐西域記》說佉沙國（疏勒）週五千餘里，僧徒萬餘，瞿薩旦那國（于闐）週四千餘里，僧徒五千，《新唐書·西域傳》說焉耆橫六百里，縱四百里，龜茲橫千里，縱六百里，姑墨橫六百里，縱三百里。《新唐書·地理志七下》說貞觀九年（635年）疏勒內附，置疏勒都督府，領州十五，二十年平龜茲，置龜茲都督府，領州九，二十二年于闐內附，置毗沙州都督府，領州十，可見疏勒是第一大國。

而且北魏時期的烏孫已為柔然攻破，南遷蔥嶺，所以董琬出使烏孫，其實是通過疏勒到烏孫，再到蔥嶺以西各國，所以《北史·西域傳》說：「者至拔國，都者至拔城，在疏勒西……迷密國，都迷密城，在者至拔西……悉萬斤國，都悉萬斤城，在迷密西……忸密國，都忸密城，在悉萬斤西。」者至拔即唐代俱密，其西諸國必經此地。又說：「〔破〕洛那國，故大宛國也。都貴山城，在疏勒西北。」顯然全是以疏勒為起點，所以曹魏時期的疏勒攻佔蔥嶺各國，真正地控制了絲綢之路。

我在伊犁博物館看到伊犁昭蘇縣波馬古墓出土的大量南北朝時期的金銀器和絲綢，昭蘇縣是此時絲路上的要衝。金銀器包括黃金面具、鑲嵌紅寶石的包金劍鞘、鑲嵌紅寶石的金杯、鑲嵌紅寶石的金罐、紅寶石戒指、錯金銀

瓶、金箔護臂及大量小型金飾品，應該是王侯所用，符合此地位置的大國唯有烏孫。絲綢包括動物紋錦、白絹、紅絹、黃綺，種類很多，花紋精美，也是王侯所用。前人誤以爲龍紋錦，其實可以清楚地看出有虎紋、馬紋等，應稱爲動物紋錦，帶有西域風格。

昭蘇縣波馬古墓出土動物紋錦（周運中攝於 2015 年 8 月 24 日）

昭蘇縣波馬古墓出土金面具、錯金銀瓶（周運中攝）

　　莎車、渠沙、疏勒的興衰源自經濟與交通，照理說莎車雖然有向西進入葉爾羌河谷的道路，經過西夜、依耐、難兜，可到大月氏，但是葉爾羌河谷很難走，西夜是個小國，魏晉以降竟消失，而且莎車之南有皮山經烏耗通印

度道，莎車之北有疏勒，莎車爲何能在東漢初年崛起呢？

莎車興起，首先是自然條件良好，葉爾羌河沖積扇土地肥美，面積較大，現在莎車縣還是喀什人口最多之縣。而且莎車之西正對蔥嶺之西的貴霜帝國，東漢時期正是貴霜帝國興旺時期，貴霜在阿姆河流域，貴霜興起，使得間接控制阿姆河商路的莎車連帶興起。

沙畹敏銳地注意到《魏略》的南道不是裴矩所說的南道，曹魏的南道是越蔥嶺，經印度河上游的縣度國，入大月氏，而隋代的南道是從喝槃陀，度蔥嶺，沙畹說前者是巴達克山的蔥嶺，後者是克什米爾的蔥嶺。〔註 17〕其實前者是皮山到烏耗路，也經克什米爾，後者是經塔什庫爾干到瓦罕，前者大概在南北朝時期衰落，法顯已經不從烏耗南走縣度，而從烏耗北走竭叉，即走喝槃陀路。

莎車的交通形勢不及疏勒，疏勒興起的原因，其實早已隱藏在《漢書·西域傳》中，我在上文已指出，漢代蔥嶺各國到長安、都護府的里程，除了蒲犁到都護府的里程是經過莎車計算，全是經過疏勒計算，包括遠在蒲犁以南的依耐、難兜，蒲犁西北的無雷，說明疏勒通往西方有三條路：

1. 向西到喀什河上游，經過捐毒國，過伊爾克什坦山口的休循國，北到貴霜，西到大月氏

2. 西南到蓋孜河上游的無雷國，向西到大月氏

3. 向南到慕士塔格山西南的蒲犁國，再向南到塔什庫爾干的依耐國、難兜國，西到大月氏，南到印度

第三條路上的依耐、難兜雖然直線距離莎車，但是到疏勒的交通更爲方便，所以疏勒的交通形勢還是優於莎車，這就是疏勒最終控制全部蔥嶺（帕米爾高原）的原因。

同樣在帕米爾高原的五國：無雷、蒲犁、依耐、西夜、難兜，最終僅存難兜，因爲難兜控制了大月氏、印度的商路，其西是阿姆河，其南是印度河，其北通往喀什河，其東是葉爾羌河。

不過從南北朝到隋唐，塔里木盆地不僅有東部的樓蘭衰落，西部的疏勒、莎車、羯盤陀也全衰落。因爲此時的北道不僅是東部的伊吾興起，中西部的焉耆、伊犁與更北的天山以北也同時興起。

〔註17〕 〔法〕沙畹：《魏略西戎傳校注》，馮承鈞譯：《西域南海史地考證譯叢七編》，第 43 頁。

第七章　北魏西域諸國與交通路線

　　北魏是北朝的主體，《魏書》是《漢書》、《後漢書》以降第三本詳細記載西域諸國的著作。前秦統一北方的時間極短，《三國志》裴注引魚豢《魏略》記載不詳，故而《魏書・西域傳》極為重要，但是今本《魏書・西域傳》實為《北史・西域傳》，不過基本也是北朝記載。但是這篇《西域傳》的來源多樣，又不說明，所以頗為難解。其實前人未發現這篇《西域傳》由三篇構成，來自三本行記。第一篇來自朝廷使者董琬，第二篇來自不知名的僧人，第三篇來自慧生。而董琬的行程曲折，所以里程記載異常。

第一節　北魏董琬使程與北道崛起

　　北魏最初遣使西域要通過北涼，後來滅涼，仍然不能順利經過高昌，因為柔然時常阻撓，《魏書・西域傳》：

> 太延中，魏德益以遠聞，西域龜茲、疏勒、烏孫、悅般、渴般陀、鄯善、焉耆、車師、粟特諸國王始遣使來獻……於是始遣行人王恩生、許綱等西使，恩生出流沙，為蠕蠕所執，竟不果達。又遣散騎侍郎董琬、高明等多齎錦帛，出鄯善，招撫九國，厚賜之。初，琬等受詔，便道之國可往赴之。琬過九國，北行至烏孫國……琬於是自同破洛那，遣明使者舌。烏孫王為發導譯達二國，琬等宣詔慰賜之。已而琬、明東還，烏孫、破洛那之屬遣使與琬俱來貢獻者十有六國。自後相繼而來，不間於歲，國使亦數十輩矣……涼州既平，鄯善國……乃斷塞行路，西域貢獻，歷年不入。後平鄯善，行人復通。

　　北魏使者最初經過塔里木盆地北部的中道，《西域傳》又說車師：「其地北接蠕蠕。本通使交易，世祖初，始遣使朝獻，詔行人王恩生、許綱等出使。恩生等始度流沙，爲蠕蠕所執。」董琬應是繞行南道，經過鄯善，所以《西域傳》又說鄯善：「會魏使者自天竺、罽賓還，俱會鄯善。」

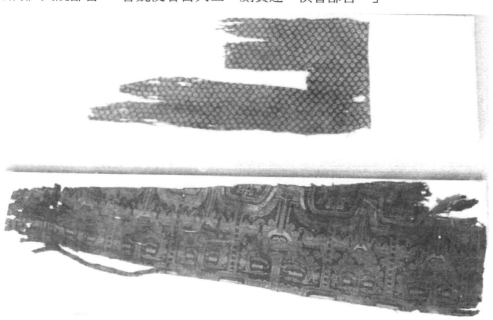

吐魯番阿斯塔納墓地出土高昌國羊紋錦、紅絹（周運中攝於 2017 年 8 月 2 日）

尉犁縣老開屏墓地採集魏晉時期花卉紋錦（周運中攝於 2017 年 8 月 25 日）

　　因爲董琬特殊的繞行，所以導致《北史》記載的諸國到代的里程不僅有誤，而且自相矛盾。《北史》記載鄯善到代 7600 里，且末 8320 里，于闐 9800 里，車師 10050 里，焉耆 10200 里，龜茲 10280 里，姑默（姑墨）10500 里，溫宿 10550 里，尉頭 10650 里，蒲山（皮山）12980 里，渠莎（莎車）12980

里，疏勒 11250 里，悉居半（西夜）12970 里，又說焉耆到龜茲、高昌都是 900
里，但是龜茲到代的距離竟僅比焉耆多 80 里！按照漢代的記載，龜茲到姑墨
670 里，但是姑墨到代的距離竟僅比龜茲多 220 里！

　　松田壽男機械地把北魏與西漢的記載對應，說車師、疏勒、烏孫、且彌、
大宛到代的距離都恰好比漢代這三國到長安距離多出 1900 里，這就是代到長
安的距離，所以北魏的記載不是實測，而是魏人的偽造！〔註1〕其實此說完全
不能成立，因為僅有這五國恰好是多出 1900 里，〔註2〕而鄯善多出 1500 里，
且末多出 1500 里，于闐多出 520 里，皮山多出 1950 里，莎車多出 3030 里，
焉耆多出 2900 里，龜茲多出 2800 里，姑墨多出 2350 里，溫宿多出 2200 里，
尉頭多出 2000 里，可見五個 1900 里的巧合不占主流，所謂的偽造說不僅不
能解釋其餘各國多出的里程，也不能解釋各國里程的差距。漢代的測量路線
既然不是北魏的測量路線，這樣機械的對應本來就不能成立。而且即使那五
國的里程恰好比漢代多 1900 里，也不能證明董琬就說偽造，因為長安到代如
果恰好就是 1900 里，則西漢、北魏的使者可能都進行了正確的測量。

　　董琬記載的里程不是出自偽造，還有一條《魏書》本身的證據。因為松
田也知道《魏書‧西域傳》由兩部分構成，一半是董琬的報告，另一半是慧
生的報告，原文在兩部分之間說：「初，熙下中，肅宗遣王伏子統宋雲、沙門
法力等使西域，訪求佛經。時有沙門慧。其國南去漕國千五百里，東去瓜州
六千五百里。生者亦與俱行，正光中還。慧生所經諸國，不能知其本末及山
川里數，蓋舉其略云。」這一段話以下，就是慧生的報告，所以兩部分的內
容有不少重複的國家。但是我們注意，慧生報告的這段引言特地說，慧生不
能記載各國的山川里數，這是對比董琬能記載各國里程而言。董琬作為使節，
如果回國在家靠翻古書而隨意里程，能如此輕易造偽嗎？當時中原的西域商
胡很多，作為臣子的董琬是否有膽量隨意造偽？

　　其實《魏書》看似錯亂而矛盾的里程可以解釋，按照漢代記載，焉耆到
長安 6850 里，但是《漢書》因為特殊的路線記作 7330 里，僅比鄯善多 1230
里，但是北魏記載的焉耆到代的距離比鄯善多出太多，正是因為魏使未走中
道，一定是從南道繞行！

〔註1〕松田壽男：《古代天山歷史地理學研究》，第 209 頁。
〔註2〕《漢書》說月氏到長安 11600 里，松田說 12600 里，進而得出月氏到代也比
　　　　漢代到長安多 1900 里。

也正是因為繞行，所以出現了龜茲到代的距離僅比焉耆多 80 里、姑墨僅比龜茲多 220 里的現象，說明北魏使者穿過塔里木盆地的地方就在精絕、于闐之間，精絕到且末 1000 里，則我們可定北魏精絕到代 9320 里，再加上穿過塔里木盆地的 1000 多里，正是北道各國到代的距離。漢代記載皮山到姑墨是 1450 里，穿過塔里木盆地的距離大致是 1000 多里。因為是從精絕附近北行，所以到達龜茲與焉耆之間，所以龜茲到代的距離才會比焉耆僅多出 80 里。因為是從精絕測量，所以姑墨僅比龜茲多出 220 里。因為董琬出使的目標不是南道諸國，僅是為了繞過高昌、鄯善，所以到了精絕就北行，而不必再到于闐。

因為疏勒的距離是從北道的尉頭計算，所以疏勒到代的距離竟比莎車、皮山還少，莎車、皮山是從姑墨南行計算，所以皮山到代的距離比姑墨恰好多 1500 里，這 1500 里就是漢代記載皮山到姑墨的 1450 里！莎車再加上 980 里，這是莎車到姑墨的距離比皮山到姑墨的距離又多出的里程。因為董琬的目標是烏孫，烏孫的故地赤穀城必須要從姑墨北上，所以他用姑墨為基點來計算溫宿、尉頭、疏勒、莎車、皮山，這很容易解釋。

但是上文已說，在各國內容的詳細敘述中，其實是把疏勒作為蔥嶺以西各國的起點，說明董琬通過疏勒去蔥嶺以西，而非經過烏孫，這是因為烏孫已經西遷蔥嶺，《魏書》：「烏孫國，居赤穀城，在龜茲西北，去代一萬八百里。其國數為蠕蠕所侵，西徙蔥嶺山中，無城郭，隨畜牧逐水草。太延三年遣使者董琬等使其國，後每使朝貢。」烏孫可能遷到疏勒西北，董琬到此，烏孫王又引導董琬、高明去破洛那、者舌。

我們注意到，原來在疏勒西北的休循國，上古音的休循是 xiu-ziuən，讀音極近烏孫 a-suən，或即同族，所以烏孫遷徙到此附近。

所以董琬的行程很清楚，先從鄯善到精絕，北過沙漠，到龜茲或姑墨，向西到疏勒，西北到烏孫，再到大宛、者舌。

松田的所謂里程偽造說本來不能成立，竟又據此判斷凡是增加 1900 里的地方就是董琬經過之地，說董琬經過鄯善、龜茲、焉耆、且彌、烏孫、大宛。〔註3〕此說完全不能成立，因為龜茲、焉耆的里數都不是多 1900 里，則董琬如何飛過二國到且彌呢？烏孫已經西遷蔥嶺，則董琬必經疏勒，為何不經過疏勒而經過天山以北的且彌？而且此說本來無理，因為根據松田的偽造說，我們也可以說，凡是增加 1900 里的國家都不是董琬所經，所以他才機械加上 1900 里。

〔註3〕〔日〕松田壽男、陳俊謀譯：《古代天山歷史地理學研究》，第 239 頁。

和田縣布蓋依烏里克遺址出土北朝飛天象（周運中攝）

墨玉縣庫木拉巴特遺址出土北朝蓮花座佛（周運中攝）

洛浦縣熱瓦克佛塔（周運中攝於 2015 年 9 月 4 日）

　　董琬出使，是因爲龜茲、疏勒、烏孫、悅般、渴槃陀、鄯善、焉耆、車師、粟特九國人來華，這九國，僅有鄯善、渴槃陀在南道，車師、焉耆、烏孫、疏勒在中道，烏孫、悅般、粟特在中道之西。渴槃陀在高原，但是能位居九國之列，正是因爲此國此時極盛，印證了《梁書》之說。顯然，南道衰落了，而且居然不提于闐，《魏書》于闐：「朝廷遣使者韓羊皮使波斯，波斯王遣使獻馴象及珍物。經于闐，于闐中於王秋仁輒留之，假言慮有寇不達。羊皮言狀，顯祖怒，又遣羊皮奉詔責讓之，自後每使朝獻。」于闐此前還在柔然進攻時請求北魏援助，自然不敢惹怒北魏。此時居然滯留波斯到北魏的使者，應是想與波斯人貿易，說明于闐的商路確實衰落，否則不會出此下策。

　　北魏文獻記載的西域和漢代比，最大的變化是粟特昭武九姓的描寫突然詳細起來。北魏統一北方，華北經濟發展，來華的粟特人、大月氏人持續增加，所以董琬要到破洛那（大宛）、高明到者舌（石國），加強聯繫，在他們出使之前，粟特人已經來華，《魏書·世祖紀》說太延元年（435 年）二月，蠕蠕、焉耆、車師諸國各遣使朝獻，八月，粟特國遣使朝獻。三年（437 年）三月，龜茲、悅般、焉耆、車師、粟特、疏勒、烏孫、渴槃陀、鄯善諸國各遣使朝獻。十一月，破洛那、者舌國各遣使朝獻，奉汗血馬。董琬、高明到

破洛那、者舌，應在三月到十一月間，所以《西域傳》說太延中。

北魏來華的商胡不僅帶入奇珍異寶，還傳入最新技術，《魏書·西域傳》大月氏：「世祖時，其國人商販京師，自云能鑄石爲五色瑠璃，於是採礦山中，於京師鑄之。既成，光澤乃美於西方來者。乃詔爲行殿，容百餘人，光色映徹，觀者見之，莫不驚駭，以爲神明所作。自此中國瑠璃遂賤，人不復珍之。」又說康國：「善商賈，諸夷交易多湊其國。」關於此時粟特商胡在華的活動，前人多有詳考，本書不贅。

1971 年，河南省安陽洪河屯鄉發現北齊武平六年（575 年）的驃騎大將軍范粹墓，出土了一件黃釉扁壺，上有胡人唱歌跳舞的畫像，中間一人跳胡旋舞，左側兩人吹笛、鼓掌，右側兩人擊鼓、彈琵琶，現藏在河南省博物院。

1986 年寧夏固原出土的一件北魏扁壺，有非常類似的圖案，中間是一人跳舞，左側兩人吹笛、彈箜篌，右側兩人彈琵琶、鼓掌。〔註4〕洛陽博物館藏孟津縣出土的一件北魏扁壺和孟津出土的扁壺完全一致，〔註5〕很可能是出自同一個模具。這兩件扁壺和 1983 年固原深溝村李賢墓出土的波斯生產的玻璃碗，共同顯示出從西域經過固原到中原的商路。

扁壺源自胡人用皮革縫製的水囊，北齊時很多胡人來到中原，《北齊書》卷五十說寵臣和士開的祖先是西域商胡，本姓素和。和士開能彈胡琵琶，又擅長握槊之戲。他和武成帝高湛、胡皇后握槊，又私通胡皇后。後主高緯武平二年（571 年），和士開被琅琊王高儼等人殺死。

後主時的寵臣穆提婆，本來是漢陽（今甘肅禮縣）的駱姓，因爲他的母親陸令萱是後主的乳母而得寵，陸令萱跟隨穆昭儀改姓爲穆，提婆也是源自印歐語的神 deva。穆是鮮卑丘穆陵氏漢化所改，陸是鮮卑步六孤氏所改，《北齊書》卷五十說穆提婆嬉戲醜褻，無所不爲，大概是指胡人的各種遊戲。

同卷又說善無縣（今山西右玉縣）人高阿那肱：「妙於騎射，便僻善事人，每宴射之次，大爲世祖所愛重。又詔悅和士開，尤相褻狎，士開每爲之言，彌見親待。」他也是胡人，擅長歌舞。

北齊是一個嚴重胡化的王朝，雖然其西是北周，北周的疆域也僅到河西走廊，但是大量來自西域的胡人卻充斥北齊宮廷。《魏書·官氏志》說素和氏改爲和氏，說明胡人在北魏時已經大量東遷。

〔註 4〕甘肅省博物館編：《絲綢之路：對話與交流——十三省市區館藏文物精品展》，甘肅人民出版社，2017 年，第 180 頁。

〔註 5〕寧夏博物館編：《絲綢之路——大西北遺珍》，文物出版社，2017 年，第 160 頁。

北齊范粹墓出胡人樂舞黃釉扁壺（周運中攝於 2014 年 10 月 19 日）

固原、孟津出土北魏胡人樂舞扁壺

第二節　《魏書・西域傳》上篇董琬行記的西域

上文已說《魏書・西域傳》大體上由兩部分構成，前一半是董琬、高明等人出使的報告，後一半是慧生西行的記載，兩部分所記國家有重複。董琬所記悉居半即慧生所記子合，董琬所記折薛莫孫即慧生所記賒彌，二人都記載了粟特昭武九姓諸國。

慧生所記是朱居、渴槃陀、鉢和、波知、賒彌、烏萇、乾陀、康國，路線非常清楚，從今葉城縣向西，到塔什庫爾干縣，再過瓦罕走廊到巴基斯坦的斯瓦特河谷，再過阿富汗的喀布爾河谷，越興都庫什山，到中亞各地。而董琬所記諸國是先記塔里木盆地，再到中亞，但是順序頗怪，講完極西的大秦，又記載了莎車西南的阿鉤羌、波路、小月氏、罽賓、吐呼羅、副貨、南天竺、疊伏羅、拔豆、嚈噠，其實這一條路不是董琬所記，因為吐呼羅就是上文董琬所記的大月氏國及五翕侯之國，說明《魏書・西域傳》其實是由三部分構成，中間的一篇出自另一篇行記。

董琬出使是經過疏勒到蔥嶺，經過已經南遷的烏孫，再到西域，首先到達者至拔。所以《魏書》說：「者至拔國，都者至拔城，在疏勒西，去代一萬二千六百二十里。其國東有潘賀那山，出美鐵及師子。」

者至拔，應在唐代的至拔州都督府，唐代省去者字，至拔州以以俱蜜國褚瑟城置，應在今塔吉克斯坦的瓦赫什河上游，《世界境域志》第26章說：「在骨咄和石汗那境內，有一個名叫俱密吉（Kumijiyan）的部落……他們生活在高山和峽谷之間。」〔註6〕我以為，者至拔、褚瑟就是瓦赫什河上游的塔吉卡巴德（Tajikobod）的音譯，古音知端合一，現在閩南語仍然保留這個特點，所以者的讀音是接近 ta，拔的古音是月部，尾音是 t，故譯 Tajikobod 為者至拔，Tajik 也可譯為褚瑟。潘賀那即拔汗那，即費爾干納，瓦赫什河之北正是費爾干納盆地，《魏書》的東應是東北。

董琬所記第二國是迷密國（米國），《魏書》：「迷密國，都迷密城，在者至拔西，去代一萬一千六百里。正平元年，遣使獻一峰黑橐駝。其國東有山，名郁悉滿。」迷密是隋唐的米國，《新唐書》：「米，或曰彌末，曰彌秣賀。北百里距康。其君治鉢息德城。」即《大唐西域記》卷一康國（撒馬爾罕）東南的弭秣賀國（Māymurgh），在今撒馬爾罕東南。有人據《新唐書》說米國在

〔註6〕王治來譯：《世界境域志》，第119頁。

康國之南，說米國在康國西南，但是《大唐西域記》說米國在康國東南，而且《魏書》先到米國，再到康國，則米國在康國東南不誤。

上文說過，疏勒吞併的琴國，很可能是俱密，也即者至拔。而從者至拔到米國的道路是通過者至拔向北，翻過吉薩爾山與阿賴山之間的山口，進入澤拉夫尚河谷，向西直到米國。因為者至拔之道很重要，所以疏勒在漢魏時期吞併琴國（者至拔）。

第三是悉萬斤國（康國），《魏書》：「悉萬斤國，都悉萬斤城，在迷密西，去代一萬二千七百二十里。其國南有山，名伽色那，山出師子。每使朝貢。」即隋唐康國，《新唐書》：「康者，一曰薩末鞬，亦曰颯秣建，元魏所謂悉斤者。」在今撒馬爾罕，其南的伽色那山之南即羯霜那國（Kasanna），《大唐西域記》：「颯秣建國西南行三百餘里，至羯霜那國。唐言史國。」

第四是忸密國（安國），《魏書》：「忸密國，都忸密城，在悉萬斤西，去代二萬二千八百二十八里。」《隋書》安國：「都在那密水南。」《新唐書》：「安者，一曰布豁，又曰捕喝，元魏謂忸蜜者。東北至東安，西南至畢，皆百里所。西瀕烏滸河，治阿濫謐城。」在今布哈拉（Bukhara），忸密城源自忸密（Numij）水。此處安、康相距 128 里，而《新唐書》說康居西北到西曹百里，安到東安百里，東安到何二百里，何到西曹，《大唐西域記》說西曹到何三百里，扣去玄奘的慣例多記，則康、安也在五百里以上，說明《魏書》此處里程不准。

第五是大宛，《魏書》：「〔破〕洛那國，故大宛國也，都貴山城。」《隋書》：「鏺汗國，都蔥嶺之西五百餘里……東去疏勒千里，西去蘇封沙那國五百里，西北去石國五百里。」破洛那、拔汗那都是費爾干納異譯，隋代大宛在東曹（蘇封沙那）之東五百里，則在今盆地北部。大宛是董琬所到之處，則下文應有很多來自傳聞，所以順序錯亂。

第六是粟特，《魏書》：「粟特國，在蔥嶺之西，古之奄蔡，一名溫那沙。居於大澤，在康居西北，去代一萬六千里。先是，匈奴殺其王而有其國，至王忽倪已三世矣。其國商人先多詣涼土販貨，及克姑臧，悉見虜。高宗初，粟特王遣使請贖之，詔聽焉。自後無使朝獻。」粟特不是特指裏海附近的奄蔡，而且是兩河之間總名，包括昭武九姓，上文已有粟特諸國。此條看似重複，其實是指中亞北部大草原上游牧的塞人。

第七是波斯，《魏書》：「波斯國，都宿利城，在忸密西，古條支國也。去代二萬四千二百二十八里。城方十里，戶十餘萬，河經其城中南流。」說明

商路是從米國向西，到木鹿，進入薩珊王朝境內。薩珊都城在泰西封，此處說宿利，或許是指泰西封對岸的塞留西亞（Seleucia），因為塞留西亞先建在前350年，泰西封建在前120年，塞留西亞早，所以誤以為國都。

第八是伏盧尼國，《魏書》：「都伏盧尼城，在波斯國北，去代二萬七千三百二十里。累石為城。東有大河南流，中有鳥，其形似人，亦有如橐駝、馬者，皆有翼，常居水中，出水便死。城北有雲尼山，出銀、珊瑚、琥珀，多師子。」有人說是安條克，伏盧尼是拂林（Furum）。〔註7〕我以為不是安條克，安條克在波斯之西，不是北。而且尼字對應 n、l、r，不是 m。

我以為，伏盧尼是格魯吉亞的古名伊伯里亞（Iberia），西元447～502年，國王瓦克唐（Vakhtang）在位時擺脫波斯薩珊王朝控制，一度興盛。此時正是北魏，所以《魏書》記載此國。瓦克唐建造的都城即今格魯吉亞首都第比利斯，其東是庫拉河，正是所謂的南流大河，而伊朗高原無南流大河。第比利斯的東北是約里河谷，約里（Iori）即雲尼，雲尼山是其源頭的高加索山。

第九是色知顯國（西曹），《魏書》：「都色知顯城，在悉萬斤西北，去代一萬二千九百四十里。」《新唐書》：「西曹者，隋時曹也，南接史及波覽，治瑟底痕城。」瑟底痕是色知顯（Isthihan），《大唐西域記》弭秣賀國：「從此北至劫布呾那國，唐言曹國。」《魏書》去康國220里，《新唐書》說僅百里。

第十是伽色尼國（何國），《魏書》：「伽色尼國，都伽色尼城，在悉萬斤南。」應是屈霜你迦國，《大唐西域記》劫布呾那國（曹國）：「從此國西三百餘里，至屈霜你迦國，唐言何國。」何國在曹國之西，更在康國之西，但是《魏書》說在康國南，是誤把康國之南的羯霜那國（史國，Kasanna）與伽色尼（何國，Kisanik）混淆，《隋書》也在曹國之下記何國，因為必須從曹到何。

第十一是薄知國，《魏書》：「都薄知城，在伽色尼南。」即巴克特里亞，在羯霜那國南，也即下文的弗敵沙國、薄提城。

第十二是牟知國，《魏書》：「都牟知城，在忸密西南，去代二萬二千九百二十里。」即《大唐西域記》捕喝國（忸密國、安國）之西四百餘里的伐地國（西安國），在今布哈拉西南的 Bitik 村。《魏書》牟知距離忸密92里，里程太少。

第十三是阿弗太汗國，《魏書》：「都阿弗太汗城，在忸密西。」內田吟風以為是希瓦（Khiva），但是我以為讀音接近 Afridhan，《世界境域志》第25章

此地在愉漫之下，則在今杜尚別附近。〔註8〕但是《魏書》記載阿弗太汗國的里數則在花剌子模附近，所以很可能又是北魏人混淆了兩地，花剌子模的都城是玉里犍（今烏爾根齊 Urganch），讀音接近，所以混淆。

第十四是呼似密國，《魏書》：「都呼似密城，在阿弗太汗西，去代二萬四千七百里土平。」即《大唐西域記》貨利習彌伽國（花剌子模，Horsmika），《新唐書》：「火尋，或曰貨利習彌。」

第十五是諾色波羅國，《魏書》：「都婆羅城，在忸密南，去代二萬三千四百二十八里。」《新唐書》：「那色波，亦曰小史。」張星烺以爲是伊朗東北的尼沙普爾（Nishapur），因爲里程較遠。〔註9〕今按此篇里程多誤，而且不應再到伊朗，所以應是小史。

第十六是早伽至國，《魏書》：「都早伽至城，在忸密西，去代二萬三千七百二十八里。土平，少田植，取稻麥於鄰國。」我以爲仍是玉里犍（今烏爾根齊 Urganch），阿拉伯人稱爲 Jurjaniya，〔註10〕距離很遠，靠近鹹海，多沙少田。

第十七是伽不單國，《魏書》：「都伽不單城，在悉萬斤西北，去代一萬二千七百八十里。」仍是劫布呾那國（Kaputana），西曹國。

第十八是者舌國，《魏書》：「故康居國，在破洛那西北，去代一萬五千四百五十里。太延三年，遣使朝貢，自是不絕。」即石國，在今塔什干。

第十九是大月氏與五翕侯，上文已釋。

第二十安息國，《魏書》：「在蔥嶺西，都蔚搜城。北與康居，西與波斯相接，在大月氏西北，去代二萬一千五百里。」內田吟風以爲是安息殘部，在阿姆河下游。我認爲，此條是指貴霜—薩珊王朝，是薩珊王朝阿爾達希爾一世征服的貴霜西北部，以王子統治，是半獨立的國家，東境到達蔥嶺。

第二十一大秦國，上文已釋，指東羅馬帝國。

考證清楚上述地名，再看這所謂的第一篇的地理，從疏勒向西到者至拔、米、康、安、宛，或是董琬親歷路線。粟特或是添入，暫且不論。下文突然跳到波斯、伏盧尼，可能因爲波斯是中亞以西的最大國家。再回到曹國，向西到何國，再到阿姆河流域，再到石國，這是粟特以北之地。再到大月氏，這是康國以南。再到安息、大秦，是最遠的傳聞之地。大宛以下，可能是董琬聽聞資料，或許不是來自董琬，而是另有來源。

〔註 8〕 王治來譯：《世界境域志》，第 110 頁。
〔註 9〕 張星烺：《中西交通史料彙編》，中華書局，1962 年，第 61～62 頁。
〔註 10〕 王治來譯：《世界境域志》，第 122 頁。

上海博物館藏薩珊帝國阿爾達希爾一世（Ardashir I）、貴霜帝國韋蘇提婆
一世（Vasu Deva I）金幣（周運中攝）

第三節　《魏書・西域傳》中篇佚名行記的西域

上文說過，《魏書・西域傳》的第二部分，出自一篇不知名的西域行記，共有十國。

第一是阿鉤羌國，《魏書》：「在莎車西南，去代一萬三千里。國西有縣度山，其間四百里中，往往有棧道，下臨不測之淵，人行以繩索相持而度，因以名之。土有五穀諸果。市用錢為貨。居止立宮室。有兵器。土出金珠。」

此國既以羌名，則在高原，不應有宮室、錢貨，莎車西南是子合、烏秅，前代皆不載阿鉤之名。或許北朝末年，烏秅已經衰亡，來自青藏高原的羌人佔據此地。因為此時全球氣候變冷，引發民族遷徙。青藏高原上的羌人遷到葉爾羌河谷，也可能是原作者走了一條新路。或者鉤字是由包字形訛為句，再轉為鉤，阿包即烏秅、於麾、權於摩，包、毛音近，而烏秅本為羌人，或含有羌人成分。

第二是波路國，《魏書》：「在阿鉤羌西北，去代一萬三千九百里。其地濕熱，有蜀馬，土平。物產國俗與阿鉤羌同。」波路應是勃律，其實法顯所經之地就是小勃律，所以從此開始可以確定不是新路。勃律在高原，不應濕熱，也不應有平原。所謂濕熱，可能是指南部通往印度，有來自熱帶的商品。蜀馬是從青藏高原的東部轉運，此處的波路可能指代西藏。

　　第三小月氏國，《魏書》：「都富樓沙城。其王本大月氏王寄多羅子也。寄多羅爲匈奴所逐，西徙後令其子守此城，因號小月氏焉。在波路西南，去代一萬六千六百里。」此國即犍陀羅，富樓沙是宋雲所記的佛沙伏城，《大唐西域記》跋虜沙，在今白沙瓦東北 65 千米。這是從大月氏分出的一支，不是留在中國西北的小月氏。

　　第四罽賓國，《魏書》：「都善見城，在波路西南，去代一萬四千二百里。居在四山中。其地東西八百里，南北三百里。地平溫和。」

　　第五吐呼羅國，說：「吐呼羅國，去代一萬二千里。東至范陽國，西至悉萬斤國，中間相去二千里，南至連山，不知名，北至波斯國，中間相去一萬里。國中有薄提城，周幣六十里。城南有西流大水，名漢樓河。」此處方向恰好順時針偏轉 90 度，應是南至范陽國，北至悉萬斤國，東至連山，西至波斯國。這種偏轉不可能是親歷者所能致誤，很可能因爲作者去天竺取經，未到大月氏，所以他是看了地圖，而誤讀地圖方向，類似甘英顛倒了條支地圖方向。西流的大河是西北流，圖上畫成北流，漢樓河是烏滸河（阿姆河）。

　　第六副貨國，《魏書》：「去代一萬七千里。東至阿副使且國，西至沒誰國，中間相去一千里，南有連山，不知名，北至奇沙國，相去一千五百里。國中有副貨城，周幣七十里。宜五穀、萄桃，唯有馬、駝、騾。國王有黃金殿，殿下金駝七頭，各高三尺。其王遣使朝貢。」白鳥庫吉說奇沙是史國，副貨是布哈拉，連山是興都庫什山，今按不確，史國之南是阿姆河，距山尚遠。《新唐書‧地理志七下》：「奇沙州都督府，以護時犍國遏蜜城置。」

　　護時犍國（Guzgan）在今阿富汗的朱茲詹省到巴德吉斯省一帶，南有連山，應是興都庫什山。阿副使且國，疑即烏什布爾干（Ushburqan），應作阿使副且，在今謝貝爾甘。沒誰國，疑即巴格舒爾（Bagshur），在今穆爾加布河西支上游。副貨國，應即《世界境域志》第 23 章說 Busharan：「這是大而美麗的地區，好戰……其地有金礦，這地區的首領屬於古茲甘諸邊境首領之列。」〔註11〕Busharan 可譯爲附（譯 bus）貨（譯 haran），因有金礦，所以國王有黃金殿，此地在穆爾加布河上游。其實此地之東到吐火羅國不過千里，但是原文兩地到代的距離相差五千里，里程有誤。

　　第七南天竺國，《魏書》：「有伏醜城，周幣十里，城中出摩尼珠、珊瑚。城東三百里有拔賴城，城中出黃金、白眞檀、石蜜、蒲萄。土宜五穀。世宗

〔註11〕王治來譯：《世界境域志》，第 94 頁。

時，其國王婆羅化遣使獻駿馬、金、銀，自此每使朝貢。」

　　我以為，拔賴城應即《大唐西域記》卷十印度半島東南角的秣羅矩吒國（Malakūta），音近，秣羅矩吒國都在今馬杜賴，秣羅、拔賴即泰米爾語的山Malay，〔註12〕《世界境域志》第 10 章：「馬來（Malay），是沿海岸的四個城……其地出產大量 Ratong 和胡椒。」〔註13〕Ratong 不知是否棉花 cotton 之誤，泰米爾語是 koṭṭai，音近，英語的棉花源自印度。

　　伏醜城在其西 300 里，又出珊瑚，似在西海岸，但是中隔高山，而且歷史上從來不屬此國，所以東是西之誤，下文緊鄰的疊伏羅國（馱那羯磔迦國）即誤南為北，誤東為西。伏醜在東海岸，疑即今本地治理（Pondichery），泰米爾語是 Puduceri，意為新村。也即《厄立特里亞航海記》的 Poduku，讀音接近，G.W.B.亨廷福德以為可能是本地治理南 3 千米的阿里卡梅度（Arikamedu），發現了西元前 2 世紀到西元 1 世紀羅馬、西亞的大量商品，是上古東西方商貿港口。〔註 14〕其實在馬杜賴東北，但是這一帶到其北不遠的建志補羅（Kāñcīpura）是南印度最重要的海港。

　　第八疊伏羅國，《魏書》：「國中有勿悉城。城北有鹽奇水，西流。有白象，並有阿末黎，木皮中織作布。土宜五穀。世宗時，其國王伏陀末多遣使獻方物，自是每使朝貢。」榎一雄誤以為是加茲尼（Gazna），〔註 15〕但是加茲尼在阿富汗喀布爾西南，不在熱帶，肯定不是。

　　今按阿末黎即草棉（棉花），又有白象，應在印度，疊伏羅應即《世界境域志》第 10 章達胡姆（Dahum），《世界境域志》說：「N. Mays、哈爾坎德（Harkand）、烏爾興（Urshin）、S. M. Nd. R、安德拉斯（Andras），這五個城皆位於海邊，其王權屬於達胡姆（Dahum）……這些國家出產大量的好棉花……該國有很多象。」烏爾興是奧里薩，S. M. Nd. R 是沙摩陀羅（Samudra），安德拉斯是安得拉邦，達胡姆是印度東部。〔註16〕

　　疊伏羅、達胡姆音近，也即《大唐西域記》卷十馱那羯磔迦國：「週六千餘里，國人都城週四十餘里。土地膏腴，稼穡殷盛。」馱那羯磔迦，巴利文

〔註12〕〔唐〕玄奘、辯機原著、季羨林等校注《大唐西域記》，第 857 頁。
〔註13〕王治來譯：《世界境域志》，第 57 頁。
〔註14〕林梅村：《絲綢之路考古十五講》，第 147 頁。
〔註15〕〔日〕榎一雄：《キダーラ王朝の年代について》，《東洋學報》第 41 卷第 3
　　　　期，1958 年。
〔註16〕王治來譯：《世界境域志》，第 56 頁。

碑寫作 Dhamakatana，意為熟穀，在今安德拉邦的克里希納（Kirshna）河下游，都城在柏茲瓦達（Bezwada），即今維傑亞瓦達（Vijayawada）。北涼曇無讖譯《大方等無想經》卷六：「七百年後是南天竺。有一小國名曰無明。彼國有河名曰黑闇。南岸有城名曰熟穀。其城有王名曰等乘。」黑闇是克里希納河（Krsna）音譯，〔註17〕我以為，勿悉城即 Bezwada 音譯，鹽奇疑即奇鹽之誤，即克里希納河（Kirshna）的音譯，但此河不是西流而是東流，勿悉城不在河南而在河北，說明作者恰好顛倒了地圖方向。

第九拔豆國，《魏書》：「去代五萬一千里。東至多勿當國，西至旃那國，中間相去七百五十里，南至罽陵伽國，北至弗那伏且國，中間相去九百里。國中出金、銀、雜寶、白象、水牛、氂牛、蒲萄、五果。土宜五穀。」

前人看出罽陵伽國即《大唐西域記》卷十羯陵伽國（Kalinga），在今安德拉邦東北部到奧里莎邦西南部，但是未能通釋各地名。我以為，多勿當國即《大唐西域記》卷十恒河口的耽摩栗底國（Tāmraliptī），〔註18〕旃那國是卷十一的鄔闍衍那國（Ujjayani），在今訥爾默達河上游，都城是今烏賈因（Ujjain），〔註19〕弗那伏且國是卷十耽摩栗底之北的奔那伐彈那（Punnavadhana），極盛時囊括古孟加拉地全部，〔註20〕拔豆國是卷十憍薩羅國（Vākāṭaka），故都般達克（Bhāndak）在今錢德拉普爾（Chandrapur）西北，在馬哈拉斯特拉邦東北的戈達瓦里河上游，〔註21〕東南是羯陵伽，東北是耽摩栗底，再東北是奔那伐彈那，西北是鄔闍衍那。

第十嚈噠國，《魏書》：「大月氏之種類也，亦曰高車之別種，其原出於塞北。自金山而南，在于闐之西，都烏許水南二百餘里，去長安一萬一百里。其王都拔底延城，蓋王舍城也。其城方十里餘，多寺塔，皆飾以金。風俗與突厥略同……其語與蠕蠕、高車及諸胡不同。眾可十萬。無城邑，依隨水草，以氈為屋，夏遷涼土，冬逐暖處……其人兇悍，能鬥戰。西域康居、于闐、沙勒、安息及諸小國三十許皆役屬之，號為大國。與蠕蠕婚姻。」沙畹說，拔底延即巴達赫尚（Badakshân）的音譯，今法紮巴德（Faizabad）。〔註22〕

〔註17〕〔唐〕玄奘、辯機原著、季羨林等校注《大唐西域記》，第 839～842 頁。

〔註18〕〔唐〕玄奘、辯機原著、季羨林等校注《大唐西域記》，第 806 頁。

〔註19〕〔唐〕玄奘、辯機原著、季羨林等校注《大唐西域記》，第 923 頁。

〔註20〕〔唐〕玄奘、辯機原著、季羨林等校注《大唐西域記》，第 791 頁。

〔註21〕〔唐〕玄奘、辯機原著、季羨林等校注《大唐西域記》，第 824 頁。

〔註22〕〔法〕沙畹：《大月氏都城考》，馮承鈞譯《西域南海史地考證譯叢》第七編，第 36～40 頁。

今按：拔底延不在法紮巴德，《大唐西域記》卷十二玄奘說：「呬摩呾羅國，睹貨邏國故地也，週三千餘里。山川邐迤，土地沃壤，宜穀稼，多宿麥，百卉滋茂，眾果具繁。氣序寒烈，人性暴急，不識罪福，形貌鄙陋。舉措威儀，衣氈皮褐，頗同突厥。其婦人首冠木角，高三尺餘，前有兩岐，表夫父母。上岐表父，下岐表母，隨先喪亡，除去一岐。舅姑俱歿，角冠全棄。其先強國，王，釋種也，蔥嶺之西，多見臣伏。境鄰突厥，遂染其俗。又為侵掠，自過其境，故此國人流離異域，數十堅城，各別立主。穹廬毳帳，遷徙往來。西接訖栗瑟摩國。東谷行二百餘里，至缽鐸創那國。」此國原來稱雄蔥嶺之西，無疑是嚈噠，《洛陽伽藍記》、《魏書》都記載嚈噠婦人戴一角帽，馬迦特懷疑呬摩呾羅 Hamatala 是梵文對嚈噠 Hephthal 的轉寫。訖栗瑟摩國，馬迦特以為在 Kokcha 河的支流 Kishm 河，〔註23〕我以為是 kokcha 河下游的 Akli Mamay，譯為訖栗琶摩國，瑟是形訛。西其實是西北，從訖栗琶摩國向西北，沿噴赤河向上，正是噴赤河出山的首個沖積扇，嚈噠在此，所以土地肥沃。因為遷徙往來，所以河南二百里僅是一時之都，但是核心在沖積扇。

這片沖積扇，北面連接庫洛布河下游平地，《世界境域志》第 26 章：「胡勒布克（Hulbuk），是骨咄的主要地方和國王的駐地。」骨咄即《大唐西域記》卷一珂咄羅（Khutalan），而 Khutalan 與 Hephthal 的讀音很接近，所以我以為骨咄就是嚈噠。

玄奘說骨咄羅：「東接蔥嶺，至拘謎陁國。」拘謎陁即托勒密《地理志》塞種部落中的 Komidai，《世界境域志》第 26 章說：「在骨咄和石汗那境內，有一個名叫俱密吉（Kumijiyan）的部落，他們勇敢好戰……他們生活在高山和峽谷之間。」〔註24〕說明其部分布很廣，包括瓦赫什河上游的俱密國。其實也就是骨咄、嚈噠，前半部分的尾音或是 m，或是 p，都是唇音，讀音很近。

再往東，經過瓦罕走廊，就是渴槃陀（Kavanda），其實也是此族，前半部分尾音是 v，也是唇音。《梁書》說：「呵跋檀國，亦滑旁小國也。凡滑旁之國，衣服容貌皆與滑同。」此國應即《大唐西域記》鞠和衍那、《新唐書·地理志七》久越得健，即今 Qabadian，相貌全同滑（嚈噠），說明就是一族。

〔註23〕　〔唐〕玄奘、辯機原著、季羨林等校注《大唐西域記》，第 968～970 頁。
〔註24〕　王治來譯：《世界境域志》，第 119 頁。

位置	漢代	漢唐間	唐代	讀音分解	
庫洛布河	休密、和墨	伽倍	〔庫洛布〕	Hul	buk
噴赤河沖積扇		嚈噠		Hep	tal
瓦赫什河下游			骨咄	Khu	tala
瓦赫什河上游		居密、久末陀	拘謎陀、俱密	Khum	dai
瓦罕		胡蜜丹	護蜜、胡密	Hum	d
			昏馱多	Kham	dadh
	呵跋檀	鞠和衍那、久越得健		Qaba	dian
塔什庫爾干	難兜	渴槃陀、漢盤陀		Kavan	da

　　前人已通過外貌與語言，詳細論證嚈噠出自伊朗族。〔註25〕本文從其周圍民族考察，發現這一群民族名稱類似，分布在噴赤河上游的北岸全流域，大致就是今塔吉克斯坦範圍，應是伊朗族的東支塔吉克族。我在上文還提出俱密國的者至拔，即 Tajikbod，也證明此族是塔吉克族。

　　這就說明，嚈噠不是魏晉時期的外來民族，而是漢代以來就在此地的土著，而且在這一片地域的中心。正因為嚈噠是塔吉克族，所以說其語與蠕蠕、高車及諸胡不同。既然不是蠕蠕、高車，肯定不是突厥人。也肯定不是阿姆河中下游的月氏人，更不可能是北魏統治者的鮮卑族，如果嚈噠是鮮卑人，北魏人難道不會發現？塔吉克人與粟特人都是伊朗語族東伊朗語支民族，也即塞人。但是因為塔吉克人住在山地，長期分化，所以到北魏已有不同。

　　如果嚈噠從遠方遷來，史書不可能毫無記載。有人說嚈噠是游牧民族，嚈噠出自鮮卑乙弗部。〔註26〕但是游牧民族也不可能亂遷，嚈噠與乙弗根本無法對應，因為噠是舌音，弗是唇音。其實很多人認為嚈噠是從遠方遷徙，無非是無法理解嚈噠的突然崛起。但是我以為嚈噠的崛起很好解釋，因為貴霜人南遷，所以嚈噠人才填補了貴霜人原來在阿姆河中游的地位。大月氏和塞人原來都是英勇好戰，才能南遷，哪個民族能輕易戰勝他們呢？

　　所謂嚈噠出自車師說，僅見於《梁書·諸夷傳》：「滑國者，車師之別種也。漢永建元年，八滑從班勇擊北虜有功，勇上八滑為後部親漢侯。自魏、晉以來，不通中國。」此說顯然是不明西域情形的南朝人從古書中看見八滑，

〔註25〕馬小鶴：《嚈噠族屬伊朗說》，《歐亞學刊》第四輯，中華書局，2004年。
〔註26〕余太山：《嚈噠史研究》，商務印書館，2012年。

就自作聰明地附會到車師，其實八滑是人名，不能說明滑國（嚈噠）族源。
而且南朝人把嚈噠譯爲滑，本來不太精確的省譯，從上表可知，這群同源諸
族的名字中間有個唇音 b、v、m、p，有人忽略中間的這個唇音，遂誤以爲族
名接近月氏，說此族是月氏人。

　　這一篇不知名的西域行記，作者很可能也是一位僧人，他從莎車西南行
的路線與宋雲、慧生不同，而且似乎經過他人整理，所以有誤。雖然多記印
度南部諸國，但是未到南天竺國、疊伏羅國，所以看地圖時顛倒了方向。作
者顯然未到吐呼羅，但是嚈噠極詳，作者應到嚈噠，但是置於最末，如果是
從克什米爾再到嚈噠，不應不記中間的地名，而且宋雲是先到嚈噠，說明不
是宋雲的同伴，行記可能經過他人整理。或許印度南部諸國也不是來自某人
的遊記，而是出自使者，因爲南天竺國在世宗時遣使獻駿馬、金、銀。

第四節　宋雲行紀與《魏書·西域傳》下篇慧生行記的西域

　　慧生、宋雲同行，《魏書·西域傳》第三章開頭說：「初，熙平中，肅宗
遣王伏子統宋雲、沙門法力等使西域，訪求佛經。時有沙門慧生者亦與俱行，
正光中還。慧生所經諸國，不能知其本末及山川里數，蓋舉其略云。」慧生
的記載太簡單，所以楊衒之《洛陽伽藍記》卷五最末說：「惠生在烏場國二年，
西胡風俗，大同小異，不能具錄。至正光三年二月始還大闕。衒之按，惠生
《行紀》事多不盡錄，今依《道榮傳》、《宋雲家紀》，故並載之，以備缺文。」

　　有人未看懂《魏書·西域傳》清晰的三章結構，說《魏書·西域傳》最末
七條來自宋雲記載，因爲其中也有山川，《太平寰宇記》卷一八六引《宋雲行
紀》一句與《魏書·西域傳》相同，《新唐書·經籍志》的宋雲《魏國已西十
一國事》見於《魏書·西域傳》。〔註27〕我以爲此說完全不能成立，因爲《魏
書》說慧生未記山川里數，不是說慧生不記任何山川名目，宋雲的《魏國已西
十一國事》早已失傳，我們無法核對二書，如何證明《魏書》引用宋雲之書呢？
樂史《太平寰宇記》所引一句也不能證明，因爲《魏書》這一句下文恰好說宋
雲未到此地，而《洛陽伽藍記》說宋雲到達此地，肯定是《魏書》之誤，或許
樂史未核對《洛陽伽藍記》而誤引《魏書》。而且《魏書》明說引用慧生之書，

〔註27〕余太山：《早期絲綢之路文獻研究》，第59～61頁。

而且核對《魏書》與《洛陽伽藍記》，慧生記載簡略，但多有宋雲不記的寶貴資料，地名翻譯不同，說明慧生也不是抄宋雲，《魏書》更不可能抄宋雲。

比如《魏書》說朱居國多林果，咸事佛，而宋雲不記。再如《魏書》說缽和國：「其人唯食餅麨，飲麥酒，服氈裘。有二道，一道西行向嚈噠，一道西南趣烏萇。亦為嚈噠所統。」宋雲不記，此條記載的分道，不僅解釋了宋雲去嚈噠而慧生不記的原因，而且就是《魏書》開頭四道說之本，所以極為重要。所以慧生的書也有優點，總體上比較簡略，適合納入正史，或許是《魏書》編者不想麻煩，不想熔裁兩書。

又有學者進而提出《洛陽伽藍記》卷五所引來自慧生《行紀》，理由是楊衒之說不盡錄也即節錄慧生《行紀》，〔註28〕我以為這是誤讀原文！原文說：「衒之按，惠生《行紀》事多不盡錄，今依《道榮傳》、《宋雲家紀》，故並載之，以備缺文。」顯然這是最末附記上文依照宋雲資料而非慧生資料的原因，所謂慧生多不盡錄，指慧生之書不詳細，而非指楊衒之節錄慧生之書，這也再次印證《西域傳》說慧生：「不能知其本末及山川里數。」

朱居國、渴槃陀國，上文已釋。缽和國，《魏書》：「在渴槃西。其土尤寒，人畜同居，穴地而處。又有大雪山，望若銀峰。其人唯食餅麨，飲麥酒，服氈裘。有二道，一道西行向嚈噠，一道西南趣烏萇。亦為嚈噠所統。」《宋雲行記》：「九月中旬入缽和國。高山深谷，嶮道如常。國王所住，因山為城。人民服飾，惟有氈衣。地土甚寒，窟穴而居。風雪勁切，人畜相依。國之南界，有大雪山，朝融夕結，望若玉峰。」在今瓦罕河谷，《新唐書·地理志七下》：「缽和州。以娑勒色訶城置。」我以為娑勒色訶城即《世界境域志》第26章瓦罕的 Sanglich 與撒馬爾罕達克，前人指出後者是今 Salhad，〔註29〕我以為，娑勒色訶城是兩地之誤，娑勒城是 Sanglich，色訶城是撒馬爾罕達克（Salhad）。《世界境域志》Sanglich 的前一條是 Khamdadh，前人指出此即《大唐西域記》卷十二的達摩悉鐵帝（Dharmasthiti）國都城昏馱多城，在今瓦罕河南岸的 Khandud，在 Salhad 之西 200 里。〔註30〕

波知國，《魏書》：「在缽和西南。土狹人貧，依託山谷，其王不能總攝。有三池，傳云大池有龍王，次者有龍婦，小者有龍子，行人經之，設祭乃得

〔註28〕吳晶：《〈宋雲慧生行紀〉文本構成新證》，《西域研究》2011 年第 3 期。
〔註29〕王治來譯：《世界境域志》，第 121 頁。
〔註30〕〔唐〕玄奘、辯機原著、季羨林等校注《大唐西域記》，第 977 頁。

－152－

過，不祭多遇風雪之困。」《宋雲行記》：「十一月初入波知國。境土甚狹，七日行過。人民山居，資業窮煎，風俗凶慢，見王無禮。國王出入，從者數人。其國有水，昔日甚淺，後山崩截流，變爲二池。毒龍居之，多有災異。夏喜暴雨，冬則積雪。」在今巴基斯坦北部的奇特拉爾（Chitral）河谷上游。

賒彌國，《魏書》：「在波知之南。山居。不信佛法，專事諸神。亦附嚈噠。東有鉢盧勒國，路嶮，緣鐵鎖而度，下不見底。熙平中，宋雲等竟不能達。」《宋雲行記》：「十一月中旬入賒彌國。此國漸出蔥嶺，土田嶢崅，民多貧困。峻路危道，人馬僅通。一直一道，從鉢盧勒國向烏場國，鐵鎖爲橋，懸虛爲渡，下不見底，旁無挽捉，倏忽之間，投軀萬仞，是以行者望風謝路耳。」宋雲明明到了此地，《魏書》作者看到行者望風謝路，誤以爲未到。鉢盧勒即勃律，賒彌即《大唐西域記》商彌，在今奇特拉爾河谷下游。

烏萇國，《魏書》：「在賒彌南。北有蔥嶺，南至天竺。」《宋雲行記》：「十二月初入烏場國。北接蔥嶺，南連天竺，土氣和暖，地方數千里。民物殷阜，匹臨淄之神州。」即《大唐西域記》卷三烏仗那國，都城是瞢揭釐城，即今馬爾丹東北的明戈拉（Mingora）。〔註31〕在斯瓦特河（Swat）下游，故有平原。

乾陀國，《魏書》：「在烏萇西，本名業波，爲嚈噠所破，因改焉。其王本是敕勒，臨國民二世矣。好征戰，與罽賓鬥，三年不罷。」《宋雲行記》：「至正光元年四月中旬，入乾陀羅國。」即犍陀羅（Gandharā），在喀布爾河注入印度河之處，因此成爲大國，都城佛沙伏城是白沙瓦。〔註32〕

宋雲還在去波知國之前去過嚈噠，或許慧生未去，所以不記。宋雲說：「十月之初，至歇噠國。土田庶衍，山澤彌望。居無城郭，遊軍而治。以氈爲屋，隨逐水草，夏則遷涼，冬則就溫。鄉土不識文字，禮教俱闕。陰陽運轉，莫知其度。年無盈閏，月無大小，用十二月爲一歲。受諸國貢獻，南至牒羅，北盡敕勒，東被于闐，西及波斯，四十餘國皆來朝賀……按歇噠國去京師二萬餘里。」即嚈噠，

同行的還有道榮，《洛陽伽藍記》引《道榮傳》云至那迦羅阿國，即《大唐西域記》那揭羅曷國（Nagarahāra），在今阿富汗賈拉拉巴德（Jelālālbād），〔註33〕在奇特拉爾河注入喀布爾河之處的西北。

〔註31〕　〔唐〕玄奘、辯機原著、季羨林等校注《大唐西域記》，第273頁。
〔註32〕　〔唐〕玄奘、辯機原著、季羨林等校注《大唐西域記》，第257頁。
〔註33〕　〔唐〕玄奘、辯機原著、季羨林等校注《大唐西域記》，第221頁。

慧生、宋雲、道榮未到粟特，則此章康國資料不可信，前人懷疑此段其實出自《隋書・西域傳》，改大業爲太延，故置於最末，或有道理。

第五節　北朝到隋代絲路變化

考證了上述地名，再看《魏書・西域傳》開頭說：

> 其出西域本有二道，後更爲四：出自玉門，渡流沙，西行二千里至鄯善爲一道。自玉門渡流沙，北行二千二百里至車師爲一道。從莎車西行一百里至蔥嶺，蔥嶺西一千三百里至伽倍爲一道。自莎車西南五百里蔥嶺，西南一千三百里至波路爲一道焉。

我們就能明白，所謂四路，其實是把莎車西行的道路分爲兩條，這兩條路，一條是蔥嶺到伽倍，也即董琬所記，一條是莎車到波路，也即中間那篇不知名行記所記，開頭的阿鉤羌在莎車西南，第二條是波路。奇怪的是，伽倍是董琬所記大月氏五翕侯第一條，不應斷章取義，僅取此一條，說明作者可能很不熟悉西域地理。而第三章慧生行記，竟全不提，說明作者不加深究。而且此處不提疏勒西北一道，很不合理，董琬其實是從疏勒向西到蔥嶺以西諸國。不過還有一種可能，就是北魏人記錯了四條道路的眞相，但是當時確實有四道之名。眞正的北朝四道，除了魏晉的三道，增加的一條，很可能就是《隋書》中新出現的伊吾向北的那條路，很可能在北朝時期已經出現。

此時出現了西域四分說，《魏書・西域傳》：

> 西域自漢武時五十餘國，後稍相併。至太延中，爲十六國，分其地爲四域。自蔥嶺以東，流沙以西爲一域。蔥嶺以西，海曲以東爲一域。者舌以南，月氏以北爲一域。兩海之間，水澤以南爲一域。內諸小渠長蓋以百數。

1. 蔥嶺以東，流沙以西，即甘肅以西到新疆。

2. 蔥嶺以西，海曲以東，即從印度到西亞，此海曲或是波斯灣，或是地中海，從同篇講述地中海類似渤海來看，很可能是指地中海。因爲中國文獻基本不提波斯灣，起初海路連印度都很難到達，更不可能到波斯灣。而從阿富汗或巴基斯坦南部到伊朗南部高原的陸路難行，所以多走伊朗北部，這也是黎軒（德黑蘭）出名的原因。

3．者舌以南，月氏以北，即粟特昭武九姓與玄奘所謂吐火羅國故地。基本就是烏滸水（阿姆河）、藥殺水（錫爾河）之間的河中之地，地居中心，水利發達，人口眾多，城市繁榮，經商成俗，所以地域雖小，但也能自成一體。

4．兩海之間，水澤以南，指中亞草原帶，水澤指鹹海到裏海一帶，也即康居所臨的大澤，兩海指大地兩頭的東海、西海。

除去蔥嶺以東的第一域，蔥嶺以西的三域，其實對應的就是三條路線：

1．南線向西到塔什庫爾干或瓦罕，再向西南就是蔥嶺以西、海曲以東的一域，也即法顯、智猛、宋雲、慧生所走。

2．中線向西到到者至拔，再向西就是者舌以南、月氏以北的一域，也即董琬、高明所走。

3．北線是天山以北的草原線，向西是兩海之間、水澤以南的一域，這也證明天山以北一線確實是北朝就有。

隋代裴矩因爲掌管西域商人互市，撰《西域圖記》三卷，《隋書》卷六七記載其序：

> 發自敦煌，至於西海，凡爲三道，各有襟帶。北道從伊吾，經蒲類海、鐵勒部、突厥可汗庭，度北流河水，至拂菻國，達於西海。
>
> 其中道從高昌、焉耆、龜茲、疏勒、度蔥嶺，又經鉥汗、蘇對沙那國、康國、曹國、何國、大小安國、穆國，至波斯，達於西海。
>
> 其南道從鄯善，于闐，朱俱波、喝槃陀，度蔥嶺，又經護密、吐火羅、挹怛、帆延，漕國，至北婆羅門，達於西海。其三道諸國，亦各自有路，南北交通。其東女國、南婆羅門國等，並隨其所往，諸處得達。故知伊吾、高昌、鄯善，並西域之門户也。總湊敦煌，是其咽喉之地。

裴矩的三道，看似仍爲三道，其實此時的北道、中道都是原來的北新道的分支，此時的北道到伊吾再向北，翻山到蒲類海，經過天山以北到西方，這是一條北朝到隋代出現的新道。突厥可汗庭即玄奘西行經過的可汗浮圖城，即唐代的北庭城，在今吉木薩爾縣。鐵勒部在蒲類海（巴里坤湖）和可汗庭之間，北流河水指天山以北的各條河，包括北流到鹹海的錫爾河。

隋代的中道才是漢魏的北新道，從高昌到焉耆，進入漢魏的中道。而漢魏的中道，從樓蘭故城往西北，此時已經衰落。裴矩的北道通往《魏書》的兩海之間草原，中道通往波斯，南道通往印度。

漢魏到隋西域乾道地圖〔註34〕

　　拂菻是東羅馬（拜占庭）帝國，隋代的絲路北道到拜占庭和地中海。1996
年寧夏固原南郊的田弘墓出土了拜占庭帝國的金幣，1983 年固原北周李賢墓
出土了來自西方的玻璃碗，都在寧夏博物館，都是北朝絲路通往拜占庭帝國
的證據，該館另有固原南原隋唐墓出土的拜占庭金幣、銀幣。

　　俄國高加索山北部的莫謝瓦亞·巴勒卡（Moshchevaya Balka）墓地出土
了 8～9 世紀的絲綢約 300 片，還出土了一些漢文文書，包括賬歷、佛經。有
學者認為這很可能是因為唐代中國商人想跨過高加索山，直接打通拜占庭的
商路，途徑此地留下一些物品。〔註35〕

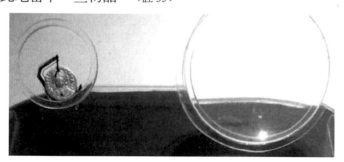

寧夏博物館藏固原出土拜占庭金幣、銀幣（周運中攝於 2017 年 10 月 11 日）

〔註34〕 底圖來自譚其驤主編《中國歷史地圖集》第五冊，第 30、31 頁。路線及黑體
　　　　字是本書添加。
〔註35〕 仝濤：《北高加索的絲綢之路》，寧夏文物考古研究所編《絲綢之路上的考古、
　　　　宗教與歷史》，文物出版社，2011 年，第 114 頁。

魏收《魏書‧西域傳》說：「大秦國，一名黎軒，都安都城。從條支西渡海曲一萬里，去代三萬九千四百里。其海傍出，猶渤海也，而東西與渤海相望，蓋自然之理。地方六千里，居兩海之間……從安息西界循海曲，亦至大秦，四萬餘里。於彼國觀日月星辰，無異中國，而前史云條支西行百里日入處，失之遠矣。」南北朝時代中國人對羅馬認識的進步更加明顯，表現在六個方面：

1. 說大秦（羅馬）的海是傍出，類似渤海。渤海三面是陸地，說明已有中國人認識到了地中海在大地之中。

2. 說大秦（羅馬）在兩海之間，可能指在地中海和波斯灣或紅海之間，波斯灣和紅海都是印度洋的邊緣海，說明已有中國人清楚西方的海陸輪廓。

3. 說從安息西界的海曲，渡海到大秦，指的是從波斯灣經過紅海到羅馬，說明中國人已經知道這條航路。海曲是海灣，說明此時看到的西方地圖已經非常準確地分清海灣和大洋。此時安息早已滅亡，或許是沿用漢代中國人對波斯地區的稱呼。因為《魏書》記載的西域情況有很多不見於漢代史料，所以我們認為這一段也不是源自漢代，而是北朝時期的新信息。

4. 安都即安條克，這個譯名比西漢的條支、東漢的安谷更準。安都雖然略去詞尾的 ch，但問題不大。條支略去詞頭的 an、安谷略去中間的 tio，似乎不及安都準確。安條克是羅馬第三大城，不是都城，此處的都是指都會，如同海西（希臘）三大都其實指羅馬在希臘所設的三個省會。〔註36〕

5. 說大秦（羅馬）的日月星辰和中國相仿，說明已有中國人知道羅馬的天象。羅馬和中國的緯度接近，所以有接近的天象。

6. 說前人誤以為條支之西百里（百日之誤）到大地盡頭，其實條支之西還有廣闊的大秦（羅馬）。

漢魏南北朝時期中國人對地中海地區交通記載非常珍貴，唐代阿拉伯帝國興起後，中國在很長一段時間內不再有對地中海地區交通的詳細記載。直到元代的中國人翻譯了阿拉伯人的世界地圖，明代中國人根據西域地圖繪製了《絲路山水地圖》，才重新認識地中海周邊地區。但是這兩種地圖的影響太小，普通人很難看到，又流失到海外，近年才重新被中國人看到。關於這兩種地圖，我在另外的專著中有考證。

〔註36〕張星烺說《魏書》大秦似專指敘利亞，見《中西交通史料彙編》第一冊，第151頁。因為他誤以為古人所說的都是都城，其實是都會。

西安博物院藏唐代鎏金鸚鵡紋銀碗（周運中攝於 2013 年 6 月 16 日）

1986 年陝西醴泉縣唐貞觀十七年（643 年）長樂公主墓出土尖帽胡人
騎駝俑（周運中攝於 2012 年 3 月 9 日）

陝西歷史博物館藏唐代崑崙奴騎駝俑（周運中攝於 2013 年 6 月 16 日）

第八章　宋代絲綢之路的衰落

　　晚唐隴西諸州陷入吐蕃，行人有時取道漠北的回紇。或者走居延陰山之路到天德軍（在今內蒙古烏拉特前旗），張義潮收復瓜州（治今瓜州縣鎖陽城）、沙州（治今敦煌），即從天德軍聯絡唐朝。回紇南遷到甘州（治今張掖）、西州（治今吐魯番高昌城）後，涼州（治今武威）仍爲漢人掌控，後周世宗時，河西節度使申師厚逃離涼州，中原王朝才再次失去涼州。無論是漠北、居延還是涼州路，都要經過靈州（治今靈武），所以靈州成爲唐末宋初最重要的口岸。〔註1〕後晉天福三年（938 年）遣張匡鄴、高居誨冊封于闐王，《新五代史‧四夷三》錄高居誨行紀說他從靈州向西，過沙漠，到涼州，經甘、肅、瓜、沙州到于闐。陳守忠認爲高居誨從賀蘭山三關口北上阿拉善左旗，西北到錫林高勒、和屯鹽池、四度井，西南到民勤的五托井，經白亭河道涼州。〔註2〕張多勇認爲，這條路上的阿拉善左旗巴彥諾日公蘇木、豪斯布爾都村、沙日布拉格噶察的察汗剋日木古城即西夏白馬強鎮監軍司，西夏在此控制此路。〔註3〕

　　陳守忠提出北宋通西域的四條路是靈州道、夏州道、涇原道、青唐道，最近楊蕤的著作補充了夏州、宥州、秦州的作用，也對遼與漠北、西夏的居延路有詳細論述。〔註4〕但是未能詳考北宋王延德從夏州向北出使高昌的行

〔註1〕〔日〕長澤和俊：《唐末、五代、宋初之靈州》，《絲綢之路史研究》，第 274～307 頁。羅豐：《五代、宋初靈州與絲綢之路》，《西北民族研究》1998 年第 1 期。

〔註2〕陳守忠：《北宋通西域的四條道路的探索》，《西北師大學報》1988 年第 1 期。收入陳守忠：《河隴史地考述》，甘肅人民出版社，2007 年，第 227～239 頁。

〔註3〕張多勇：《西夏白馬強鎮監軍司地望考察》，《西夏學》第十一輯，上海古籍出版社，2015 年，第 151～156 頁。

〔註4〕楊蕤：《回鶻時代：10～13 世紀陸上絲綢之路貿易研究》，中國社會科學出版社，2015 年。

程，王延德的使程爭議最大。我以爲王延德的使程涉及陰山居延之路，而且所謂西夏的居延路其實應是宋、遼、金尤其是遼的陰山居延之路。遼通漠北再到西域之路，過於繞道，陰山居延之路才最重要。歐美人又稱爲風路，中國人又稱爲漠南道，謝彬《新疆遊記》附《哈密二大歧路》之一即漠南道，松田壽男也稱爲漠南道。如果我們迴避研究王延德的使程，就不能理清遼通西域的陰山居延路。塞爾柱王朝的突厥人馬衛與喀什人馬合木都記載了陰山居延路，因爲涉及到王延德所記的相同地名、族名，所以爭議也很大，所以我們必須一併解決。

第一節　王延德出使高昌的使程

　　回鶻西遷到高昌故地的一支，名爲高昌回鶻，又名西州回鶻、阿薩蘭回鶻。阿薩蘭即獅子音譯，因其首領自稱獅子汗而名。北宋建隆三年（962 年）四月，西州回鶻阿都督等四十二人以方物來貢。乾德三年（965 年）十一月，西州回鶻可汗遣僧法淵獻佛牙、琉璃器、琥珀盞。太平興國六年（981 年），其王始稱西州外生師子王阿廝蘭漢，遣都督麥索溫來獻。五月，太宗遣供奉官王延德、殿前承旨白勳使高昌。八年（983 年），其使安鶻盧來貢。王延德、白勳自六年五月離京師，七年四月至高昌，所歷以詔賜諸國君長襲衣、金帶、繒帛。八年春，與其謝恩使凡百餘人復循舊路而還，雍熙元年（984 年）四月至京師。

　　王延德出使時，佔據夏、銀、綏、宥四州的定難軍節度使李繼捧臣屬宋朝。次年（982 年），李繼捧獻出土地，遷居開封。所以王延德選擇夏州路，這條路雖然繞道，但是可以避開河西走廊的回鶻人。

　　王延德回國所寫的《西州使程記》見於《宋史·藝文志》，原本已佚，《續資治通鑑長編》卷二五雍熙六年四月節錄此書，《揮塵錄·前錄》王延德歷敍使高昌行程所見一條，也有節錄，《文獻通考》卷三三六、《宋史》卷四百九十也有節錄。王國維《古行記校錄》又作集校，王延德的去路是：「初自夏州，歷玉亭鎮，次歷黃羊平，其地平而產黃羊。渡沙磧，無水，行人皆載水。凡二日，至都囉囉族，漢使過者，遺以財貨，謂之打當。次歷茅女喝子族，族臨黃河，以羊皮爲囊，吹氣實之浮於水，或以橐駝牽木筏而渡。次歷茅女王子開道族，行入六窠沙，沙深三尺，馬不能行，行者皆乘橐駝。不育五穀，沙中生草，名登相，收之以食。次歷樓子山，無居人。行沙磧中，以日爲占，

旦則背日，暮則向日，日中則止。夕行望月，亦如之。次歷臥梁劾特族地，有都督山，唐回鶻之地。次歷大蟲太子族，族接契丹界，人衣尙錦繡，器用金銀，馬乳釀酒，飲之亦醉。次歷屋地因族，蓋達于于越王子之子。次至達於於越王子族，此九族達靼中尤尊者。次歷拽利王子族，有合羅川，唐回鶻公主所居之地，城基尙在，有湯泉池。傳曰契丹舊爲回紇牧羊，達靼舊爲回紇牧牛，回紇徙甘州，契丹、達靼遂各爭長攻戰。次歷阿墩族，經馬鬃山望鄉嶺，嶺上石龕有李陵題字處。次歷格囉美源，西方百川所會，極望無際，鷗鷺鳧雁之類甚眾。次至托邊城，亦名李僕射城，城中首領號通天王。次歷小石州。次歷伊州，州將陳氏，其先自唐開元二年領州，凡數十世，唐時詔敕尙在……次歷益都。次歷納職城，城在大患鬼魅磧（之），東南望玉門關甚近。地無水草，載糧以行。凡三日，至鬼谷口避風驛，用本國法設祭，出詔神御風，風乃息。凡八日，至澤田寺。高昌聞使至，遣人來迎。次歷地名寶莊，又歷六種，乃至高昌。」

前人對王延德使程的爭議主要在伊州之前，錢伯泉認爲王延德從磴口渡河，經過賀蘭山、烏蘭布和沙漠、戈壁阿爾泰山。〔註5〕楊建新認爲王延德從磴口渡河，都督山是鬱督運山（杭愛山），合羅川在金塔縣北部，馬鬃山即今馬鬃山。〔註6〕王北辰也認爲在烏海到磴口之間渡河，六沙是烏蘭布和沙漠，樓子山是狼山的南端，再向西的沙漠是巴丹吉林沙漠，合羅川是張掖河，馬鬃山即今馬鬃山，格囉美源是巴里坤湖。〔註7〕

也有學者反對居延說，提出漠北說。前田直典、長澤和俊等人認爲王延德是從夏州直向北，在天德軍渡河，再向北過大漠，到回鶻牙帳，此處有合羅川，再折回西南，過大漠，到伊州。〔註8〕我認爲漠北說不確，阿保機早已征服漠北，宋朝的使者不可能公然去拉攏漠北。王延德的出使方向是西域，不是漠北。宋朝能拉攏的對象在西域，宋朝知道不能拉攏漠北。

我以爲漠北說的前段正確，王延德確實是在天德軍附近渡河，而居延說的後段正確，王延德經過居延海，今對兩說再作考證。

〔註5〕錢伯泉：《〈王延德歷敘高昌行程所見〉的箋證和研究》，《西域研究》2010年第4期。
〔註6〕楊建新等編注：《古西行記選注》，寧夏人民出版社，1987年，第162～163頁。
〔註7〕王北辰：《王北辰西北歷史地理論文集》，第74～76頁。
〔註8〕〔日〕長澤和俊：《王延德之〈使高昌記〉》，《絲綢之路史研究》，第623～626頁。

一、茅女族與樓子山

漠北說最大的問題是太過繞道，王延德是出使高昌，不是韃靼，不可能走到蒙古高原。前田直典等人認爲王延德出使的次年，遼進攻韃靼，是對宋朝的示威。遼人所殺的阻卜（韃靼）酋長撻剌干就是接待王延德的達干于越，我以爲此說不確，《遼史‧國語解》解釋《太宗紀》的達剌干：「縣官也，後升副使。」達剌干即撻剌干，是官名，不是族名。原文的達干于越，有人以爲是達干于越，僅是猜測，未必是達干之誤。遼一直想控制韃靼，但韃靼不是宋的附庸，所以進攻韃靼未必因爲王延德出使西域。至於合羅川是地名通名，合羅即黑色 hara，王延德所到的合羅川未必就是蒙古的合羅川。

高居誨從靈州（今靈武）渡河，經巴丹吉林沙漠，到甘州、肅州、瓜州、沙州，兩年才到于闐，又過兩年回到開封。如果王延德北到回鶻故地，則到高昌也要兩年，不會僅有一年。

而且漠北還有一個漏洞，就是如果從漠北去高昌，要再過大漠，到馬鬃山，這一條路上不可能沒有任何記載，但是王延德竟未記下任何一個地名。原文的阿墩族，無疑源自可敦，還是指回鶻公主所住之地。

但是漠北說的前段正確，因爲小野川、前田直典指出《宋史‧吐蕃傳》說淳化五年（994 年），振武軍都羅族大首領來貢馬，振武軍在東受降城（在今托克托縣），都羅族即都囉囉族。此族應在今鄂爾多斯高原東北部，所以王延德是從此地渡河。從夏州直向北的道路就是《新唐書‧地理志七下》貞元間宰相賈耽所記中國入四夷七道的夏州塞外通大同、雲中道，《元和郡縣志》豐州天德軍：「經夏州至上都一千八百里。」

都囉囉族，錢伯泉說是韃靼，此說未必，党項也有打當之說，《宋史‧宋琪傳》淳化五年（994 年）宋琪上書說：「靈武路自通遠軍入青崗峽五百里，皆蕃部熟戶。向來使人、商旅經由，並在蕃部安泊，所求賂遺無幾，謂之打當，亦如漢界逆旅之家宿食之直也。」

渡河之後遇到的茅女喝子族，下文作茅女王子開道族，喝子是王子之誤，原名是茅女。錢伯泉認爲茅女族是《宋會要》賀蘭山下的邀拏族，讀音固近，但是如果從賀蘭山向西，過了沙漠，不見森林，不能解釋臥梁劾特，臥梁劾特即烏梁海、兀良哈，即森林。我以爲此族就在牟那山，即今烏拉山，茅女音近牟那，如此才與上下文符合。

王延德所走大致就是唐代從夏州去天德軍的故道，《元和郡縣志》卷四天德軍：「貞觀二十一年，於今西受降城東北四十里置燕然都護……龍朔三年，移於

磧北回紇本部，仍改名瀚海都護。總章二年，又改名安北都護，尋移於甘州東北一千一十八里，隋故大同城鎮。垂拱元年，置大同城鎮，其都護權移理刪丹縣西南九十九里西安城。景龍二年，又移理西受降城。開元十年，又移理中受降城。天寶八年，張齊丘又於可敦城置橫塞軍，又自中受降城移理橫塞軍。十二年，安思順奏廢橫塞軍，請於大同川西築城置軍，玄宗賜名大安軍。十四年，築城攻畢，移大安軍理焉。乾元後改為天德軍。緣居人稀少，遂西南移三里，權居永清柵。其理所又移在西受降城。自後頻為河水所侵……（李吉甫）請修天德舊城以安軍鎮……今之永清柵……其本城約三里已下，城甚牢小……北城周回一十二里，高四丈，下闊一丈七尺，天寶十二載安思順所置。其城居大同川中，當北戎大路，南接牟那山鉗耳觜，山中出好材木，若有營建，不日乃成。牟那山南又是麥泊，其地良沃，遠近不殊。天寶中安思順、郭子儀等本築此城，擬為朔方根本，其意以中城、東城連振武為左翼，又以西城、豐州連定遠為右臂，南制党項，北制匈奴，左右鉤帶，居中處要，誠長久之規也……於是復移天德軍理所於舊城焉。先是緣邊居人，常苦室韋、党項之所侵掠，投竄山谷，不知所從。及新城施功之日，遂有三萬餘家移止城內。」

天德軍舊城是今烏拉特前旗的額爾登布拉格蘇木陳二壕村東北有陳二壕城址，南北約 120 米，東西約 100 米，土牆基寬 13 米，村北有壩頭城址，在陳二壕城西南 3 里，面積 5 萬平方米，地表有居住遺址與臺基，採集到開元通寶銅錢等文物，有學者認為陳二壕城是天德軍舊城，壩頭城是永清柵。〔註 9〕1976 年，張郁在其南的廟壕村發現唐代長慶四年（824 年）天德軍防禦都虞侯王逆修墓誌銘說葬在天德軍城南原五里，〔註 10〕證明天德軍就在陳二壕村。

天德軍之北是通往高原的大路，其南是牟那山嘴，即今烏拉山嘴。牟那、茅女音近，所以茅女王子族就在附近。

遼重熙十三年（1044 年）與西夏在河曲的人戰始於夾山（今陰山）呆兒族投奔西夏，《東都事略》作保家，保家即呆兒，我以為這個保兒族就是王延德遇到的茅女族，讀音很近，位置也靠近牟那山。有人認為保兒族是轄戛，因為讀音接近轄戛。〔註 11〕有人以為是党項，因為《遼史・興宗紀》、《耶律侯哂傳》說党項叛入夏。但認為銀甕不是呆兒，歐陽修《杜衍墓誌銘》：「契丹與夏人爭銀甕族，大戰黃河外，而雁門、麟、府皆警。」《大金國志》：「曷董城自

〔註 9〕《中國文物地圖集》內蒙古自治區分冊，上冊第 271 頁，下冊第 623 頁。
〔註 10〕張郁：《唐王逆修墓誌銘考釋》，《內蒙古文物考古》1981 年創刊號。
〔註 11〕《西夏史稿》，第 74 頁。

雲中由貓兒莊、銀甕口北去約三千里。」〔註12〕我以爲古代的呆字通保，不是現在簡化的呆字，所以呆兒的讀音不接近轄戛。但是銀甕或許就是保兒，因爲貓兒即保兒。《金史》卷十四《宣宗紀上》、卷一百一《僕散端傳》說到蘭州萉俄族都管汪三郎從西夏投金，萉俄即保兒，音近，此是留在南方的保兒族，也證明保兒是党項。《新五代史・四夷三》所說靈、慶之間的党項褒勒，也即保兒。党項人在河隴與陰山一帶流動，所以距離較遠之地也有類似族名。

王延德渡河前後的路程，《新唐書・地理志七下》夏州塞外通大同、雲中道說：「四十八里度庫結沙，一曰普納沙，二十八里過橫水，五十九里至十賁故城，又十里至寧遠鎮。又涉屯根水，五十里至安樂戍，戍在河西壖，其東壖有古大同城。今大同城，故永濟柵也。」

庫結沙即庫布齊沙漠，十賁故城即漢朔方郡城，王北辰以爲橫水、十賁城在黃河以南，但是找不到城址。〔註13〕我以爲庫結沙之北的橫水，應是黃河，不可能不記黃河。朔方是漢在北方最重要的城市，不可能找不到城址。所以朔方城應在黃河之北，今烏拉山嘴旁邊的西山嘴遺址，在烏拉特前旗所在的西山嘴鎮之東 1.5 千米，面積 1.2 萬平方米，時間從漢代延續到西夏。〔註14〕我以爲這裡就是朔方故城，因爲不僅控制山嘴和黃河，而且在黃河南北兩支交匯處，位置最爲重要。其東約五十里處，就是白工渡口。渡口正南，就通往夏州。西山嘴向西約十里，有鹽海子遺址，面積 1.2 萬平方米，時間也是從漢代延續到西夏。我以爲這裡就是寧遠鎮，再過黃河的北支屯根水（烏加河），五十里到安樂戍，隔河是天德軍永清柵。此時在貞元間，所以還在永清柵。

《遼史・聖宗紀六》開泰二年（1013 年）七月：「乙未，西南招討使、政事令斜軫奏，党項諸部叛者皆遁黃河北模䫉山，其不叛者曷黨、烏迷兩部，因據其地，今復西遷。詰之則曰逐水草。不早圖之，恐後爲患，又聞前後叛者多投西夏，西夏不納。」模䫉山顯然就是牟那山，原來歸屬遼的党項在陰山以北，南逃到牟那山，就進入西夏。

不過《新唐書》記載的入四夷七道，其中有中受降城入回鶻道，不是從天德軍向北入回鶻。《元和郡縣志》卷四：「中受降城，本秦九原郡地，漢武帝元朔二年更名五原。」下文又說張仁願在拂雲堆祠建中受降城，我以爲拂

〔註12〕湯開建：《五代遼宋時期党項部落的分布》，第 121 頁。
〔註13〕王北辰：《王北辰西北歷史地理論文集》，第 24 頁。
〔註14〕《中國文物地圖集》內蒙古自治區分冊，上冊第 270～271 頁，下冊第 622～623 頁。

雲就是五原的音訛。〔註15〕漢五原郡城在今包頭市東南的麻池鎮城梁村，其東南不遠的黃河北岸敖陶窯村之南就是中受降城，有唐、遼文物。〔註16〕

所以王延德渡河之處很可能在中受降城附近，王延德又向北到樓子山，無居人。樓子山，我以爲就是諾眞山，《新唐書·地理志七下》夏州塞外通大同、雲中道又說從永濟柵：「北經大泊，十七里至金河。又經故後魏沃野鎮城，傍金河，過古長城，九十二里至吐俱麟川。傍水行，經破落汗山、賀悅泉，百三十一里至步越多山。又東北二十里，至纈特泉。又東六十里，至賀人山，山西磧口有詰特犍泊。吐俱麟川水西有城，城東南經拔厥那山，二百三十里至帝割達城。又東北，至諾眞水汊。又東南百八十七里，經古可汗城至咸澤。又東南經烏咄谷，二百七里至古雲中城。又西五十五里有綏遠城，皆靈、夏以北蕃落所居。」

永濟柵以北的大泊就是烏梁素海，其北有沃野鎮故城，在今蘇獨倫鄉根子場村南，金河是烏加河北岸的支流牧仁河，在沃野鎮城附近注入烏加河。古長城即漢長城，在五加河之北的山下。傍金河向北，過古長城，九十二里至吐俱麟川，到了陰山北部。破落汗山、賀悅泉在今烏拉特中旗東北，步越多山、纈特泉在今達爾罕茂明安旗西北。賀人山西磧口的詰特犍泊無疑是哈爾淖，其北有山口通往蒙古國的沙磧。從此向東南到拔厥那山、帝割達城，而不是再回到吐俱麟川，原文衍出吐俱麟川四字，不合情理。拔厥那山在達爾罕茂明安旗的西南，再向東北到諾眞水，即今艾不蓋河，此河上游的支流在今達爾罕茂明安旗所在的百靈廟鎮會合，會合處即諾眞水汊。東南百八十七里，經古可汗城至咸澤，我以爲古可汗城即今腮忽東鄉的城灘北魏城址，長860米，寬830米，基寬20米。此城在北魏長城之外，〔註17〕因爲是北魏時代所建，故名可汗城，又東南經烏咄谷，二百七里至古雲中城。烏咄谷即槍盤河，從武川縣南流到土默特左旗，注入入黑河，會合處之南就是雲中郡故城，〔註18〕今托克托縣古城鄉古城村，正是在諾眞水汊東南約四百里。

艾不蓋河的西南源頭在達爾罕茂明安旗的西南角，即諾眞山，也即樓子

〔註15〕岑仲勉以爲拂雲是突厥語拂汗 Burqan，見岑仲勉：《突厥集史》，北京：中華書局，第366～367、1028頁。蔡鴻生認爲讀音不合，拂雲是漢語，可能是指此堆有拂雲之勢，見蔡鴻生：《蔡鴻生史學文編》，廣東人民出版社，2014年，第353～356頁。

〔註16〕《中國文物地圖集》內蒙古自治區分冊，上冊第60～61頁，下冊第126頁。

〔註17〕《中國文物地圖集》內蒙古自治區分冊，上冊第133頁，下冊第69頁。

〔註18〕《中國文物地圖集》內蒙古自治區分冊，上冊第116頁，下冊第26頁。

山，讀音很近。靠近烏拉特前旗，向南就是烏拉山，所以王延德正是從烏拉山向北，經過這裡。

二、臥梁劾特、大蟲、拽利

王延德過樓子山，行沙磧中，以日為占，旦則背日，暮則向日，日中則止。夕行望月，亦如之。說明經過很長時間的東西行程，日本學者以為王延德是往北經過大漠，我以為不必經過大漠，在今烏拉特中旗、烏拉特後旗的北部就有沙漠，王延德未越過今中蒙邊界。

王延德又到臥梁劾特族地，有都督山，唐回鶻之地。前人或以為都督山是鬱督運山（杭愛山），楊建新認為王延德不必北行，都督山是阿爾泰山東南餘脈，在今蒙古南戈壁省。我以為臥梁劾特即蒙古語烏梁海、兀良哈，也即森林，陰山、狼山有山林，所以不在戈壁。我以為都督山可能不是鬱督運山之誤，即使是鬱督運山，也可能是在今狼山的一個同源地名。

王延德到大蟲太子族，又到屋地因族，蓋達於於越王子之子。又到達於於越王子族，此九族達靼中尤尊者。次歷拽利王子族，有合羅川，唐回鶻公主所居之地，城基尚在，有湯泉池。

大蟲、拽利兩族都是党項，《舊五代史·明宗紀六》天成四年十二月丁酉，靈武康福奏：「破野利、大蟲兩族三百餘帳於方渠，獲牛羊三萬。」卷九一《康福傳》稱吐蕃，顯然是党項，也即拽利、大蟲。此兩族又北遷到陰山之北，卷九八《安重榮傳》：「又準沿河党項及山前、山後逸利、越利諸族部首領。」《宋會要輯稿·方域》豐州：「契丹日利、月利、沒細、兀瑤十一族七萬餘帳內附，斬首二千餘級，獲偽天德軍節度使韋太及生口、羊、馬萬計。」前人指出日利、月利即逸利、越利，日利、逸利即拽利，〔註 19〕遼之天德軍在陰山之南，此族在陰山之北，王延德遇到的大蟲、拽利就在陰山之北。

狼山之南有成吉思汗進攻西夏時多次攻打的斡羅孩城，或作兀剌海城，臥梁劾特族、兀剌海城都是因為陰山的森林得名。《元史·太祖紀》太祖二年（1207 年）：「丁卯秋，再征西夏，克斡羅孩城……四年己巳春，帝入河西。夏主李安全遣其世子率師來戰，敗之，獲其副元帥高令公，克兀剌海，俘其太傅西壁氏。進至克夷門，覆敗夏師，獲其將嵬名令公。薄中興府，引河水灌之。堤決，水外潰，遂撤圍還。遣太傅訛答入中興，招諭夏主，夏主納女請和。」《地理志》甘肅兀剌海路：「太祖四年，由黑水城北兀剌海西關口入

〔註 19〕湯開建：《五代遼宋時期党項部落的分布》，《党項西夏史探微》，第 117 頁。

河西，獲西夏將高令公，克兀剌海城。」

此城位置，有甘州、狼山說。施世傑認爲元太祖由張掖縣起程東攻靈州，則在張掖東北。岑仲勉認爲在狼山，他說 Hyacinthe 氏認爲幹羅孩（Ouiraca）是党項語的長城中的通道。〔註20〕王頲認爲在烏拉山，兀剌海即烏拉的異譯，《永樂大典》卷七五一一引元《經世大典》：「兵部議准擬：屯田萬戶府倉敖廨宇，本府與所委官那懷等議：合於兀郎海山下舊新安州故城內建四向立屯爲便。據合用物料，照會河東宣慰司，早爲建造，相視兀郎海山下舊新安州故城，方圓七里，並無人煙，黃河沿路別無村疃，西至寧夏路七百里。」《元文類》卷五〇齊履謙《郭守敬行狀》：「向自中興還，特命舟順河而下，四晝夜至東勝，可通漕運，及見查泊、兀郎海古渠甚多。」《宋史・西夏傳》：「自河北至午臘蒻山七萬人，以備契丹。」午臘蒻山即烏拉山，此城很可能是天德軍城。〔註21〕

這兩條證據說明此城在河套，但不是天德軍城，天德軍城在遼、夏之交，已經廢棄。《遼史・太祖紀》神冊五年（920 年）十月：「攻天德……丙子，拔其城，擒宋瑤，俘其家屬，徙其民於陰山南。」《地理志五》西京道有豐州天德軍，其下又有天德軍：「太祖平党項，遂破天德，盡掠吏民以東。後置招討司，漸成井邑，乃以國族爲天德軍節度使。」遼攻克天德軍，東遷到新的豐州城，即遼、金、元豐州，在今呼和浩特城東的太平莊鄉白塔村豐州故城。〔註22〕原來的天德軍已經廢棄，樊文禮認爲遼的天德軍就是豐州，因爲《遼史・天祚帝紀》保大四年七月：「取天德、東勝、寧邊、雲內等州……五年春正月辛巳，党項小斛祿遣人請臨其地。戊子，趨天德，過沙漠。」說明天德就是豐州，〔註23〕我以爲確是，則兀剌海城不是天德軍城。

兀剌海城應是臨河市北的西夏時代高油坊古城，邊長 990 米，基寬 8 米，外有甕城，有學者認爲是黑山威福軍司故城，〔註24〕也有人認爲黑山威福軍司城在榆林之南的黑山。〔註25〕我以爲高油坊城非常重要，應是黑山威福軍司城，也即兀剌海城，扼守狼山要道。成吉思汗因爲攻克此城，才能向南直

〔註20〕岑仲勉：《中外史地考證》，第 535 頁。
〔註21〕王頲：《城覓一路——兀剌海方位與蒙古經略西夏諸役》，《西域南海史地研究》。
〔註22〕《中國文物地圖集》內蒙古自治區分冊，上冊第 113 頁，下冊第 15 頁。
〔註23〕樊文禮：《遼代的豐州、天德軍和西南面招討司》，《內蒙古大學學報》1993 年第 3 期。
〔註24〕魯人勇：《西夏監軍司考》，《寧夏社會科學》2001 年第 1 期。《中國文物地圖集》內蒙古自治區分冊，上冊第 267 頁，下冊第 615 頁。
〔註25〕湯開建：《西夏監軍司駐所辨析》，《党項西夏史探微》，第 356～358 頁。

達西夏都城。《遼史·地理志》說天德軍有黑山峪，天德軍的西北就是狼山。《耶律唐古傳》又說遼想開拓西南黑山之西的疆域，也是指這個黑山。

高油坊古城，1958 年在東門內出土大量鐵錢，有西夏乾祐通寶，1959 年在城內東北角出土金銀器 27 千克，1966 年又在東北角發現一影青小瓷罐，內有金器 250 克。有學者認爲此城在西夏的地位超過黑水城，〔註26〕前田正名認爲黑水監軍司控制陰山到黑水、寧夏的路線，黑山監軍司控制伊州與陰山的路線，〔註27〕楊蕤指出前田顚倒了黑山監軍司與黑水監軍司，但是這個觀點合理。他又指出《天盛改舊新定律令》有對外商的規定，說明西夏很注重貿易。〔註28〕

高油坊古城出土金碗（周運中攝於 2019 年 9 月 7 日）

三、狼山到居延海

屋地因、達於於越族是韃靼，《舊五代史·後唐莊宗紀》同光三年（925年）六月癸亥：「雲州上言，去年契丹從磧北歸帳，韃靼因相掩擊，其首領於越族帳自磧北以部族羊馬三萬來降，已到南界。」長澤和俊認爲這是契丹天贊四年（924 年）阿保機西征時太子堯骨從漠北南下之事，我以爲這兩則史料確實有關，但是原文有誤，南逃雲州的不是契丹，而是韃靼，所以原文應是韃靼從磧北歸帳，契丹掩擊。於越是契丹官名，說明達於於越之族很可能原來就在陰山與漠北之間遷徙，臣屬契丹。

〔註26〕林幹等：《內蒙古歷史與文化》，內蒙古人民出版社，2000 年，第 434 頁。
〔註27〕〔日〕前田正名著、張鑒衡、陳宗祥譯：《西夏時代河西南北的交通路線》，《西北史地》1983 年第 1 期。
〔註28〕楊蕤：《回鶻時代：10～13 世紀陸上絲綢之路貿易研究》，第 270～271 頁。

達於於越族在韃靼之中最尊貴，很可能就是陰山之北的白韃靼，《遼史·天祚帝紀》附記耶律大石北行：「北行三日，過黑水，見白達達詳穩牀古兒。牀古兒獻馬四百，駝二十，羊若干。西至可敦城。」前人已經考證黑水即今艾不蓋河，則白達達在今陰山之北。

白韃靼是漢化最深的一部，趙珙《蒙韃備錄》說韃靼：「其種有三：曰黑、曰白、曰生。所謂白韃靼者，顏貌稍細，為人恭謹而孝，遇父母之喪，則劙其面而哭。嘗與之聯轡，每見貌不醜惡，其腮有刀痕者，問曰：白韃靼否？曰：然。凡掠中國子女，教成卻歸之，與人交言有情。」白韃靼不是韃靼，周清澍考證是南遷的回鶻餘部。〔註29〕

屋地因族很可能在金代還有，《金史·地理志上》西京路附錄群牧十二處，其中有烏展群牧，展的上古音的端母元部 tian，烏展的中古音也接近屋地因，烏展群牧在陰山附近，很可能與屋地因族有關。

合羅川即黑水，合羅是黑色 hara，但是此河是額濟納河，額濟納即党項語的黑。《宋史》卷四百九十《回鶻傳》宋太宗雍熙四年（987 年）：「合羅川回鶻第四族首領遣使朝貢。」此合羅川應是額濟納河，不可能是漠北的黑水，此時漠北已是韃靼之地。有學者指出，唐僖宗乾符元年（874 年）十二月：「初，回鶻屢求冊命，詔遣冊立使郗宗莒詣其國。會回鶻為吐谷渾、嗢末所破，逃遁不知所之。詔宗莒以玉冊、國信授靈鹽節度使唐弘夫掌之，還京師。」次年九月：「回鶻還至羅川，十一月，遣使者同羅榆祿入貢。」靈鹽節度使在靈州，吐谷渾、嗢末在河西，所以此處是指河西的回鶻，羅川是合羅川。〔註30〕

王延德所說的回鶻公主所居的古城，很可能在今阿拉善右旗的北部，因為阿拉善右旗有極多漢代烽燧和城障遺址，南部的龍首山北部有烽燧遺址 25 座，中部的雅布賴北有烽燧 54 座，北部笪布日蘇木還有烽燧 10 座，境內還有漢代通溝城址，漢代遺址兩處，漢代墓群三處，漢代障址兩處。而阿拉善左旗境內的漢代遺址很少，說明阿拉善右旗更加重要。阿拉善右旗最北部有塔蘭拜興、烏蘭拜興兩處漢代障址，西夏沿用，相距僅有 3 里，但是面積較小。附近還有布勒古特岩畫群，時間是漢代與元代，發現 40 多幅畫，內容有人像、駱駝、騎者、行人、符號等。東南還有烏海希勃障址，面積較大，邊

〔註29〕周清澍：《汪古的族源》，《文史》第 10 輯，1980 年。收入《元蒙史箚》，內蒙古大學出版社，2001 年。

〔註30〕范文瀾：《中國通史》，1978 年，第 4 冊第 81 頁。陳守忠：《論河西回鶻》，《河隴史地考述》，第 90 頁。

長 200 米，西夏沿用。〔註31〕由於這一帶地處沙漠，考古工作難度大，我們掌握的信息不全，所以我們還不能肯定這個可敦城在阿拉善北部的具體地點。

次歷阿墩族，經馬鬃山望鄉嶺，嶺上石龕有李陵題字處，即今甘肅西北角的馬鬃山，但是今山在居延海之西，而原文所說應在居延海的東北，或是原文稍誤，或是居延海東北的馬鬃山。李陵從居延海北征，所以有此說法。

次歷格囉美源，西方百川所會，極望無際，鷗鷺鳧雁之類甚眾。這個大湖只能是居延海，有人以為是巴里坤湖，但是巴里坤湖很小，而且位置不合，巴里坤湖在伊州西北，此地應是在伊州東南。錢伯泉認為是阿爾泰山南部的沙拉呼魯蘇尼布拉格，現在是荒原。我以為布拉格是泉，不可能有大湖。

次至托邊城，亦名李僕射城，城中首領號通天王。次歷小石州。次歷伊州，即今哈密。林梅村指出托邊城，即今東北部的下馬崖古城，小石州即伊吾縣的大石頭城，〔註32〕我以為此說合理。

再到益都，在今二堡古城。史書不載此城，益都不知是漢名，或是源自突厥的亦都護。

再向西到納職縣，原文說：「城在大患鬼魅磧（之），東南望玉門關甚近。」或誤以為納職城在大患鬼魅磧之東南，其實之字是衍字。東南距離玉門關還有距離，但是王延德未經過，所以概言可望。從納職城再向西到高昌（在今吐魯番），其間不提沙磧。《西天路竟》：「又西行三十里入鬼魅磧，行八日出磧至伊州。」可見鬼魅磧在伊州東南，不是在納職城西。

第二節　遼通西域的陰山居延路

陰山到居延路在契丹興起之初就很重要，因為此時燕雲十六州尚未歸遼，契丹人要通過陰山到居延路連接西域。

一、阿保機西征的回路即居延路

《遼史·太祖紀》記載天贊三年（924 年）西征，六月大舉征吐渾、党項、阻卜等部，堯骨隨行。七月擊破素昆那山部，八月至烏孤山古單于國，九月

〔註31〕《中國文物地圖集》內蒙古自治區分冊，上冊第 274～275 頁，下冊第 633～635 頁。
〔註32〕林梅村：《稽胡史蹟考》，《松漠之間：考古新發現所見中外文化交流》，第 174～175 頁。

到古回鶻城，破胡母思山諸蕃部。十月獵寓樂山，軍於霸離思山，越流沙，拔浮圖城。十一月獲甘州回鶻都督畢離遏，射虎於烏拉邪里山，抵霸室山，六百里且行且獵。次年二月，堯骨略党項。三月，饗軍於水精山。四月，南攻小蕃，回到契丹故地，堯骨迎於箚里河。

長澤和俊指出，浮圖城即唐庭州城，其東的霸離思山即虎山，蒙古語的虎是巴爾斯 bars，在今巴里坤，《舊唐書·地理志三》蒲昌縣：「縣東南有蒲類海，胡人呼爲婆悉海。」長澤又說堯骨因爲在浮圖城就南下，所以才能在四月迎接太祖。〔註33〕我以爲霸離思山的解釋正確，但是長澤和俊所畫的西征圖有誤，阿保機不是從上京向西北到蒙古，而是從陰山向北，所以先到吐渾、党項、阻卜等部，其中就有党項，就在陰山之北。

素昆那山部，應是唐代回鶻的思結部，在戈壁阿爾泰山。再向北到回鶻牙帳，再西南到西域。胡母思山，即沙山。突厥語的胡母 qum 是沙漠，胡母思 qums 是複數，此地是從漠北到西域路上的沙漠。

長澤不提阿保機的回程，回程應是經過居延海，所以有甘州回鶻的都督，應在居延海。向東到烏拉邪里山，我以爲烏拉邪里即臥梁劲特、兀良哈。在今狼山，此處有山林，所以有虎，又有霸室山，也即霸離思（虎）。

因爲其南是通往河套的要道，所以堯骨南略党項。三月，阿保機在水精山。此山一定因爲出水晶而名。今烏拉特中旗東北有水晶礦，應即水晶山。

四月，阿保機南攻小蕃。小蕃就是遼末在天德軍迎接天祚帝的小斛祿，《三朝北盟會編》卷二一引《北征記》：「小骨碌者，天德、雲中間一族帳，舊臣屬遼人。」又引范仲熊《北記》稱小蕃小骨碌，在今呼和浩特到包頭一帶。

阿保機西征的前一年六月，有波斯國人來貢，所以阿保機西征很可能是爲開闢通往西域的道路。他的回程就是王延德去高昌的路程，王延德經過的大蠱太子族接契丹界，人衣尚錦繡，器用金銀，馬乳釀酒，飲之亦醉。此族因爲在狼山之北，不僅控制中原與蒙古的南北要道，也控制了西域與契丹的東西要道，所以最爲富裕。

二、遼通西域的居延路

阿保機西征之後，回鶻來貢次數最多。孩里的祖先是回鶻人，此時留在遼地爲官。〔註34〕太宗會同元年（938 年），才有烏孫來貢。〔註35〕會同二年

〔註33〕〔日〕長澤和俊、鍾美珠譯：《絲綢之路史研究》，第326～331頁。
〔註34〕《遼史》卷九七《孩里傳》。

（939 年），敦煌來貢。應曆三年（953 年），吐蕃來貢，無疑也是通過甘州回鶻。景宗保寧五年（973 年）、九年（977 年）、聖宗統和九年（991 年）、十三年（995 年）、十四年（996 年）、二十三年（1005 年），阿薩蘭回鶻來貢，此後不見蹤影。統和二十六年，蕭圖玉伐甘州回鶻，降其王耶剌里，撫慰而還。〔註36〕二十八年（1010 年），遼伐甘州回鶻，破肅州，遷其民到土隗口故城。〔註37〕這兩次出征，可能正是因爲甘州回鶻阻隔了阿薩蘭回鶻的道路。

統和四年（986 年）六月：「己未，聞回鶻、覈列哿國度里、亞里等爲尤不姑邀留，詔速撒賜尤不姑幣，諭以朝廷來遠之意，使者由是得行。」卷九四《耶律速撒傳》說，速撒在西部安集諸蕃。我以爲尤不姑即阻卜，覈列哿即哈剌汗王朝，自稱爲可汗王朝（al-Khaghaniyya），音譯爲覈哿列，倒誤爲覈列哿，這是哈剌汗早期與遼交往。亞里即 Ali，此是穆斯林名。

開泰元年（1012 年），耶律化哥西征翼只水（今額爾齊斯河），路經白拔烈，誤掠阿薩蘭回鶻，諸蕃因此不來歸順。〔註38〕七年（1018 年）閏四月：「戊午，吐蕃王並里尊奏，凡朝貢，乞假道夏國，從之。」八年（1019 年）正月，遼遣韓橁封沙州節度使曹順爲敦煌郡王，九年（1020 年）正月甲寅賜曹順衣物，曹順遣使來貢。還有大食商人前來進貢大象，爲太子冊割請婚。宋遼時期的大食，應是喀喇汗王朝，〔註39〕冊割即喀喇汗黑的兒汗（Qadir Khan）之子 Chaghri 特勤，所以大食即哈剌汗。〔註40〕《遼史·天祚帝紀》耶律大石致書甘州回鶻王：「今我將西至大食，假道爾國。」耶律大石西征喀喇汗王朝，所以大食即喀喇汗王朝。

重熙六年（1037 年）的《韓橁墓誌》說：「明年奉使沙州，冊主帥曹恭順爲敦煌王。路岐萬里，砂磧百程，地乏長河，野無豐草。過可敦之界，深入達妲。囊橐告空，糧糧不繼。詔賜食羊三百口，援兵百人，都護行李。直度大荒，指日望星，櫛風沐雨，郵亭杳絕。蕭條但聽於鷄鳴，關塞莫分。坱漭

〔註35〕 此處烏孫，應是倭赤，在今烏什縣。
〔註36〕 《遼史》卷九三《蕭圖玉傳》記此事在統和十九年後，即二十六年之事，又記甘州酋爲牙懶，即耶剌里。
〔註37〕 土隗口，應是吐渾族居住的山口，在陰山，難考。
〔註38〕 《遼史》卷九四《耶律化哥傳》。
〔註39〕 錢伯泉：《大石、黑衣大食、喀喇汗王朝考實》，《民族研究》1995 年第 1 期。錢伯泉：《大食與遼朝的交往和耶律大石的西征——遼與喀喇汗王朝關係史探微》，《社會科學戰線》1995 年第 2 期。錢伯泉：《大石國史研究——喀喇汗王朝前期史探微》，《西域研究》2004 年第 4 期。
〔註40〕 黃時鑒：《遼與「大食」》，《東西交流史論稿》，上海古籍出版社，1998 年。

寧知於狼望，舊疹忽作。以馬為輿，適及岩泉，立傳王命。在腹之魔，倏然破墮，公亦仆地，至夕乃蘇，其疾頓愈。議者謂公忠勞所感，神之祐也。東歸之次，踐歷擾攘。僮僕宵征，曾無致寇。驂騑夙駕，殊不畏危。軼絕漠之阻修，越窮方之遼夐。肅將土貢，入奉宸嚴。孝宣皇帝敦諭久之，寵睞逾厚。賜白金二百兩、毾布八十段、帛百匹。」

韓橁應是開泰八年出發，九年回遼。他經過的就是阿拉善、額濟納的沙漠，最關鍵的是此處又提到了可敦與達妲，這個可敦城就是王延德經過的可敦城，也是《馬衛集》所說的可敦城，達妲就是王延德路過的韃靼達於族。

最早揭示韓橁墓誌的陳得芝先生認為此墓誌中的可敦城是漠北的鎮州可敦城，[註41] 我以為不是，因為去敦煌不必繞道漠北，而且原文說經過荒無人煙的沙漠，一定是從陰山直向西，穿過阿拉善、額濟納的沙漠。原文說可敦之界，其實指的是遼的邊疆，到此即荒無人煙，如果是鎮州可敦城，自然不可能荒無人煙，遼在統和二十二年（1004 年）就設立鎮州，早就是遼在漠北的政治中心了。就是設鎮州之前，此地也是韃靼聚居地，不可能荒無人煙。鍾焓在文中提到這個墓誌，但是不提墓誌中的可敦，因為他把《馬衛集》的可敦城解釋為豐州，而這個墓誌恰好就印證了他否定的居延道路。

太平四年（1024 年），聖宗寫信給哥疾寧王朝蘇丹，提出聯姻，使者三年後才到，此事不見於《遼史》，但是《馬衛集》記載。但是蘇丹因為遼人不信伊斯蘭教而拒絕，此事反映遼人在西方積極活動。

但是冊封沙州、請婚西域之後仍然不見諸國來貢，於是太平六年（1026年），派蕭惠西征回鶻阿薩蘭部，圍攻甘州三日，不克而還，此次出征是想打通西域之路，仍未成功。有人說遼景宗、聖宗時諸蕃朝貢次數多是因為二人勵精圖治，我以為此後回鶻很少來其實是因為 1028 年西夏最終吞併甘州回鶻。

直到興宗重熙十年（1041 年），回鶻人再來。十四年（1045 年），阿薩蘭回鶻來。二十一年（1052 年），阿薩蘭回鶻來。咸雍二年（1066 年），回鶻來。四年（1068 年），阿薩蘭回鶻來。六年（1070 年），禁獸生熟鐵於回鶻、阻卜等界。七年（1071 年），回鶻來。此後又有十多年不見回鶻人，大安五年（1089年），回鶻貢良馬。七年（1091 年），回鶻貢方物。天慶二年（1112 年），和州（即火州、高昌、阿薩蘭）回鶻來，這是最後一次。

[註41] 陳得芝：《遼代的西北路招討司》，《元史及北方民族史研究集刊》第二期，1978年，收入《蒙元史研究叢稿》，第 34 頁。

其間，遼曾經想與角廝囉攻夏，宋嘉祐三年（1058 年）：「契丹既與角廝囉通姻，數遣使由回鶻路至河湟間，與角廝囉約舉兵取河西，河西謂夏國也。欲徙董氈涼州，與之相近。角廝囉辭以道遠，兵難合，乃止。」

遼與河湟交通經過祁連山，李遠《青唐錄》：「又犛牛城在青唐北五十餘里，其野產牛。城之北，行數日，繞大山，其外即接契丹。」犛牛城在今大通縣南的下廟村，宋改名宣威城。北過達阪山口，到今門源縣境內大通河上游，西北到祁連縣境內黑河上游。在今峨堡鎮之北，穿過扁都口，唐代稱為大斗拔谷。向北到甘州，再入遼境。這是南朝與西域交通要道，也是唐與吐蕃爭戰之處，一路上有很多古城。〔註42〕

青海西寧宋代青唐城（周運中攝於 2017 年 8 月 20 日）

三、遼、金與西域的貿易

葉隆禮《契丹國志》卷二一記載西夏與西域進貢物品是：「細馬二十匹，麁馬二百匹，駞一百頭，錦綺三百匹，織成錦被褥五合，蓯蓉、石、井鹽各一千斤，沙狐皮一千張，兔鶻五隻，犬子十隻。本國不論年歲，惟以八節貢獻。契丹回賜除羊外，餘並與新羅國同，惟玉帶改為金帶，勞賜人使亦同。

〔註42〕陳良偉：《絲綢之路河南道》，中國社會科學出版社，2002 年，第 226～237 頁。

諸小國貢進對象：高昌國、龜茲國、于闐國、大食國、小食國、甘州、沙州、涼州，已上諸國三年一次遣使，約四百餘人，至契丹貢獻：玉、珠、犀、乳香、琥珀、瑪瑙器、賓鐵、兵器、斜合、黑皮、褐黑絲、門得絲、怕里呵、碙砂、褐里絲，已上皆細毛織成，以二丈爲匹。契丹回賜，至少亦不下四十萬貫。」卷二六又說高昌國：「契丹時，三年一次朝貢，進獻玉、珠、乳香、斜合、黑皮、褐里絲等。亦有互市，其國主親與北主評價。」〔註43〕

　　比較發現，西夏給遼的都是西夏境內的土產，但是西域諸國的貨物來自很遠的地方，犀角來自印度或非洲，乳香來自阿拉伯半島南部，琥珀來自東歐，斜合即蘇合香，這些都要通過阿拉伯或中亞才到新疆。

　　洪皓《松漠紀聞》：「回鶻自唐末浸微，本朝盛時，有入居秦川爲熟戶者。女眞破陝，悉徙之燕山。甘、涼、瓜、沙，舊皆有族帳，後悉羈縻於西夏。唯居四郡外地者，頗自爲國，有君長……士多瑟瑟珠玉，帛有兜羅綿、毛毲、狨錦、注絲、熟綾、斜褐。藥有腽肭臍、碙砂。香有乳香、安息、篤耨。善造賓鐵刀劍、烏金銀器。多爲商賈於燕，載以橐駝過夏地，夏人率十而指一，必得其最上品者，賈人苦之。後以物美惡雜貯毛連中，毛連以羊毛緝之，單其中，兩頭爲袋，以毛繩或線封之。有甚粗者，有間以雜色毛者則輕細。然所徵亦不貲。其來浸熟，始厚賂稅吏，密識其中下品，俾指之。尤能別珍寶，蕃、漢爲市者，非其人爲儈則不能售價……其在燕者，皆久居業成，能以金相瑟瑟爲首飾，如釵頭形而曲一二寸，如古之筓狀。又善結金線相瑟瑟爲珥及巾環，織熟錦、熟綾、注絲、線羅等物。又以五色線織成袍，名曰克絲，甚華麗。又善撚金線別作一等，背織花樹，用粉繳，經歲則不佳，唯以打換達靼。」《補遺》又說：「契丹重骨咄犀，犀不大，萬株犀無一不曾作帶，紋如象牙帶黃色，止是作刀把，已爲無價。天祚以此作兔鶻，中國謂之腰條皮，插垂頭者。」

　　中國人重骨咄，《馬衛集》說中國人：「他們也很喜歡骨咄（Khutū），它是輸入中國的最貴重商品，因爲他們用它做腰帶，骨咄在中國價格很貴。」

　　來自西域的回鶻人多在燕京（今北京）貿易，也證明上文所說 Ujam 是今北京。乳香、安息、篤耨等香料來自阿拉伯地區，還有來自熱帶的犀角。《馬衛集》說：「中國人在製衣工藝上非常熟練，任何國家的人都趕不上他們……他們有很多其他種類的衣服。他們從那裡將衣服與其他罕見奇異的東西出

〔註43〕　〔宋〕葉隆禮撰、賈敬顏、林榮貴點校：《契丹國志》，上海古籍出版社，1985年，第 204～205、246 頁。

口，並進口象牙、乳香和斯拉夫的可鑲嵌於戒指上的琥珀。」

內蒙古博物院藏有通遼奈曼旗遼朝陳國公主墓出土一件胡人馴獅琥珀，紋樣和材料都是典型的西域風格。

內蒙古博物館藏有內蒙古科爾沁左翼後旗吐爾基山遼墓出土了由金墜、瑪瑙、煤精組成的瓔珞，其中很可能有來自西域的物品。

遼朝陳國公主墓出土胡人馴獅琥珀（周運中攝於 2019 年 9 月 7 日）

科爾沁左翼後旗吐爾基山遼墓出土瓔珞（周運中攝）

內蒙古科爾沁左翼後旗吐爾基山遼墓出土了天藍色的高腳玻璃杯，奈曼旗遼朝陳國公主墓出土乳釘紋高頸玻璃瓶、帶把玻璃杯、長頸玻璃瓶、乳釘紋玻璃盤，朝陽北塔博物館藏有遼代玻璃瓶，遼寧省博物館藏有遼寧法庫縣

葉茂臺遼墓出土綠色銀釦玻璃方盤、朝陽姑營子耿延毅墓出土玻璃盤和玻璃杯，這些玻璃器都是遼代人通過絲綢之路獲得的西域器物。陳國公主墓出土一件鎏金嵌花銅盆，口沿有重複的阿拉伯文安拉變體花紋，盆地的六角星是猶太教的象徵，這個銅盆也來自西亞。

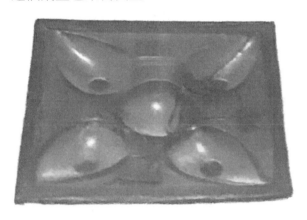

法庫縣遼墓出土銀釦玻璃方盤（周運中攝於 2019 年 9 月 10 日）

科爾沁出土遼代玻璃杯（周運中攝於 2019 年 9 月 7 日）、朝陽出土遼代
玻璃器

　　詩人玉素甫在伊斯蘭曆 462 年（1069 年）寫成的詩集《福樂智慧》說道：「大地裏上的綠線，契丹商隊運來了中國商品。」〔註44〕有學者認為這是從

〔註44〕玉素甫著、耿世民、魏萃譯：《福樂智慧》，新疆人民出版社，1979 年，第18 頁。

遼朝回來的喀喇汗王朝商隊，不太可能是遼朝的商隊。〔註45〕

金與西域的貿易不及遼，金把陰山以南和黃河以南的一些地方送給西夏，〔註46〕在今青海境內的樂州、廓州、西寧州割入西夏，又失積石州，〔註47〕所以金與西域交通更加不暢。據《金史》本紀，太宗天會五年（1127年）正月：「丁巳，回鶻喝里可汗遣使入貢。」六年（1128年）：「十月丁卯，沙州回鶻活剌散可汗遣使入貢。」九年（1129年）：「八月辛巳，回鶻隈欲遣使來貢。九月己酉，和州回鶻執耶律大石之黨撒八、迪里、突迭來獻。」熙宗皇統二年（1142年）：「七月甲午，回鶻遣使來貢。」此後很少看見回鶻人的記載，因為此時西遼逐漸穩定局勢，所以回鶻很少來遼。

皇統四年（1144年），回鶻遣使入貢，說耶律大石已死，金遣黏割韓奴出使，不見回音。大定間，有來自西遼的回鶻人到豐州貿易，提供了西遼戰爭的最新情報，但是朝廷居然下詔說：「此人非隸朝廷番部，不鬚髮遣，可於咸平府舊有回紇人中安置，毋令失所。」〔註48〕可見來到金國貿易的回鶻人很少，而且金很不想開展貿易，甚至把這個回鶻商人送到咸平府安置。咸平府舊有的回紇人，應即天輔七年（1123年）從燕京遷入北方的那批回紇人。同年，西遼的黏拔恩（即乃蠻）、康里兩部三萬人求內附，金遣使問黏割韓奴的下落，得知已被耶律大石殺死，而未理會兩部內附的請求。

這個給金人提供西遼情報的回鶻人自稱：「本國回紇鄒括番部，所居城名骨斯訛魯朵。」骨斯訛魯朵即西遼都城虎斯斡耳朵，前人或以為鄒括番部就是建立哈剌汗王朝的民族，即熾乙部（Chigil）。我以為這句話的意思是此人是鄒括部人，居住在虎斯斡耳朵。商人家族時有遷徙，未必說明虎斯斡耳朵的原住民是鄒括部。鄒括部也不是熾乙部，讀音不合。

我以為鄒括部應是處月部，古音的括 kuat 與月 nguat 很近。處月即東遷中原的沙陀人，李克用是朱邪氏，朱邪即處月。也有處月部西遷到中亞，伊本·阿西爾《全史》記載哈剌汗王朝軍隊因為主要是處月人，而被稱為處月

〔註45〕 魏良弢：《中國歷史·喀喇汗王朝史　西遼史》，人民出版社，2010年，第148頁。

〔註46〕 《金史·太宗紀》天會二年（1124年）正月：「夏國奉表稱藩，以下寨之北、陰山以南、乙室耶剌部吐祿濼西之地與之。」原在黃河以南的金肅軍、河清軍也改屬西夏。《熙宗記》皇統六年（1146年）正月：「庚寅，以邊地賜夏國。」

〔註47〕 《金史》卷七八《劉筈傳》：「初以河外三州賜夏人。」

〔註48〕 《金史》卷一二一《黏割韓奴傳》。

利亞。〔註49〕正是因爲處月原來是哈刺汗王朝原來的主要民族，所以這個處月部商人希望金人征討西遼。

蘭州博物館藏金承安四年（1199 年）銅鏡

第三節　突厥人所記居延陰山路

12 世紀初，塞爾柱王朝御醫馬衛集（Sharaf al-Zaman Tahir al-Marvazi）撰有《動物志》，又名《馬衛集》，提到從沙州到契丹的路程：

> 從 Sājū 欲其契丹的行人，先東行兩個月，到達 Khātūn-san，繼行一個月，抵達 Utkīn，再行一個月，即可到達契丹的首都 Ujam。Ujam 約是 2 個 farsakhs，〔註50〕其領土周圍用兩端插在地上的木條圍起來。每 2 個 farsakhs 就有巡邏和追蹤的衛兵，他們發現不正當外出的人就要殺死他。從 Ujam 到大海有 7 天路程。想去契丹的人從沙州出發半個月，到 Shāriya 部落，因爲首領而名爲 Basmil，因爲害怕割禮而從伊斯蘭教地區逃到那裡。

〔註49〕魏良弢：《中國歷史·喀喇汗王朝史　西遼史》，第 59 頁。
〔註50〕一個 farsakhs 約 6.24 千米。

1942 年，首次公布並考證這段史料的米諾爾斯基，認爲 Sājū 是沙州，Khātūn-san 是《突厥語大詞典》的可敦墓（Qātūn Sīnī），即黑水或漠北的可敦城，Utkīn 是鬱督運山（杭愛山）或遼代的武定軍（今大同），Ujam 是上京。他引用希瓦（Khiva）人比魯尼（Bīrūnī，973～1048）的《東方民族編年史》之說，從 Khātūn-sini 去 Utkīn，道路要向南偏轉 5°50ˊ，從 Utkīn 去 Ujam，道路要向南偏轉 4°50ˊ。〔註51〕

莫任南認爲可敦墓是河西走廊北部的可敦城，白玉多認爲可敦城是鎮州可敦城，鬱督運山即杭愛山，鍾焓指出鬱督運山在鎮州可敦城的西南，順序不合，所以可敦城不是鎮州可敦城。他認爲此處的可敦城應是可敦墓，即今呼和浩特的王昭君墓，《遼史·地理志五》豐州天德軍的青冢，《突厥語大詞典》說可敦墓是唐古特（西夏）與秦（遼）之間的一座城市，唐古特人與契丹人在此發生激戰，符合豐州的形勢。〔註52〕

黑汗王朝喀什人馬合木·喀什噶里（Mahmūd al-Kashgharī）在回教曆 464年（1072 年）到 466年（1074 年）編寫的《突厥語大詞典》附錄的一幅圓形世界地圖，在這幅地圖上標有 Masīn，詞典原文解釋桃花石說：「桃花石——此乃摩秦的名稱，摩秦距離契丹有四個月路程。秦本來分爲三部：上秦在東，是爲桃花石；中秦爲契丹；下秦爲八兒罕。而八兒罕就是喀什噶爾。但在今日，桃花石被稱爲摩秦，契丹被稱爲秦。」摩秦（Masīn）源自摩訶支那，本指中原，唐代中印度高僧般刺蜜帝：「展轉遊化，達我支那（印度國俗呼廣府爲支那，名帝京爲摩訶支那），乃於廣洲制旨道場居止。」〔註53〕是詞典作者認爲當時的摩秦是東方的宋，契丹是秦。這幅地圖在摩秦的北部標注可敦城——可敦墓，當時圖上不提秦，說明圖上的摩秦應該包括契丹甚至西夏。〔註54〕詞典又解釋說可敦墓在唐古特與秦之間，也即西夏與遼之間。

一、可敦城、鬱督運山、幽州再考

我以爲突厥人所說這段行程中的可敦城，確實不是鎮州可敦城，因爲位

〔註51〕 V. Minorsky, *Sharaf al-Zamān Tāhir Marvazī on China, the Turks and China*, London: The Royal Asian Society, pp.73～75.

〔註52〕 鍾焓：《遼代東西交通路線的走向——以可敦墓地望研究爲中心》，《歷史研究》2014 年第 4 期。

〔註53〕 〔唐〕圓照：《貞元新定釋教目錄》卷一四，《大正新修大藏經》第 55 冊。

〔註54〕 張廣達：《關於馬合木·喀什噶里的與見於此書的圓形地圖》，《文書、典籍與西域史地》，廣西師範大學出版社，2008 年，第 62 頁。

置確實不合，而且繞道太遠，但也不是呼和浩特的青冢，Ujam 也不是上京，因為距離的比例不合，從沙州到可敦城是兩個月，從可敦城到上京也是兩個月，如果可敦城在呼和浩特青冢，則距離上京太近，距離沙州太遠，不在中點。而且從沙州到呼和浩特的路程難走，一路上人煙稀少，從呼和浩特到上京好走，所以按照同樣的時間，從沙州到可敦城的距離應該更近。據《馬衛集》上文說從和田到沙州是 55 天，大約是兩個月。按照距離比例推算，從沙州到呼和浩特青冢不止兩個月。而且此說因為完全否定了王延德走居延路之說，否定了可敦城與鬱督運山在河西，所以找不到鬱督運山的對應地點，也不能解釋為何把上京譯為 Ujam。青冢附近無城，東北是豐州，但是當時人不可能把豐州稱為青冢城或可敦城。如果突厥人的原文是可敦墓，也不合情理，因為此地本來就不在遼、夏邊界，也不可能是商業中心。

如果按照我上文考證的王延德使程，則可以解釋突厥人所記的這段行程。可敦城就是王延德經過的可敦城，王延德說這是唐回鶻公主所居之地，城基尚在，有湯泉池。又說經過阿墩族，阿墩顯然就是可敦。王延德看到城基。按照上文考證，此城應在今阿拉善北部。

陰山確有鬱督運之名，《金史・地理志上》西京路最末的群牧十二處說：「斡獨椀群牧，大定四年改為斡覩只群牧。」斡覩椀也是族名，《金史》卷九八《完顏匡傳》：「匡行院於撫州，障葛將攻邊境，會西南路通事黃摑按出，使烏都椀部，知其謀。」

烏都椀即斡獨椀，撫州轄柔遠（治今張北）、集寧（治今集寧）、豐利（治今太僕寺旗南部）、威寧（治今尚義）四縣，〔註55〕障葛很可能與汪古部有關，因為《遼史・天祚帝紀》附《耶律大石傳》說到白達達（汪古部）首領叫牀古兒，音近障葛。汪古部緊鄰撫州之西，烏都椀在陰山之北。

斡獨椀、烏都椀無疑就是鬱督運，因為《遼史》記載鬱督運山有耶覩刮部，又作吾禿婉部，〔註56〕也即鬱督運。《遼史・百官志三》諸國有夷都袞國，即鬱督運的異譯。大定四年（1165 年），斡獨椀群牧改名為斡覩只群牧，反映

〔註55〕 《金史・地理志上》西京路撫州豐利縣以泥灤置，泥灤即今太僕寺旗南部的黑沙土淖。

〔註56〕 《遼史》卷三三《營衛志下》時叛時服的國外十部有吾禿婉部，卷三六《兵衛志中》屬國軍有耶覩刮，卷四六《百官志三》最末的小部有耶覩刮部，卷九二《蕭奪剌傳》乾統元年（1101 年）：「復為西北路招討使，北阻卜耶覩刮率鄰部來侵。」卷九七《耶律斡特剌傳》壽隆五年（1099 年）：「復為西北路招討使，討耶覩刮部。」

了從中古音到近古音的變化。獨是入聲字，改爲上聲字覩。椀是喉音字，改爲齒音字只，接近現在的讀音。

鬱督運山很可能在《新唐書・地理志七下》所說的烏咄谷附近，音近，即今檜盤河谷，則鬱督運山是大青山。因爲有韃靼人南遷，所以把漠北的鬱督運山之名帶到此地。今土默特左旗北部是大青山最高處，鬱督運山在此附近。

此處確有很大的市場，《大金國志》卷七：「除故盧馬鎮夏國、韃靼沿邊招討，提點兩國市場。市場在雲中西北過腰帶上石楞坡、天德、雲內、銀甕口，數處有之。」又說：「曷董城自雲中由貓兒莊、銀甕口北去，地約三千餘里，盡沙漠無人之境。」銀甕口既然是雲內州西北通往漠北要道，很可能就是烏咄谷。因爲此地是通往漠北與西域要道，所以成爲大市場。豐州城內白塔第一層牆上的金代捐資修繕石碑上寫到天山榷場華嚴邑，捐資者住處有麻市巷、牛市巷、酪巷，〔註57〕天山榷場應在陰山高處。〔註58〕耶律楚材也稱爲天山，《西遊錄》：「過居庸，歷武川，出雲中之右，抵天山之北，涉大磧，逾沙漠。」此天山即今陰山。〔註59〕

而契丹人都城 Ujam，我以爲是遼的南京（今北京），原名幽州，遼改爲幽都府，又改燕京析津府。中古音幽州接近 u-jiu，所以就是 Ujam。馬衛集說此地距海七日路程，應是遼南京（今北京）。

白玉冬認爲鬱督運山和可敦城都在漠北，〔註60〕此說的可敦城靠近鬱督運山，距離比例不合。康鵬反駁了白玉冬的看法，認爲可敦墓在遼豐州（今呼和浩特），Utkīn 是遼的上京臨潢府（今巴林左旗），Ujam 是御帳，很可能是遼的南京（今北京）。〔註61〕此說仍然不確，仍然違背比魯尼所說路程是東

〔註57〕 李逸友：《呼和浩特市萬部華嚴經塔的金代碑銘》，《考古》1979 年第 4 期。

〔註58〕 今達拉特旗有新民渠、溝心召窖藏，東勝有板洞圪旦窖藏，包頭有阿都賴窖藏，呼和浩特有白塔窖藏，出土很多宋、夏、金貨幣，有學者認爲這些貿易是也是絲綢之路的貿易。見楊蕤：《回鶻時代：10～13 世紀陸上絲綢之路貿易研究》，第 219 頁。我以爲這些地方靠近宋、夏、遼、金之間的市場，很多商品不是來自西域。遼、金試圖避開西夏，從陰山北部直接打通西域貿易。所以河套地區的這些窖藏雖然也與絲綢之路有關，但不能把中國與西域之間的貿易與中國內部的宋、夏、遼、金貿易混淆。

〔註59〕 〔元〕耶律楚材著、向達校注：《西遊錄》，北京：中華書局，2000 年，第 1 頁。

〔註60〕 白玉冬：《「可敦墓」考——兼論十一世紀初期契丹與中亞之交通》，《歷史研究》2019 年第 1 期。

〔註61〕 康鵬：《馬衛集書中的契丹都城——兼談遼代東西交通路線》，《民族研究》2016 年第 3 期。

偏南，豐州到遼上京是向東北。而且從呼和浩特到遼的南京（今北京），不必繞道去遼上京。

宣和七年（1125 年）使金的許亢宗說遼的南京（今北京）：「戶口安堵，人物繁庶，大康廣陌，皆有條理。州宅用契丹舊內，壯麗敻絕，城北有互市，陸海百貨，萃於其中。僧居佛宇，冠於北方。錦繡組綺，精絕天下。膏腴蔬瓜果實稻粱之類，靡不畢出。而桑柘麻麥羊豕雉兔，不問可知。水甘土厚，人多技藝……城後遠望，數十里間，燕然一帶，迴環繚繞，形勢雄傑，真用武之國，四關四鎮皆不及也。」〔註62〕遼的上京、東京、中京遠不及南京（今北京）繁華，靖康之難時被金人擄到北方的趙子砥《燕雲錄》說：「中京人煙風物，比之燕山，蕭索太甚。二聖服食器用，皆需於燕山。」〔註63〕《遼史‧地理志四》記載南京（今北京）城方三十六里，析津、宛平兩縣有戶四萬二千，城池最大，戶口最多。洪皓《松漠紀聞》說很多回鶻人在燕京，《金史‧太祖紀》天輔七年（1123 年）二月，遷遼燕京的豪族工匠入金在北方的內地。

一般來說，內城是原來的城池，外城原來是城外的市場。幽州城的內城在西南面，〔註64〕市場是其北，說明幽州的貿易原來就是主要針對北方，包括其西北部的河套地區和東北部的遼河地區。

遼的中京之北雖然也有回紇城，〔註65〕但不在中京之內。金有忠孝軍，多回紇俘虜〔註66〕，說明中京之北的回紇城是遼人所掠回紇所置，〔註67〕不能據此證明中京的回紇人是商人。

如此則從沙州到可敦城兩個月，再到鬱督運山一個月，再到幽州一個月，距離比例符合。而且比魯尼（Bīrūnī）說可敦城向鬱督運山是東偏南 5°50′，從鬱督運山去 Ujam，是東偏南 4°50′，阿拉善北部的可敦城確實在呼和浩

〔註62〕〔宋〕徐夢梓：《三朝北盟會編》卷二十引，葉隆禮《契丹國志》卷二二南京之語出自許書。

〔註63〕〔宋〕徐夢梓：《三朝北盟會編》卷九八引。

〔註64〕楊寬：《中國古代都城制度史研究》，上海人民出版社，2003 年，第 446 頁。

〔註65〕《金史》卷二《太祖紀》大輔：「六年止月癸酉，都統朶克高、恩、回紇二城。乙亥，取中京。」卷七六《完顏杲傳》：「六年正月，克高、恩回紇三城，進至中京。」

〔註66〕《金史》卷一一三《赤盞合喜傳》：「忠孝軍萬八千人，皆回紇、河西及中州人夜掠而逃歸者。」卷一二三《完顏陳和尚傳》：「忠孝一軍，皆回紇、乃滿、羌、渾及中原被俘避罪來歸者。」

〔註67〕賈敬顏：《中京與咸平的回紇城》，《東北古代民族古代地理叢考》，中國社會科學出版社、新西蘭霍蘭德出版有限公司，1993 年，第 80～81 頁。

特的西偏北，呼和浩特又在北京的西偏北，完全符合。

因爲這條道路從河套經過今張家口到北京，所以張家口在金代非常富裕，《金史》卷一二八《紇石烈德傳》說：「調宣德州司侯，郡多皇族巨室。」宣德州轄宣德縣（治今宣化）、宣平縣，馬可波羅說宣德州人以經商和手工業爲主，織造名爲 Nascici 和 Nac 的金絲錦緞。楊志玖指出《元史·百官志五》有弘州、蕁麻林納失失局，弘州在今陽原，蕁麻林即今萬全之西的洗馬林。〔註68〕

這條經過阿拉善、額濟納而直接連通西域與陰山的居延道路，開闢很早，王北辰有專文論述，他指出，霍去病從北地郡出發，經過居延海到祁連山，就是走此道，王延德也是走此道。〔註69〕

俄國學者克里亞什托爾內指出這條道路被歐美人稱爲風路，俄國旅行家彼甫佐夫在 1878～1879 年走過此路，從阿爾泰山到內蒙古。拉鐵摩爾也走過，用了四個月。安德魯斯說風路是去西域的天然之路，人們能利用地下水和阿爾泰山牧地，從北邊繞過大沙海。10 世紀有七名佛教軌範師（阿闍梨）從印度經過此路去朔方，路上遇到回鶻搶劫，寫信告訴沙州官員。志費尼說 13 世紀粟特人還在利用此路，〔註70〕其實丘處機回程也經過此路，《長春眞人西遊記》：「東南過大沙場……行又經沙路三百餘……地臨夏人之北陲……宿漁陽關……五十餘里至豐州。」即從阿爾泰山經大漠，到陰山。

從沙州還有一條其契丹的路，《馬衛集》說從沙州經過半個月，到 Shāriya，因爲其首領之名又名拔悉蜜（Basmil）。哈密屯認爲 Shāriya 即撒里畏吾兒，即黃頭回紇。〔註71〕我以爲不確，黃頭回紇緊鄰沙州之南，不可能要半個月，而且這是去契丹的路上而非去中原的路上。

拔悉密，遼人記爲拔思母。《遼史》卷九四《蕭阿魯帶傳》：「大安七年，遷山北副部署。九年，達理得、拔思母二部來侵，率兵擊卻之。達理得復劫牛羊去，阿魯帶引兵追及，盡獲所掠，斬渠帥數人。是多，達理得等以三百

〔註68〕楊志玖：《馬可波羅天德、宣德之行》，《馬可波羅與中外關係》，第 138～143 頁。

〔註69〕王北辰：《古代居延道路》，《歷史地理》1980 年第 3 期。不過他誤以爲王延德是從磴口渡河，又誤以爲耶律大石是從陰山西行經過阿拉善的可敦城與額濟納的黑水。陳得芝《耶律大石北行史地雜考》指出耶律大石是北行經過黑水（艾不蓋河），到漠北的鎮州可敦城。北行說是。

〔註70〕〔俄〕C. Г. 克里亞什托爾內、李佩娟譯：《古代突厥魯尼文碑銘——中亞細亞史原始文獻》，第 106 頁。

〔註71〕哈密屯：《仲雲考》，耿昇譯：《法國西域史學精粹》，甘肅人民出版社，2011年，第 287 頁。

餘人梗邊，復戰卻之，斬首二百餘級……壽隆元年，第功。」下篇《耶律那也傳》：「壽隆元年，復討達理得、拔思母等，有功。」山北部署應即《遼史·百官志二》西京諸司的山北路都部署司，西北路不見有官司帶山北之名。此山北應是黑山，即今狼山。

達里得即韃靼，拔思母應即唐代拔悉蜜，應在戈壁阿爾泰山與杭愛山之間，所以《遼史·興宗紀三》重熙十九年（1050 年）五月：「己亥，遠夷拔思母部遣使來貢。」稱爲遠夷，正是因爲在遼界之西。《遼史·夏國傳》：「（壽隆）五年正月，詔乾順伐拔思母等部。」說明此部在阿拉善北部，所以遼命西夏征討。從重熙十九年（1050 年）拔思母來貢，到大安九年（1093 年）、壽隆元年（1095 年）征討拔思母，再到壽隆五年（1099 年）命西夏征討拔思母。可見拔思母先靠攏遼，又遠離遼。

二、遼、夏之間的可敦城與可敦城之戰

至於《突厥語大詞典》所記的可敦墓，確實是呼和浩特的青冢，但是不屬於豐州，而屬雲內州。《遼史·地理志五》云內州有古可敦城，《金史·地理志上》西京路雲內州雲川縣：「本曷董館，後升爲裕民縣，皇統元年復爲曷董館，大定二十九年復升，更爲今名。」曷董顯然就是可敦，既屬雲內州，就不是豐州。這個曷董館，或許因爲靠近青冢得名。因爲雲內州城是今托克托縣北部古城鄉的南園子古城，〔註72〕其東北不遠就是青冢。青冢東南章蓋營鄉有章蓋營城址，東西 400 米，南部 270 米，其北又有泉子什城址，東西 500 米，南北 550 米，距離青冢 20 里，〔註73〕時代是遼金，很可能是可敦城。〔註74〕

突厥人有數首詩歌提到可敦城的戰爭，《突厥語大詞典》記載一首說：「唐古特的可汗欺騙了（敵人），致使死亡降臨到了其頭上。」還有一首說：「可敦墓（的人）在喧囂叫嚷，挑起了與唐古特伯克的戰爭。直到他們的鮮血似汨汨的流水一樣湧出，而他們的脖頸也（一樣）噴出了鮮血。」

鍾焓把可敦城解釋爲青冢，但是找不到豐州附近的大戰記載，他說突厥人所說的遼、夏大戰是重熙十三年（1044 年）之戰，遼興宗集合大軍之地就是豐州九十九泉，又誤以爲此戰在寧夏的賀蘭山。

〔註72〕《中國文物地圖集》內蒙古自治區分冊，上冊第 116 頁，下冊第 27 頁。
〔註73〕《中國文物地圖集》內蒙古自治區分冊，上冊第 113 頁，下冊第 15 頁。
〔註74〕《遼史·天祚帝紀》附耶律雅里傳說金師圍青冢寨，不知是遼末一時兵營，還是曷董館的前身。

今按此說不對，因爲《興宗紀二》說九月：「壬申，會大軍於九十九泉，以皇太弟重元、北院樞密使韓國王蕭惠將先鋒兵西征……（十月）壬子，軍於河曲。」顯然戰爭之地在河曲，《遼史》卷九二《耶律侯哂傳》：「重熙十一年，党項部人多叛入西夏，侯哂受詔，巡西邊沿河要地，多建城堡以鎮之。」《興宗紀二》十一年十二月：「壬子，以吐渾、党項多闒馬夏國，詔謹邊防。」十二年十月：「壬子，以夏人侵党項，遣延昌宮使高家奴讓之。」十三年四月：「南院大王耶律高十奏党項等部叛附夏國……山西部族節度使屈烈以五部叛入西夏，乞南、北府兵援送威塞州戶。」九月，親征西夏。十月：「丙申，獲党項偵人，射鬼箭。丁酉，李元昊上表謝罪。己亥，元昊遣使來奏，欲收叛黨以獻，從之。辛亥，元昊遣使來進方物，詔北院樞密副使蕭革迓之。壬子，軍於河曲。革言元昊親率党項三部來，詔革詰其納叛背盟，元昊伏罪，賜酒，許以自新，遣之。召群臣議，皆以大軍既集，宜加討伐。癸丑，督數路兵掩襲，殺數千人，駙馬都尉蕭胡覩爲夏人所執。丁巳，元昊遣使以先被執者來歸，詔所留夏使亦還其國。」

元昊在戰前請罪，但是遼人仍然進攻，最終大敗。《遼史》卷九三《蕭惠傳》說：「夏人列拒馬於河西，蔽盾以立，惠擊敗之。元昊走，惠麾先鋒及右翼邀之。夏人千餘潰圍之，我師逆擊。大風忽起，飛沙眯目，軍亂，夏人乘之，蹂踐而死者不可勝計。」

富弼說：「契丹始與元昊相約，以困中國，前年契丹背約，與中國復和，元昊怒契丹坐受中國所益之幣，因此有隙，屢出怨辭。契丹恐其侵軼，於是壓元昊境，築威塞州以備之。而呆兒族，累殺威塞役兵，契丹又疑元昊使來，遂舉兵西伐。」余靖說：「雖北邊事宜，云征夾山部落，且夾山小族，而契丹舉國征之，事勢甚大。」宋人記載：「契丹夾山部落呆兒族八百戶歸元昊，契丹主責還，元昊留不遣，契丹主遂親將至境上，各據山，嚴兵相持，元昊奉卮酒爲壽，大合樂，折箭爲誓，乃罷。契丹夜以兵劫元昊，元昊有備，反以兵拒之，大敗契丹主，入南樞密蕭孝友寨，擒鶻突姑駙馬。」〔註75〕

《儒林公議》卷下：「契丹界夾山部落呆家等族離叛，多附元昊。契丹以詞責問，元昊辭，不報，自稱西朝，謂契丹爲北邊。又言請戢所管部落，所貴不失兩朝歡好。宗眞既以強盛誇於中國，深恥之，乃舉眾西伐，聚兵於雲州西約五百里夾山之側，國內擾動，糧饋相繼。先是，契丹預峙芻茭，以備

〔註75〕《續資治通鑑長編》卷一五一、卷一五二。

多計。元昊密令人焚之殆盡，且多餓死。及與戰，遂敗。」

　　夾山在雲州（今大同）之西五百里，《金史・地理志》說夾山在雲內州柔服城北六十里，在今呼和浩特之西。〔註 76〕戰場不是賀蘭山，而是呼和浩特與黃河之間，靠近青冢。

　　此戰之前，遼、夏據山，一說夏人在河西，說明就在天德軍城附近的南北流向的烏加河，遼人從夾山而來。此後，遼人向西追擊，正是到了可敦城附近，發生激戰，遼人大敗而回。突厥人稱此戰為可敦城之戰，又說契丹人挑起戰爭，西夏君主欺騙了敵人，完全符合歷史。元昊原來依靠契丹，繼而自立為帝，宋、遼都說他詭計多端。此戰之後第四年，重熙十七年（1048 年），元昊就去世。重熙十八年（1049 年）七月，遼興宗親征西夏，北道行軍都統耶律敵魯古率阻卜諸軍到賀蘭山，俘獲元昊妻子與官僚家屬。重熙十九年（1050 年）五月，遼將蕭蒲奴等入夏境，縱軍俘掠而還。所以突厥人說西夏君主在戰後去世，其實是戰後不久去世的訛傳。大概因為元昊去世之後，西夏即有慘敗，所以突厥詩歌誇大了西夏君主的失敗。

　　所以《突厥語大詞典》所說遼、夏在國界交戰附近的可敦城無疑是烏拉特中旗的可敦城，但不是《馬衛集》所說的可敦城。各地都有可敦墓和可敦城，漠北不僅鎮州有可敦城，克魯倫河上游也有可敦城，《遼史・地理志一》上京道：「鎮州，建安軍，節度，本古可敦城……河董城，本回鶻可敦城，語訛為河董城。」上引《元和郡縣志》說唐代還在可敦城建橫塞軍，下文說天德軍的八到，又說橫塞軍在天德軍之西北二百里，則可敦城在天德軍西北二百里。王北辰以為是今臨河市八一鄉的古城，〔註 77〕我以為不是，因為此地在天德軍城的西南，而且根據最新的考古資料，此城是漢代古城，〔註 78〕不是唐代所建。我以為橫塞軍所在的可敦城，應是今烏拉特中旗烏加鎮奮鬥村南的奮鬥古城，此城是唐代所建，採集到開元通寶等唐代文物，東西 450 米，南北 400 米，基寬 5.5 米。〔註 79〕此地靠近山前的長城，正所謂橫塞。又在天德軍城西北二百里，完全符合。

〔註 76〕　《耶律大石北行史地雜考》，《歷史地理》第二輯，1982 年，收入《蒙元史研究叢稿》，第 78～80 頁。

〔註 77〕　王北辰：《王北辰西北歷史地理論文集》，第 364 頁。

〔註 78〕　《中國文物地圖集》內蒙古自治區分冊，上冊第 267 頁，下冊第 615 頁。

〔註 79〕　《中國文物地圖集》內蒙古自治區分冊，上冊第 272 頁，下冊第 626 頁。

第四節　五代與宋通西域之路

　　五代時，靈州、慶州一帶的党項時常劫掠回鶻商人，《新五代史·四夷三》記後唐：「明宗時，詔沿邊置場市馬，諸夷皆入市中國，而回鶻、党項馬最多……乃詔吏就邊場售馬給直，止其來朝，而党項利其所得，來不可止。其在靈、慶之間者，數犯邊為盜。自河西回鶻朝貢中國，道其部落，輒邀劫之，執其使者，賣之他族，以易牛馬。明宗遣靈武康福、邠州藥彥稠等出兵討之，福等擊破阿埋、韋悉、褒勒、強賴、埋廝、骨尾及其大首領連香李八薩王、都統悉那埋摩、侍御乞埋蒐悉通等族，殺數千人，獲其牛羊鉅萬計，及其所劫外國寶玉等，悉以賜軍士，由是党項之患稍息。」卷四七《張希崇傳》：「靈州地接戎狄，戍兵餉道，常苦抄掠，希崇乃開屯田，教士耕種，軍以足食，而省轉饋，明宗下詔褒美。希崇撫養士卒，招輯夷落，自回鶻、瓜、沙皆遣使入貢。」卷四九《馮暉傳》：「徙鎮靈武。靈武自唐明宗已後，市馬糴粟，招來部族，給賜軍士，歲用度支錢六千萬，自關以西，轉輸供給，民不堪役，而流亡甚眾。青岡、土橋之間，氐、羌剽掠道路，商旅行必以兵。暉始至，則推以恩信，部族懷惠，止息侵奪，然後廣屯田以省轉餉，治倉庫、亭館千餘區，多出俸錢，民不加賦，管內大治，晉高祖下詔書褒美。」

　　後漢乾祐元年（948 年）正月：「會回鶻入貢，訴稱為党項所阻，乞兵接應。詔左衛大將軍王景崇、將軍齊藏珍，將禁軍數千赴之，因使之經略關西。」〔註 80〕雖然如此，回鶻人與西域各地人到中原的記載仍然很多，回鶻進貢有四十多次，西域人也留下了很多中國道路的記載。

一、西域人所記中國道路

　　西亞人對北宋的記載，亨利·裕爾（Henry Yule）d《東域行程錄叢》第七章《蒙古時代以前有關中國的文獻資料》提到伊本·杜哈克·伽爾德茲（Abū Said Abd al-Haiy Ibn Duhak Gardezi）在 1050 年的著作 Zain al-Akhbar 的記載，另外提到五代時期到中國的阿拉伯人阿布·杜拉夫·米薩爾·伊本·穆哈黑爾（Abū Dulaf Mis'ar Ibn Muhalhil）遊記，還有阿拉伯人埃德里西在 1154 年寫成的《地理志》對中國的記載。後兩篇的時間雖然不在北宋，但是恰好在北宋的前後，可以形成很好的參照序列。

　　伊本·杜哈克·伽爾德茲書中記載了從吐魯番到庫姆丹（Khamdan）的路

〔註80〕《資治通鑑》卷二八七《後漢紀》。

程，先從陶古斯古斯（Toghuzghuz）的希南吉克特（Cinandjket）到哈密（Kumul）走 8 天，在巴格舒拉（Bagh Shūrā）乘船渡河，經過 7 天的草原，到達沙州。又 3 天到石磧（Senglākh），又 7 天到肅州（Sukhchau），再三日到甘州（Khamcau），再八日到庫薩（Kuca），再十五日到吉延（Kiyan）渡河，從巴格舒拉到中國的都城庫姆丹（Khamdan）要一個月。〔註81〕

我認為，甘州東南的 Kuca 應是涼州所在的姑臧（Ku-cang），東南所渡之河應是黃河，Kiyan 或是金城 kim-san 或皋蘭 Ko-lan 之誤，《元和郡縣志》卷三九蘭州五泉縣（今蘭州）：「金城關，在州城西，周武帝置金城津，隋開皇十八年改津為關。」但是蘭州到姑臧的直線距離很近，所以此處所說路程或許是從青海境內繞道，或許是原文的日程有誤。如果是從靈州（今靈武）渡河，則這段資料很可能來自唐末五代時期。

值得注意的是，此書雖然是在北宋時期寫成，但是記載的中國都城仍然是庫姆丹（Khamdan），也即長安。說明此書的地理信息未更新，或者西亞商人仍然把長安看成中國都城。

伊本·穆哈黑耳，在布哈拉的薩曼王朝的伊斯梅爾汗（Nasri Bin Ahmed Bin Ismail，914～943 年在位）宮廷任職，中國皇帝沙黑爾（Kalatin-bin-ul Shakhir）遣使，商量中國公主和伊斯梅爾汗的王子諾亞（Noah）婚事，穆哈黑爾護送中國使者回國，訪問了中國，留下了遊記。雖然原書不存，但是阿拉伯地理學家雅庫特（Yākūt）在伊斯蘭曆 617 年（西元 1220 年）、卡茲維尼（Qazwini）在伊斯蘭曆 667 年（西元 1268 年）的著作都有引用。

裕爾在他的書中附錄第十二篇，簡要摘錄了穆哈黑爾的遊記。裕爾指出，書中的一些地名難以解釋，或者看起來繞道，或者不像是漢語地名，比如遊記說中國的都城是 Sindabil，讀音接近馬可波羅所說的成都 Sindufu，但是成都不是中國都城。〔註82〕

穆哈黑爾的遊記，好在路程不僅記載詳細，還有明確天數，可以計算他的記載是否正確。法國學者費瑯（Gabriel Ferrand）的《阿拉伯波斯突厥人東方文獻輯注》，收有雅庫特（Yākūt）的《地名辭典》，詳細節錄穆哈黑爾的遊記，此書有漢譯本。

〔註81〕〔英〕H. 裕爾撰、〔法〕H. 考迪埃修訂、張緒山譯：《東域紀程錄叢》，第 108 頁。

〔註82〕〔英〕H. 裕爾撰、〔法〕H. 考迪埃修訂、張緒山譯：《東域紀程錄叢》，雲南人民出版社，2002 年，第 107～108、216～227 頁。

前段路程多有繞道，或許是原文有誤，或許是鋪陳太多，未到那些地方。從于闐（Khatiyān）開始清楚，其後是 Pima，即玄奘所記的媲摩，馬可波羅所記 Pein。再到 Kulaybu，應即下文《馬衛集》所說的克里雅（K.rwyā），在今克里雅河岸，洛杉磯圖書館抄本《馬衛集》作 Kirūbā，伊朗伊斯蘭議會抄本《馬衛集》作 Karūyā。〔註 83〕Kulaybu 稍誤，位置大體符合。

再到門卡，是沙漠中的一座城郭，由中國國王的士兵守護，需要前往中國的通行證，無疑是沙州，或者是沙州西部的陽關。從上下文來看，應是沙州。因爲如果是陽關，不應不提沙州城。沙州和陽關距離很近，不影響我們在下文計算玉門關的位置。其實穆哈黑爾遊記，上文還說到不少在沙漠中的城市，此處特地強調沙漠中的關卡，很可能就是在解釋沙州名字的由來。

穆哈黑爾說，在此地旅行三天，受到中國國王的招待。來到了門卡山谷，裕爾書的譯本是 Wadi ul-Makam，使者要求入境許可，花了三天時間，穿過山谷。出了山谷，又走了一天，到了中國的都城 Sandābil。

我以爲，穆哈黑爾所說的第二個門卡，在山谷的門卡，正是唐宋之際的玉門關，在今玉門市東南的黑山和祁連山之間，所以稱爲門卡山谷。這裡是瓜沙政權和甘州回鶻之間的邊界，所以需要再次獲得許可。

穆哈黑爾說中國的都城：

> 我們俯視了散達比爾（Sandābil）城，此乃中國京都：宮廷所在地……這座城如此之大，以至於穿過該城要走一天的時間。城中有六十條街道，條條通向宮廷。我們來到一座城門，發現城牆高寬均有九十腕尺。在城牆頂上，有一條河，分成六十股水，每股水流向一座城門，每股水經過一個磨坊，在磨坊下面，流水繞彎而出，再進入另一個磨坊，從該磨坊出來，水就流向地面，其中之一半流出牆外澆灌花園，另一半則流向城裏，供城市居民用水。這股水（經一條街流向宮廷）之後，（水）再經過相對的一條街，（最後）流到城外去。這樣一來，每條街便有兩股水，流向恰好相反：一股從城外流向城裏，供給飲水；一股從城裏流向城外，帶走（居民）的垃圾廢物。該城有一所很大的祈禱之寺廟，這裡有重要的行政機構，有完整的法律。據說，他們的祈禱寺比耶路撒冷的清眞寺還要大，

〔註 83〕〔伊朗〕烏蘇吉著、王誠譯、邱軼皓校：《〈動物之自然屬性〉對「中國」的記載》，《西域研究》2016 年第 1 期。

裏面有供像、肖像、偶像和一尊很大的佛陀像。〔註84〕

裕爾說 Sandābil 是成都，自然不確，因為我們考證地名，不能僅看讀音。成都不是都城，方位也不合。馬誇特（Marquart）說 Sandābil 是甘州（今張掖），張掖有西夏所建大佛寺，馬可波羅《遊記》說到甘州（Campicion）佛像最大的高十步，但張掖也不是中國都城。

岑仲勉認為是山丹縣，讀音接近 Sandābil，山丹城西有明代的大土佛寺，《新唐書》卷四三下記載，唐高宗總章元年，思結部之盧山都督府與蹛林州，改隸涼州，說明回鶻原來散居在甘州、涼州之間，正是山丹縣。〔註85〕

我認為岑仲勉的證據全部不能成立，山丹縣不是甘州回鶻的都城，岑仲勉拿唐高宗時期的一個思結部改隸涼州，論證完全不能成立。首先，思結部僅是回鶻的一支，還是別支。其次是回鶻人開始散居在甘州、涼州之地，不是甘州、涼州之間的山丹縣，而是很多地方。第三是唐高宗時期和五代的年代相差太遠。總之，岑仲勉為了遷就山丹的讀音，不惜牽強附會。

岑仲勉說，穆哈黑爾所說的沙漠中的關口，是唐代的玉門關，此說不確，唐代的玉門關在今瓜州縣東部，不在沙州。岑仲勉要把沙州的關口東移到瓜州的東部，才符合山丹之說。

岑仲勉說，穆哈黑爾記載的是坎兒井，我認為也是誤會，這裡所說的就是高處引水，不是坎兒井。

我認為，中國的都城 Sandābil 仍然是長安。Sandābil 應拼成裕爾書中的 Sindabil，Sin 就是中國 Sin，埃德里西的《地理志》稱一座城市為 Sinia-ul-sin，即中國的中國，裕爾認為是伊本·白圖泰說的廣州，但是我認為不是，因為埃德里西上文已經說中國最大的港口廣府（Khanfu）在庫姆丹河畔，是恒河的支流，距其 3 日有 Janfu，再過 2 月到中國君主都城 Bajah。〔註86〕

唐代圓照《貞元釋教錄》說中印度僧人般剌蜜帝：「展轉遊化，達我支那（印度國俗呼廣府為支那，名帝京為摩訶支那），乃於廣洲制旨道場居止。」唐代外國人稱廣州是支那 Sina，長安是 Maha-sina，即大支那。元代則反過來，稱廣州為 Sin-a-sin，即中國的中國。因為南宋通過海路和西方人往來，此時陸

〔註84〕〔法〕費瑯輯注、耿升、穆根來譯：《阿拉伯波斯突厥人東方文獻輯注》，北京：中華書局，1989 年，第 237～240 頁。

〔註85〕岑仲勉：《中外史地考證》，北京：中華書局，2004 年，第 416～431 頁。

〔註86〕〔英〕H. 裕爾撰、〔法〕H. 考迪埃修訂、張緒山譯：《東域紀程錄叢》，第 109 頁。

路衰落，所以廣州成爲中國的中國。

　　介於唐、元之間的北宋，廣州和長安的地位混淆，所以埃德里西認爲廣府在庫姆丹河畔。因爲他沒有到過東方，所以有此誤解。Janfu 也不是前人翻譯的建州，福建西北部的建州不靠海，Janfu 應該是泉州，現在中國南方很多方言把泉都城 juan，接近 jan。

　　中國君主的都城 Bajah，很可能是汴京，埃德里西已經到了南宋時期，但是他未到中國，是抄錄前書，所以仍然說汴京。

　　塞爾柱王朝的御醫馬衛所寫的《馬衛集》說：

> 想去那些國家（中國）經商或進行其他事務的人，從喀什噶爾（Kāshghar）出發，四日到葉爾羌（Yārkand），再十日到于闐（Khotan），再五日到克里雅（K.rwyā），再五十日到沙州（Sājū）。到秦、契丹與回鶻的道路在此分開，如果有人想前往中國桃花石汗所在的 Yanjūr，從沙州的東部右轉，即南行，到甘州（Qāmju），再到 L.ksīn，四十日。如果左轉能到火州（Khocho）的土地，其中唆里迷（Sūlmin）和中國城（Chīnānjkath）最著名。從這裡（Laksīn）進入桃花石汗的土地，再過四十日到 Yanjūr。

　　米諾爾斯基說比魯尼（Bīrūnī）把 L.ksīn 寫成 T.ksīn，又說此地在甘州到 Yanjūr 路程的三分之一處，所以很可能是靈州（今靈武），讀音接近。〔註87〕

　　法國學者哈密屯（James Hamilton）認爲是俄國人鋼和泰（A.de. Staël-Holstei）所藏敦煌卷子的于闐文地名 Laicū，即涼州。〔註88〕

　　《馬衛集》又說：

> 我見到了一位博學且有經驗的人前往中國並同中國人進行貿易，他講到 Yanjūr 是那裡的都城，也是座大城，其周圍長三日里程，在其周圍有一座比其還大的城市，叫 Kūfuvā，但是在皇帝在 Yanjūr 城。這座城被一條大河分爲兩個部分，皇帝、皇帝的親眷、軍隊和隨從在其中一部分居住，另一部分則爲庶民的住所和市場……而皇帝居住的大城叫做 Khumdān，據說從 Jigīnānjkas 到 Khumdān 有四個月的路程。

〔註87〕 V. Minorsky, *Sharaf al-Zamān Tāhir Marvazī on China, the Turks and China*, p70.
〔註88〕 哈密屯：《鋼和泰藏卷雜考（述要）》，鄭炳林主編、耿昇譯：《法國西域史學精粹》，第 423 頁。

　　馬衛集約死於 1120 年代，這個都城 Yanjur，有人譯爲揚州，我以爲不可能是揚州。米諾爾斯基認爲，比魯尼（Bīrūnī）說 Kūfū 在 Yanjūr 的東南，Kūfū 應是開封，Yanjūr 是河南府（今洛陽），開封比洛陽更大。〔註 89〕我認爲不是，因爲 Yanjur 的讀音不能對應洛陽。我認爲 Kufu 就是 Khumdan 的異寫，所以下文說中國都城是 Khumdan，這就和伊本・杜哈克・伽爾德茲的記載吻合，北宋時期的西方人仍然認爲中國的都城是長安。Yanjur 或許是眞正的都城開封，因爲汴州 Banjur 抄寫誤爲 Yanjur。

　　從北宋時期西亞人對中國的記載可以看出，此時還有很多人認爲中國的都城在長安（Khumdan），他們對中國的西北瞭解最多，往往詳細記載新疆、甘肅境內的地名，但是對中國的東部瞭解不多。西亞人還會誤以爲廣州靠近西安，他們也很關注中國境內的海港，因爲此時海上絲綢之路已經非常繁榮。

二、宋通西域之路

　　敦煌寫本《西天路竟》：「東京至靈州四千里地。靈州西行二十日至甘州，是汗王。又西行五日至肅州。又西行一日至玉門關。又西行一百里至沙州界，又西行二日至瓜州，又西行三日至沙州。又西行三十里入鬼魅磧，行八日出磧至伊州。又西行一日至高昌國。又西行一千里至月氏國。又西行一千里至龜茲國。又西行三日入割鹿國。又西南行十日，至于闐國。又西行十五日，至疏勒國。又西南行二十餘日，至布路沙國。又西行二十餘日，至迦濕迷羅國。」下文記載印度諸地，黃盛璋指出這是北宋乾德四年（966 年）派 157 名僧人去印度的行記。〔註 90〕此處所記靈州到甘州路，或即高居誨所行之路。

　　宋太宗時，李繼遷攻佔夏、銀、綏、宥四州。宋眞宗咸平五年（1002 年），又攻佔靈州，從此宋人從夏州、靈州到西域之路不暢。天聖四年（1026 年）宋人回顧說：「雍熙、端拱間，沿邊收市：河東則麟、府、豐、嵐州、火山軍、唐龍鎭、濁輪寨，陝西則秦、渭、涇、原、儀、延、環、慶、階州、鎭戎、保女軍、制勝關、浩亹府，河西則靈、綏、銀、夏州，川峽則益、乂、黎、雅、戎、茂、夔州、永康軍，京東則登州。自趙德明據有河南，其收市唯麟、府、涇、原、儀、渭、秦、階、環州、岢嵐、火山、保安、保德軍，其後止

〔註 89〕 V. Minorsky, *Sharaf al-Zamān Tāhir Marvazī on China, the Turks and China*, p71.
〔註 90〕 黃盛璋：《敦煌寫本〈西天路竟〉歷史地理研究》，《中外交通與交流史研究》，第 88～108 頁。

環、慶、延、渭、原、秦、階、文州、鎮戎軍置場。」〔註91〕

甘州回鶻與涼州的六穀部也想打通入宋道路，宋太宗至道二年（996 年）十月：「甘州可汗附達怛國貢方物，因上言願與達怛同率兵助討李繼遷。」〔註92〕景德元年（1004 年）六月，六穀部首領潘羅支：「且欲更率部族與回鶻精兵，直抵賀蘭山，討除殘孽。」〔註93〕本月，遼在漠北轄戛斯人佔據的回鶻故地可敦城，設鎮州。遼在轄戛斯之地設州縣，使得甘州回鶻不能通過轄戛斯道入宋，轉而依靠南部的河湟吐蕃通道。

宋眞宗大中祥符年間，宗哥城（今平安縣古城）首領李立遵與邈川城（今樂都縣）首領溫逋哥擁立吐蕃後裔角廝囉，割據河湟，建都青唐城（今西寧之南）。大中祥符八年（1008 年）九月：「禮賓院譯語官郭敏自甘州回，以可汗王表來上。先是，夜落紇累與夏州接戰，每遣使人入貢，即爲德明所掠。自四年後，宗哥諸族皆感朝恩，多遣人防援以至。」〔註94〕大中祥符元年（1008 年）九月，宋使從甘州回來，次月西夏攻甘州失敗。次年再攻甘州，再敗。大中祥符四年（1012 年），河湟吐蕃幫助聯絡北宋與甘州。天聖六年（1028 年），西夏滅甘州回鶻，河西完全爲西夏佔領。於是從河湟北上甘州的道路也被西夏阻隔，必須向西經過柴達木盆地才能直達西域。

此時青唐因爲佔據貿易通道而迅速致富，《宋史·吐蕃傳》：「及元昊取西涼府，潘羅支舊部往往歸廝囉，又得回紇種人數萬。廝囉居鄯州，西有臨穀城通青海，高昌諸國商人皆趨鄯州貿賣，以故富強。」宋人張舜民說：「西域之蕃，處中國以至夏、契丹交馳，罔不在鄰郭，今青唐是也。貨到每十橐駝稅一，如是積六十年寶貨不賮。」〔註95〕

前人詳細地列出甘州回鶻與宋交往史料，指出大中祥符三年（1010 年）是轉折點，此前的 50 年，甘州回鶻入貢 11 次，此後的 29 年間入貢 17 次，交往更加頻繁，甚至有一年入貢了三次，因爲大中祥符三年，遼攻佔肅州，所以甘州回鶻急於聯絡宋朝。〔註96〕我以爲這個發現很重要，但是原因不是遼攻佔肅州，而是大中祥符四年（1011 年）開通河湟道。遼攻佔肅州，時間極短，隨即退走，不會對甘州回鶻與宋的關係產生很大影響，河湟道的開通才是關鍵。

〔註91〕 《續資治通鑒長編》卷一百四天聖四年九月戊申。
〔註92〕 《宋會要輯稿》蕃夷四之二。
〔註93〕 《宋會要輯稿》方域二一之一九。
〔註94〕 《宋會要輯稿》蕃夷四之六。
〔註95〕 張舜民：《畫墁錄》卷一。
〔註96〕 朱悅梅、楊富學：《甘州回鶻史》，第 201 頁。

湟水注入黃河處（周運中攝於 2019 年 8 月 31 日）

　　不過其後又有中斷，景祐二年（1035 年），元昊在蘭州築城屯兵，阻隔宋與河湟交通。寶元二年（1039 年），宋遣魯經出使河湟。康定元年（1040 年），又遣劉渙出使河湟。

　　宋英宗治平二年（1065 年），角廝囉死，其子董氈即位。宋神宗熙寧五年（1072 年）王韶開闢熙河路，打敗青唐羌，建鎮洮軍（治今臨洮），改名熙州。又開闢河州（治今臨夏）、洮州（治今臨潭）、岷州（治今岷縣）、疊州（治今疊部）、宕州（治今宕昌）。元豐四年（1081 年），宋取蘭州。

蘭州博物館藏宋青釉刻花碗

　　熙寧年間開始，于闐成為北宋在西域最重要的貿易夥伴，而且關係比此前更加密切，《宋史‧于闐傳》：「自熙寧以來，遠不逾一二歲，近則歲再至。」元豐三年（1080 年）十月九日，熙州奏于闐國進奉般次至南川寨，稱有乳香雜物等十萬餘斤，以有違朝旨，未敢解發，詔乳香約回。〔註97〕

　　元祐六年（1091 年）七月二十八日，熙河蘭岷路經略安撫司言：「于闐國進貢人三蕃見在界首內，打廝蠻冷移四唱廝巴一蕃，已準朝旨特許解發外，今來兩蕃進奉人，緣已有間歲，許解發指揮，欲只令熙、秦州買賣，訖約回本蕃。」從之。〔註98〕打廝蠻冷移四唱廝巴一蕃，是宋朝特許解發，不同於另外兩蕃。打廝蠻，疑即元代人說的答失蠻，指穆斯林中的學者，波斯語為danishmand，中亞人讀為 dashumand。元代的答失蠻戶如果參與貿易，依照一般的回回戶收稅。〔註99〕此時于闐為喀喇汗王朝佔領，開始伊斯蘭化。所以此時于闐已有打廝蠻，而且到內地來貿易。

　　宋朝西北口岸原來以秦州（今寶雞）為主，咸平四年（1001 年），真宗以陝西二十三州地圖示輔臣，指秦州曰：「此州在隴山之外，號為富庶，且與羌戎接畛。」〔註100〕天禧元年（1017 年）四月：「秦州曹瑋請自今甘州進奉，止於秦州，選牙校同共齎送國信物往彼，不煩朝廷遣使伴送。」天禧四年（1020 年）三月二十一日：「令甘州回鶻進奉，自今並於秦州路出入。」〔註101〕慶曆元年（1041 年），曹琮從秦鳳副都部署升為陝西副都部署，他在秦州欲誘吐蕃，得西州舊賈使諭意，沙州鎮國王子奉書稱甥，願為宋擊党項。〔註102〕慶曆二年（1024 年）二月，詔於永寧寨以官屋五十間給唃廝囉收貯財物，韓琦說秦州居常蓋暫往來，不能置屋，以免走漏宋朝沿邊情報。〔註103〕元祐元年（1086 年）十月十三日：「詔于闐國使，以奉表章至，則間歲一入貢，餘令熙、秦州貿易。」〔註104〕所以余靖說：「臣竊料沿邊諸郡，最富貴者秦州爾。」〔註105〕

　　王韶開熙河路時，注重發展商業，熙寧三年（1070 年），王韶言：「沿邊

〔註97〕《宋會要輯稿》蕃夷四之一六。
〔註98〕《宋會要輯稿》蕃夷四之一八。
〔註99〕陳得芝：《元代回回人史事雜識》，《蒙元史研究叢稿》，第 448〜452 頁。
〔註100〕《續資治通鑒長編》卷四九咸平四年十月庚戌。
〔註101〕《宋會要輯稿》蕃夷四之八。
〔註102〕《續資治通鑒長編》卷一百三十一慶曆元年四月甲申。
〔註103〕《續資治通鑒長編》卷一百三十五慶曆二年二月庚辰。
〔註104〕《宋會要輯稿》蕃夷四之一七。
〔註105〕《續資治通鑒長編》卷一三八慶曆二年十一月辛巳。

州郡惟秦鳳一路與西蕃諸國連接，蕃中物貨四流，而歸於我者，歲不知幾百幾千萬，而商旅之利盡歸民間。欲於本路置市易司，借官錢爲本，稍籠商賈之利，即一歲之入亦不下一二千萬貫。」詔令將本司見管西川交子差人往彼轉易物貨，赴沿邊置場，與西蕃市易。〔註 106〕熙寧五年（1072 年）七月十七日，鎮洮軍置市易司。〔註 107〕王安石說：「熙河人情甚喜，蕃酋女子至，連袂圍繞漢官踏歌言，自今後無仇殺，有買賣快樂，作得活計。」〔註 108〕熙寧六年（1073 年），詔徙秦州茶場於熙州，以便新附諸羌市易。〔註 109〕熙寧十年（1077 年），於熙州、河州、岷州、通遠軍各置市易務，貿易百貨。〔註 110〕元豐二年（1079 年），鳳翔府增置市易務，與秦、熙等五市易務相表裏。〔註111〕元豐六年（1083 年），蘭州增置市易務。〔註 112〕

原來北上靈州，要通過方渠鎮（今環縣），後晉天福四年（939 年）在方渠鎮建威州，後周廣順二年（952 年）改名環州，顯德四年（957 年）降爲通遠軍，宋太宗淳化五年（994 年）復名環州。而熙寧五年（1072 年）王韶開熙河路時，在古渭寨（今隴西縣）建通遠軍，崇寧三年（1004 年）改爲鞏州。通遠即通向西域之意，通遠軍之名從環江上游南移到渭河上游，反映了北宋通西域之路的重要轉折。

此時也有原來通遠軍的商人，來到新的通遠軍之外的鎮洮軍，開闢新的市場，臨洮宋墓出土《宋故馮府君墓誌》說墓主馮從義是方渠人：「熙寧初，王韶開拓河湟，建鎮洮軍，招置商賈以實其地，仍貸公帑，令出息以佐軍需。公所請數十萬緡。不期年，償公給私，裕然有餘，無錙銖負。」〔註 113〕說明王安石所言不虛，熙州的貿易確實非常繁榮，公私皆能獲利。

元豐二年（1079 年）二月庚辰，經制熙河路邊防財用李憲言：「盧甘、丁吳、于闐、西蕃，舊以麝香、水銀、朱砂、牛黃、眞珠、生金、犀玉、珊瑚、茸褐、馳褐、三雅褐、花驦布、兜羅綿、硇砂、阿魏、木香、安息香、黃連、犛牛尾、狨毛、羚羊角、竹牛角、紅綠皮交市，而博買牙人與蕃部私交易，

〔註 106〕《宋會要輯稿》食貨五五之三一。
〔註 107〕《宋會要輯稿》食貨五五之三三。
〔註 108〕《續資治通鑑長編》卷二百四十一熙寧五年十二月丁酉。
〔註 109〕《續資治通鑑長編》卷二百四十五熙寧六年六月丁丑。
〔註 110〕《續資治通鑑長編》卷二百八十六熙寧十年十二月甲午。
〔註 111〕《宋會要輯稿》食貨三七之二七。
〔註 112〕《宋會要輯稿》食物三八之三三。
〔註 113〕陳守忠：《王安石變法與熙河之役》，《河隴史地考述》，第 124 頁。

由小路入秦州，避免商稅打撲。乞詔秦熙河岷州、通遠軍五市易務，募博買牙人，引致蕃貨赴市易務中賣，如敢私市，許人告，每估錢一千，官給賞錢二千，如此則招來遠人，可以牢籠遺利，資助邊計。」從之。〔註114〕

　　元豐四年（1081年）十月六日：「拂菻國貢方物，大首領你廝令廝孟判言，其國東南至減力沙，北至大海，皆四十程。又東至西大石及于闐王所居西福州，次至舊于闐，次至約昌城，乃于闐界。次東至黃頭回紇，又東至韃靼，次至種榅，又至董氈所居，次至林檎城，又東至青唐，乃至中國界。」〔註115〕

《宋史・于闐傳》說大中祥符二年（1009年）黑韓王遣回鶻羅斯溫等以方物來貢，說明此前于闐已爲黑汗（哈剌汗）王朝吞併，原來的于闐即此舊于闐。約昌是于闐最東的若羌，黃頭回紇、韃靼、種榅、董氈在今青海北部。黃頭回紇即撒里畏吾兒，撒里 sarig 是突厥語的黃色，此族即今裕固族祖先。〔註116〕種榅即小月氏後裔仲雲，高居誨出使于闐記：「甘州，回鶻牙也。其南，山百餘里，漢小月支之故地也，有別族號鹿角山沙陀，雲朱耶氏之遺族也……沙州西曰仲雲，其牙帳居胡盧磧。云仲雲者，小月支之遺種也，其人勇而好戰，瓜、沙之人皆憚之。」此處種榅在韃靼之東南，應在甘州南部，而非沙州之西的仲雲。〔註117〕林檎即蘋果，林檎城在今湟中縣多巴鎭，青唐在今西寧。

　　元豐六年（1083年）五月一日，于闐貢使在延和殿，回到神宗說離開于闐四年，在路上兩年，經過黃頭回紇、草頭韃靼、董氈等

〔註114〕《續資治通鑒長編》卷二百九十九元豐二年七月庚辰。
〔註115〕《續資治通鑒長編》卷三百十七元豐四年十月己未。《宋會要輯稿》蕃夷四。
〔註116〕關於黃頭回紇之名義，前人多有爭論。日本佐口透認爲黃頭指黃髮，見佐口透《裕固族的歷史與社會》，章瑩譯：《新疆民族史研究》，新疆人民出版社，1993年，第48頁。法國哈密屯認爲黃頭是佛教的黃帽，見哈密屯：《仲雲考》，耿昇譯：《法國西域史學精粹》，第286頁。楊富學認爲即吐魯番出土回鶻文木杆銘文的 Sarig bas，見楊富學：《也談 Sarig bas 的名與義》，《中國北方民族歷史文化》，甘肅人民出版社，2001年。湯開建認爲黃頭指黃姓突騎施，見湯開建：《解開「黃頭回紇」及「草頭韃靼」之謎》，《青海社會科學》1984年第4期。錢伯泉認爲黃頭不是指頭髮黃色，見錢伯泉：《黃頭回紇的變遷及名義》，《新疆社會科學》2004年第6期。
〔註117〕黃文弼認爲仲雲即沙陀的朱邪，見《古樓蘭國在中西交通上的地位》，《西北史地論叢》。錢伯泉認爲仲雲是處月，見《仲雲族始末考述》，《西北民族研究》1989年第1期。其實仲雲、處月音近，也可能是因爲處月也源自小月氏。

地，在董氈一年，皆散居，惟俱契丹抄略。〔註118〕

宋哲宗元祐元年（1086 年），董氈死，養子于闐人阿里骨即位。此時出使青唐的李遠撰《青唐錄》說：「自青唐西行四十里，至林金城，城去青海善馬三日可到……海西地皆平衍，無壟斷……至此百鐵堠，高丈餘，羌云此以識界。自鐵堠西，皆黃沙，無人居。西行逾兩月，即入回紇、于闐界。」

紹聖三年（1096 年）阿里骨死，瞎徵即位。元符二年（1099 年），瞎徵降宋，宋在邈川城立湟州，在青唐城立鄯州。次年，宋軍退出河湟。宋徽宗崇寧三年（1104 年），宋再占河湟，得湟州、鄯州、廓州（治今化隆群科古城），又改鄯州為西寧州。大觀二年（1108 年），溪哥城降宋，建積石軍（治今貴德）。

紹聖三年（1096 年）七月十五日，熙河蘭岷經略安撫司言：「大食國進奉般次迷令馬斤等齎表章，緣近奉旨，于闐國已發般次未到熙州者，表章進奉物，令本司於熙州軍資庫寄納。今者大食國乞赴闕進貢，合取朝廷指揮。」〔註119〕

直到南宋初年，還有大食人從陸路來到宋朝，建炎四年（1130 年）三月己酉：「張浚言，大食獻珠玉已至熙州，詔濬遣赴行在，右正言呂祉言，所獻眞珠、犀、牙、乳香、龍涎、珊瑚、梔子、玻璃，非服食器用之物，不當受。上諭大臣曰，捐數十萬緡，易無用珠玉，曷若愛惜其財，以養戰士。遂命宣撫司無得受，仍加賜遣之。」〔註120〕此時熙州還為宋朝控制，如果能夠堅守，還能聯絡西域，但是高宗失去恢復故土的雄心壯志，熙河最終喪失。

紹興十年（1140 年），詔熙州專差帥司提舉買馬。〔註121〕紹興二十一年（1151 年），詔西和州管下宕昌馬場添買馬官一員。〔註122〕紹興三十二年（1162年），宋軍收復洮州，鈐轄蕃部首領阿令結之妻包氏歸附，封令人，遷居西和州。趙彥博到宕昌買馬，令包氏招誘洮、疊、熙、鞏一帶蕃商，以致歲額增羨，乾道七年（1171 年）封包氏為郡夫人。〔註123〕

西夏阻撓北宋通往西域之路，確實是宋代陸上絲綢之路衰落的重要原因，但是我們也應該看到海路興起對陸路的取代作用，宋仁宗天聖元年（1023

〔註118〕《續資治通鑑長編》卷三百三十四元豐六年五月丙子。《宋會要輯稿》蕃夷四之一七。
〔註119〕《宋會要輯稿》蕃夷七之四二。
〔註120〕《建炎以來繫年要錄》卷。
〔註121〕《宋會要輯稿》兵二二之二四。
〔註122〕《宋會要輯稿》兵二二之二五。
〔註123〕《宋會要輯稿》禮六二之六九、兵十七之三〇。

年）十一月：「入內內侍省副都知周文質言，沙州、大食國遣使進奉至闕。緣大食國北來，皆泛海由廣州入朝，今取沙州入京，經歷夏州境內，方至渭州，伏慮自今大食止於此路出入，望申舊制，不得於西蕃出入，從之。乾興初，趙德明請道其國，國中不許，至是恐為西人鈔略，故令從海路至京師。」〔註124〕其實此時還有中亞人從陸路經過河西走廊到陝西，但是北宋人以為海路非常暢通，不必取道陸路。為了制約西夏，減少是非，主動放棄了陸路經營。可見海路興起的影響很大，阿拉伯人本來在半島，中外航海技術自從秦漢六朝以來一直進步，所以唐代海上絲綢之路就出現了超過陸路的趨勢。這些因素共同作用，使得遼宋夏金時期的海上絲綢之路超過了陸上絲綢之路。所以西夏的興起是陸上絲綢之路衰落的重要原因，但不是全部原因。西夏立國長久，正是因為陸上絲綢之路還存在，西夏人得以通過陸上絲綢之路富國強兵。但是陸上絲綢之路持續衰落，即使到蒙元一統時期，東西方的貿易仍以海上絲綢之路為主。

〔註124〕《宋會要輯稿》蕃夷四。

第九章　馬可波羅中國行程新考

　　關於馬可波羅在西方的行程，爭議不多，中國境內不少地名爭議較多。馬可波羅在今中國境內的行程，馮承鈞、黨寶海譯本有總結。[註1]伯希和、楊志玖、方國瑜、陳得芝、王頲、長澤和俊、高榮盛等前輩對具體地名都有研究，[註2]但是還有一些問題需要再考證，下文重點重新考證赤斤、興慶、天德、金雞堡、鞏昌、西和、重慶、揚州、烏鎮、諸暨、鉛山等地。

第一節　從帕米爾到上都

　　馬可波羅說帕米爾（Pamir）之後：「今請言東方及東北方更遠之地，繼續山行亙四十日，見有溪澗甚多，亦有不少沙漠。沿途不見人煙草木，所以行人必須攜帶其所需之物。此地名曰博洛爾（Belor）。居民居住在高山之上，信奉偶像，風俗野蠻，僅以獵獸爲生，衣獸皮，誠惡種也。」馮承鈞釋博洛爾爲西藏西北的勃律，但是馬可波羅是向東北走，先到喀什（Kachgar）。不會經過勃

〔註1〕 A. J. H. Charignon 注、馮承鈞譯、黨寶海新注：《馬可波羅行紀》，河北人民出版社，1999 年。

〔註2〕 Paul Pelliot, *Notes on Macro Polo*, Paris: Imprimerie Nationale Librairie Adrien-Maisonneuve, 1959、1963. 楊志玖：《馬可波羅與中外關係》，北京：中華書局 2015 年。方國瑜：《馬可波羅雲南行紀箋證》，《西南邊疆》1939 年第 1 期。王頲：《〈馬可波羅遊記〉中的幾個地名》，《南京大學學報》1980 年第 3 期。陳得芝：《馬可波羅在中國的旅程及其年代》，《元史及北方民族史研究集刊》第十期，1986 年，收入陳得芝：《馬可波羅在中國的旅程及其年代》，人民出版社，2005 年，430～447 頁。〔日〕長澤和俊著、鍾美珠譯：《關於馬可波羅所通過的河西以東路線》，《絲綢之路史研究》，天津古籍出版社，1990 年，639～662 頁。高榮盛：《Choncha 與馬可·波羅入閩路線》，《元史論叢》第八輯，江西教育出版社，2001 年，收入高榮盛：《元史淺識》，鳳凰出版社，2010 年，217～229 頁。

律，所以此處的博洛爾或是附記，原文未說明，或是指今阿克陶縣的布倫口。

馬可波羅在喀什之後，附記撒馬爾罕（Samarkand）。再從喀什向東南，到葉爾羌（Yarkend，今莎車縣），向東南到和田（Khotan），向東到媲摩（Pein，今策勒縣北），再向東到車爾臣（Ciarcian，今且末西南），向東五日到羅布城（Lob），羅布城是大城，應是鄯善國都。

向東三十日，過沙漠到沙州（今敦煌肅州鎮），附記哈密（Camul），再到西北沙漠邊緣的 Chingintalas，法國人德金（De Guignes）以為是鄯善，俄羅斯人帕拉丟斯（Palladius）以為是赤斤（今玉門赤金鎮），馮承鈞以為鄯善方向不合，赤斤距離肅州很近，不足十日行程，應是哈密西北的巴爾庫勒，長澤和俊以為是高昌到龜茲，語源是鎮西。今按巴爾庫勒、鎮西的讀音不合，礦產也不合。西的聲母是 s，所以鎮西不是 Chingin。唐代至德元載（756 年）改安西為鎮西，僅有一年不到，不可能流傳下來。馬可波羅說的十日，或許有誤，或許是指從沙州到肅州。西北是沙州東北之誤，馬可波羅說此處有很好的鋼鐵和火鼠布也即石棉，則一定是赤斤。因為今肅南縣托來河岸有鏡鐵山大型鐵礦，托來河的源頭通往青海省祁連縣，有大型石棉礦。

馬可波羅向東十日到肅州（Suctur），再到甘州（Campicion），騎行十六日到額濟納（Edzina），其下附記蒙古高原的哈剌和林（Karakorum）。又說從甘州騎行五日到 Erginul，東南到 Singuy 國，其中最重要的城市是涼州，再東南到 Singuy。又說從涼州，向東騎行八日到額里哈牙（Egrigaia），又說額里哈牙境內最重要的城堡是阿拉善（Calachan），再向東到天德（Tenduc）。〔註3〕

馮承鈞譯沙海昂（Charigon）注說 Erginul 是涼州，Singuy 無考，Muller 的拉丁文本、1556 年法文譯本都說，Singuy 是 Cerguth 的都城。馮承鈞說 Erginul 應從地學會本作 Ergyul，我認為這個名字其實就是回鶻，因為甘州長期是甘州回鶻的都城，雖然被西夏佔領，但是長期使用回鶻之名。所以馬可波羅說 Erginul 是國名，涼州是此國最重要的城市，因為涼州城市比甘州更大，西夏設西涼府。楊志玖認為《元朝秘史》第 265 節 Ärjiu，漢譯額里折兀，旁譯西涼，又以為 Singuy 是西寧。〔註4〕

涼州東南的 Singuy 不可能是西寧，應是銀川。Cerguth 顯然唐古特，也即党項、西夏，則其都城 Singuy 就是西夏都城興慶。有人說，伯希和（Paul Pelliot）

〔註3〕 〔意〕馬可波羅著、〔法〕沙海昂注、馮承鈞譯注：《馬可波羅行紀》，上海書店出版社，2001 年，第 162～165 頁。

〔註4〕 楊志玖：《馬可波羅與中外關係》，北京：中華書局，2015 年，第 11～12 頁。

認為 Singuy 是西寧，其實伯希和注解此條主要是引用馬爾斯登（Marsden）、頗節（Pauthier）、裕爾（Yule）的觀點。〔註5〕伯希和的注解也有錯誤，不必全信。我們說 Singuy 是興慶，還有以下七個方面的原因：

1. 交通原因。西寧很偏僻，根本不在甘肅到內蒙古、北京的道路上。自古以來，進入青海的通道都是先從蘭州向西，到河湟谷地，再到西寧，不可能從甘肅到西寧再忽然跳到內蒙古。

2. 讀音原因。Singuy 的讀音明明很接近興慶，而不可能接近西寧。因為西的上古音是 sei，元代西寧的近古音已經接近今天的讀音，sin 不能對應西，guy 更不能對應寧，所以 Singuy 不可能是西寧。馬可波羅來到中國時，當地居民仍然沿用二百年來的地名興慶。興慶的漢語中古音接近 hin-kin，在向近古音轉變時，有可能讀成 sin-kin，自然接近 Singuy。今天華南人說普通話時，還經常把興讀成 sin。馬可波羅行紀中的州一般寫成 giu，馮承鈞說在不同版本的馬可波羅行紀中，Singuy 也有寫成 Fingui、Tinguis、Sigui、Cingui 等，都不是 giu，而是 gui，說明是興慶而非興州。興州使用的時間很短，而興慶使用的時間不僅長，而且是都城名字，地位很高，所以馬可波羅記載的自然是興慶。

3. 經濟原因。而且馬可波羅花了很長篇幅描寫 Singuy，特別說到：「居民是商賈工匠，出產小麥甚饒，地廣二十六日程。」西寧歷史上根本不以商人和工匠聞名，西寧地處高原，氣溫較低，農作物主要是青稞。西寧出產的小麥絕不可能超過興慶，也不可能收穫很多小麥。西寧地處湟水河谷，沒有平原，不可能地廣二十六日程。興慶是西夏的都城，才有很多商人和工匠。興慶地處富饒的黃河平原，所以出產很多小麥。而且興慶府管轄範圍很大，平原相對廣闊，有塞上江南的美譽，所以才說地廣二十六日程。

4. 物產原因。馬可波羅又說，這個地方出產很多野雞和各種禽鳥。顯然也是興慶，因為地處黃河平原，多河流湖泊，所以才有很多水鳥。西寧缺乏廣闊的水面，不可能出產各種禽鳥。北宋初年樂史的《太平寰宇記》卷三六靈州土產有鳥翎，〔註6〕此時的靈州包括今銀川。

馬可波羅又說 Singuy 出產世界上最好的麝香，數量很大，還記載了取麝香的具體方法，是割取臍下的血袋。西夏本來就以出產麝香聞名，《太平寰宇

〔註5〕 Paul Pelliot, *Notes on Macro Polo*, Paris: Imprimerie Nationale Librairie Adrien-Maisonneuve, 1959、1963, pp832～833.

〔註6〕 〔宋〕樂史撰、王文楚等點校：《太平寰宇記》，北京：中華書局 2007 年，第760 頁。

記》靈州土產有麝香，《宋史》卷一八六《食貨志下八》：「西夏自景德四年，於保安軍置榷場，以繒帛、羅綺易駝馬、牛羊、玉、氈毯、甘草，以香藥、瓷漆器、薑桂等物易蜜蠟、麝臍、毛褐、羱羚角、碙砂、柴胡、蓯蓉、紅花、翎毛，非官市者聽與民交易，入貢至京者縱其爲市。」可見西夏出產麝臍，麝臍之名完全符合馬可波羅的記載。

5. 宗教原因。馬可波羅又說 Singuy 的居民是偶像教徒、回教徒，也有基督教徒。這也證明此地是興慶，因爲元初就有回教徒到了寧夏，但是原居民基本是偶像教徒，也即佛教、道教徒。因爲寧夏地處東西要道，所以也有基督教徒。至於西寧，交通偏僻，元初不可能有很多回教徒和基督教徒。

6. 風俗原因。馬可波羅說 Singuy 女子非常美麗，訂婚需要很多金錢。說明這個地方顯然是興慶，因爲興慶是西夏都城，富人很多。西寧非常偏僻，顯然不符合。

7. 篇幅原因。馬可波羅記載 Singuy 的篇幅，是他記載原西夏境內各地最長的篇幅，說明就是西夏都城興慶。

賀蘭山前的西夏王陵（周運中攝於 2017 年 10 月 10 日）

前人之所以誤以爲 Singuy 是西寧，主要是受到東南二字的誤導，西寧固然在張掖的東南，但是張掖到銀川也要先向東南，銀川本來是張掖的東偏南方向。馬可波羅回國多年才口述此書，中間又有傳抄的錯誤，所以方位描述

有細節上的疏漏，不足爲奇。我們不可能根據東南二字的孤證就說 Singuy 在西寧，西寧說違背馬可波羅所說的六大地理特點。

馬可波羅說 Egrigaia，最重要的城堡名爲阿拉善（Calachan），出產世界上最好的白駱駝氈。馮承鈞譯引沙海昂注說馬可波羅敘述 Egrigaia 和 Calachan 兩個地方含混不明，Egrigaia 不是法國傳教士馮秉正所說的兀剌孩城，兀剌孩城在賀蘭山中的險要處，又說 Calachan 是西夏故都，馬可波羅僅是簡略提到西夏故都，可能是賀蘭山下的阿拉善，也可能是今榆林的夏州，即黑水城。

今按此說錯誤太多，在今陝北的夏州城不是黑水城，前人已經考出兀剌孩城在今內蒙古狼山下，不在賀蘭山下。Calachan 應是阿拉善，阿拉善和賀蘭山是同源地名，[註7] 但是此處的 Calachan 不是指賀蘭山。馬可波羅不可能僅是簡略提到西夏故都，元初的西夏故都還很重要。因爲前人未能考出 Egrigaia 和 Calachan，才說兩地含混不明。其實兀剌孩城扼守阿拉善物產輸出的要衝，所以馬可波羅記載了來自阿拉善的白駱駝氈。

兀剌海城是成吉思汗進攻西夏的重要通道，《元史》卷一《太祖紀》太祖二年（1207 年）：「丁卯秋，再征西夏，克斡羅孩城……四年己巳春，帝入河西。夏主李安全遣其世子率師來戰，敗之，獲其副元帥高令公，克兀剌海，俘其太傅西壁氏。進至克夷門，覆敗夏師，獲其將嵬名令公。薄中興府，引河水灌之。堤決，水外潰，遂撤圍還。遣太傅訛答入中興，招諭夏主，夏主納女請和。」卷六十《地理志三》甘肅行省兀剌海路：「太祖四年，由黑水城北兀剌海西關口入河西，獲西夏將高令公，克兀剌海城。」卷一六九《謝仲溫傳》：「豐州豐縣人。父睦歡，以貲雄鄉曲間，大兵南下，轉客兀剌城。太祖攻西夏，過其城，睦歡與其帥迎降。」兀剌城靠近豐州，說明在西夏的東北部。

兀剌海城的位置，有甘州、狼山兩說。施世傑認爲元太祖由張掖縣起程，東攻靈州，則兀剌海城在張掖東北。岑仲勉認爲在狼山，多桑《蒙古史》作 Ouiraca，他說 Hyacinthe 氏認爲 Ouiraca 是党項語的長城中的通道。[註8]

王頲認爲在烏拉山，兀剌海即烏拉的異譯，海是城，王靜如《西夏研究·引論》說：「海、孩、該、格依、海牙、合牙，加於地名之尾，作 gei 或 ghai 之音……意爲城，亦譯州。」《元文類》卷二一姚燧《李恒家廟碑》：「唐李王

〔註7〕　唐均：《西夏文記錄的一水三山》，《西夏學》第 9 輯，第 356～357 頁。寶音德力根、包文勝：《「駁馬—賀蘭部」的歷史與賀蘭山名稱起源及相關史地問題》，《中國歷史地理論叢》2017 年第 3 期。
〔註8〕　岑仲勉：《中外史地考證》，北京：中華書局 2004 年，第 535 頁。

西夏……我太祖始平之，其宗有守兀納城者，獨戰死不下。」《永樂大典》卷七五一一引元《經世大典》：「兵部議准擬：屯田萬戶府倉敖廨宇，本府與所委官那懷等議：合於兀郎海山下舊新安州故城內，建四向立屯爲便。據合用物料，照會河東宣慰司，早爲建造，相視兀郎海山下舊新安州故城，方圓七里，並無人煙，黃河沿路別無村疃，西至寧夏路七百里。」《元文類》卷五〇齊履謙《郭守敬行狀》：「向自中興還，特命舟順河而下，四晝夜至東勝，可通漕運，及見查泊、兀郎海古渠甚多。」兀郎海即兀剌海，說明兀剌海城在中興路（今銀川）以下的黃河岸邊，有屯田的水渠。〔註9〕

兀剌海城應是今內蒙古臨河市北的西夏時代高油坊古城，邊長 990 米，基寬 8 米，外有甕城，有學者認爲是黑山威福軍司故城，〔註10〕也有人認爲黑山威福軍司城在榆林之南的黑山。〔註11〕還有人認爲在額濟納，《元史·地理志三》甘肅行省亦集乃路：「亦集乃路，下，在甘州北一千五百里，城東北有大澤，西北俱接沙磧，乃漢之西海郡居延故城，夏國嘗立威福軍。」〔註12〕

我以爲高油坊城非常重要，應是黑山威福軍司城，也即兀剌海城，扼守狼山要道。成吉思汗因爲攻克此城，才能向南直達西夏都城。《遼史·地理志》說天德軍有黑山峪，天德軍的西北就是狼山。《耶律唐古傳》又說遼想開拓西南黑山之西的疆域，也是指這個黑山。《西夏地形圖》黑山威福軍在西夏東北部，而《元史·地理志》混淆了黑水和黑山，誤以爲在亦集乃路（今額濟納）。

高油坊古城，1958 年在東門內出土大量鐵錢，有西夏乾祐通寶，1959 年在城內東北角出土金銀器 27 千克，1966 年又在東北角發現一影青小瓷罐，內有金器 250 克。有學者認爲此城在西夏的地位超過黑水城，〔註13〕前田正名認爲黑水監軍司控制陰山到黑水、寧夏的路線，黑山監軍司控制伊州與陰山的路線，〔註14〕楊蕤指出前田顛倒了黑山監軍司與黑水監軍司，但是控制交

〔註 9〕 王頲：《城覓一路——兀剌海方位與蒙古經略西夏諸役》，《西域南海史地研究》，上海古籍出版社，2005 年，第 185～201 頁。

〔註10〕 魯人勇：《西夏監軍司考》，《寧夏社會科學》2001 年第 1 期。國家文物局主編：《中國文物地圖集》內蒙古自治區分冊，西安地圖出版社，2003 年，上冊第 267 頁，下冊第 615 頁。

〔註11〕 湯開建：《西夏監軍司駐所辨析》，《党項西夏史探微》，北京：商務印書館，2013 年，第 356～358 頁。

〔註12〕 吳天墀：《西夏史稿》，廣西師範大學出版社，2006 年，第 167 頁。

〔註13〕 林幹等：《內蒙古歷史與文化》，內蒙古人民出版社，2000 年，第 434 頁。

〔註14〕 〔日〕前田正名著、張鑒衡、陳宗祥譯：《西夏時代河西南北的交通路線》，《西北史地》1983 年第 1 期。

通要道的觀點合理。他又指出《天盛改舊新定律令》有對外商的規定，說明西夏很注重貿易。〔註15〕

聶鴻音指出，《聖立義海》記載西夏北部的臥黑山，讀音是 ow-rar-nja，也即兀剌海、午臘葰，《宋史·西夏傳》：「自河北至午臘葰山七萬人，以備契丹。」午臘葰山，不是烏拉山，而是狼山。兀剌海在《蒙古秘史》轉寫爲 Uraqai，但不能用蒙古語解釋。〔註16〕前引王頲之文提到，拉斯特《史集》第一卷第二分冊《成吉思汗紀》作 Araiqai，這也是蒙古語的轉寫，不是西夏語的原貌。王頲認爲兀剌海城在烏拉山，我認爲烏拉山和狼山的名字可能都源自黑山，都屬於陰山山脈，陰山的名字就源自陰黑，所以都可以稱爲兀剌。

前人指出，西夏文詞典《同音》（26A7）有黑山，讀音擬爲 ngər-nja，nja是黑。〔註17〕我認爲，既然黑山是 ngər-nja，讀音很接近 Egrigaia，說明 Egrigaia就是黑山威福軍司城。其中 egri 源自西夏語的山 ngər，gaia 源自西夏語的城，所以是山城。

前引王頲之文認爲，元代的也吉里海牙、也里海牙就是中興路（今銀川），也即 Egrigaia，《元史》卷一百二十《曷思麥里》：「曷思麥里奏，往者嘗招安到士卒留亦八里城，宜令扈從征河西，許之，命常居左右。至也吉里海牙，又討平失的兒威。」《永樂大典》卷一九四一六引《經世大典》：「中統二年五月十九日，奉聖旨節該南合奏：也里海牙所轄州城宣使軍馬多索祇應，民戶甚苦之。」南合是黏合南合，《元史》卷一四六《黏合重山傳》：「中統元年，兩遷宣撫使。明年，授中書右丞、中興等路行中書省事。三年，遷秦蜀五路四川行中書省事。」中統二年，黏合南合正是在中興路。

我認爲也里海牙確實是 Egrigaia，但不是中興路，因爲《經世大典》說也里海牙所轄州城，說明也里海牙是州，不是路。Egrigaia 在中興路之下，不是中興路。雖然《元史·地理志》記載兀剌海是路，但是不說是何時升爲路。肅州在至元七年升爲路，沙州在至元十七年升爲路，亦集乃在至元二十三年升爲路，所以兀剌海升爲路不可能太早，中統年間可能最多是州。

〔註15〕 楊蕤：《回鶻時代：10～13 世紀陸上絲綢之路貿易研究》，中國社會科學出版社，2015 年，第 270～271 頁。

〔註16〕 聶鴻音：《黑山威福軍司補證》，《寧夏師範學院學報》2008 年第 4 期。收入聶鴻音：《西夏文獻論稿》，上海古籍出版社，2012 年，第 147～151 頁。

〔註17〕 李範文：《同音研究》，寧夏人民出版社，1986 年，第 327 頁。唐均：《西夏文記錄的一水三山》，《西夏學》第 9 輯，第 355～356 頁。

　　岑仲勉以爲 Egrigaia 是涼州所在的姑臧，又說《華夷譯語》的鳶，蒙古語曰赫列額，即馬可波羅說的 Egrigaia，姑臧又名鳥城，曾置神鳥縣。〔註18〕但是馬可波羅原文說在涼州向東八日，不可能還是涼州。而且 Egrigaia 與赫列額，讀音也有不合之處。

　　馬可波羅說，這個地方有很多偶像教徒和基督教徒，但是不提回教徒，說明這個地方不可能是興慶（今銀川），而在今內蒙古境內。因爲元初回教徒從西域來到寧夏，首先進入銀川，此時尙未大量進入內蒙古。

　　既然馬可波羅的路程是從甘肅到內蒙古，而且明確提到阿拉善，他就不可能避開西夏的都城興慶府。馬可波羅在 Egrigaia 不提有商人、工匠、水鳥，不提男女面貌和婚俗，篇幅遠遠不及 Singuy，說明這個地方顯然不如 Singuy 重要，所以不可能是西夏的都城興慶。

　　楊志玖據《元朝秘史》第 265 節額里合牙的旁譯寧夏，以爲此地是興慶（銀川），〔註19〕我以爲不是，如果是興慶（銀川），不可能僅說到城堡與白氈，而不提任何其他事物。《元朝秘史》的旁譯應是指此城故屬寧夏，不是指興慶（銀川），這本書的旁注是明代人所寫，《元朝秘史》的額里合牙旁譯爲寧夏絲毫不能證明這個地方就是今天銀川。

　　還有人誤以爲 Calachan 是銀川，我以爲銀川雖然靠近賀蘭山，但是古人絕不可能把銀川城稱爲賀蘭山，賀蘭山也不是一個城堡的名字，Calachan 只能是阿拉善。

　　因爲兀剌孩城是西夏的黑山威福軍司所在地，這個城扼守遼和西域的交通要道居延道，向西就是阿拉善，所以說其境內有阿拉善。元代的兀剌海路，也管轄阿拉善。居延道非常重要，前人論述很多。歐美人又稱爲風路，中國人又稱爲漠南道，謝彬《新疆行紀》附《哈密二大歧路》之一即漠南道，松田壽男也稱爲漠南道。〔註20〕黑水城出土編號 B63 的北宋《端拱二年智堅等往西天取菩薩戒記》說，智堅從朔方（今靈武）西行，說明走居延道。〔註21〕俄國旅行家彼甫佐夫在 1878～1879 年走過此路，從阿爾泰山到內蒙古。拉鐵

〔註18〕 岑仲勉：《中外史地考證》，第 538 頁。
〔註19〕 楊志玖：《馬可波羅與中外關係》，第 12 頁。
〔註20〕 王北辰：《古代居延道路》，《歷史地理》第 3 期，上海人民出版社，1980 年。收入王北辰：《王北辰西北歷史地理論文集》，學苑出版社，2000 年，第 57～80 頁。
〔註21〕 楊富學、陳愛峰：《西夏與周邊關係研究》，甘肅民族出版社，2012 年，第 34 頁。

摩爾也走過，用了四個月，志費尼說13世紀粟特人還在利用此路。〔註22〕居延道也是遼金和西域聯繫的重要通道，我已有論述，不再贅述。

馬可波羅在元初來華，此時居延道仍然很重要，劉秉忠曾走過此道，他的《過豐州》詩云：「又經黑水過沙漠，才自烏雲出瘴煙。」〔註23〕王惲爲丁居實所作的墓碑銘說：「金亡，流寓天德、黑水間。」〔註24〕豐州天德軍在今呼和浩特，黑水城在今額濟納。

再向東到天德州（Tenduc），楊志玖先生有考證，他說：「天德軍本爲豐州之一軍區，有時又可概括豐州全境，到元代，天德軍的名稱才爲豐州所代替。」此處未能說明原委，又誤信《新唐書·地理志一》天德軍在唐代乾元後徙屯永濟柵即故大同城之說。〔註25〕

今按《元和郡縣志》卷四，隋代置豐州，王北辰考證城在今杭錦旗西北。〔註26〕唐代置天德軍：「貞觀二十一年，於今西受降城東北四十里置燕然都護⋯⋯龍朔三年，移於磧北回紇本部，仍改名瀚海都護。總章二年，又改名安北都護，尋移於甘州東北一千一十八里，隋故大同城鎮。垂拱元年，置大同城鎮，其都護權移理刪丹縣西南九十九里西安城。景龍二年，又移理西受降城。開元十年，又移理宗受降城。天寶八年，張齊丘又於可敦城置橫塞軍，又自中受降城移理橫塞軍。十二年，安思順奏廢橫塞軍，請於大同川西築城置軍，玄宗賜名人安軍。十四年，築城攻畢，移大安軍理焉。乾元後改爲天德軍。緣居人稀少，遂西南移三里，權居永清柵。其理所又移在西受降城。自後頻爲河水所侵⋯⋯（李吉甫）請修天德舊城以安軍鎮。」晚唐天德軍遷到永清柵，即今烏拉特前旗壩頭故城，1976年張郁在其南的廟壕村發現唐代天德軍防禦都虞侯王逆修墓誌銘說葬在天德軍城南原五里，〔註27〕屬豐州。此處不是故大同城，故大同城在甘州（今張掖）東北，在今額濟納旗。

〔註22〕〔俄〕C.Г.克里亞什托爾内、李佩娟譯：《古代突厥魯尼文碑銘——中亞細亞史原始文獻》，黑龍江教育出版社，1991年，第106頁。

〔註23〕〔元〕劉秉忠：《藏春詩集》卷3，《元史研究資料彙編》第4冊，北京：中華書局2014年，第103頁。

〔註24〕〔元〕王惲：《大元故奉訓大夫尚書禮部郎中致仕丁公墓碑銘並序》，《秋澗先生大全文集》卷52，《元史研究資料彙編》第21冊，第633頁。

〔註25〕楊志玖：《馬可波羅與中外關係》，第132～133頁。

〔註26〕王北辰：《唐代長安——夏州——天德軍道路考》，《王北辰西北歷史地理論文集》，第94～95頁。

〔註27〕張郁：《唐王逆修墓誌銘考釋》，《内蒙古文物考古》1981年創刊號。

遼代豐州東移到今呼和浩特城東的太平莊鄉白塔村豐州故城，〔註28〕仍
用天德軍之名，天德軍城仍在唐代原址，《遼史·地理志五》西京道有豐州天
德軍，其下又有天德軍：「太祖平党項，遂破天德，盡掠吏民以東。後置招討
司，漸成井邑，乃以國族爲天德軍節度使。」《遼史》此處所說的天德軍就是
東遷的豐州，原來的天德軍已經廢棄。金代天德軍城入西夏，金的天德軍就
已專指豐州，馬可波羅所說的天德就是遼代東移的豐州，沿用遼、金的天德
之名。因爲從興慶到天德（豐州），路途荒蕪，所以不記日程。

馬可波羅向東七日到宣德州（Suydatuy），再到察汗淖爾（Tchagan-nor），
到上都（正藍旗上都城）。宣德州城在今宣化縣，馬可波羅不必經過州城，應
是州西北境直接其上都。

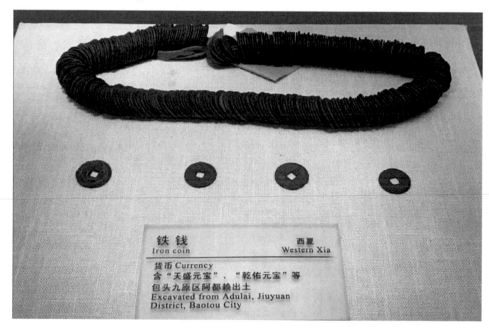

包頭博物館藏阿都賴出土西夏鐵錢（周運中攝於 2019 年 9 月 8 日）

第二節　從大都到西南

馬可波羅奉使西方諸州，從桑乾河上的盧溝橋，到涿州（Giogiu），騎行
十日到太原府（Tainfu）。再騎行十日，到平陽府（Pianfu，今臨汾）。西南騎

〔註28〕 內蒙古自治區文化廳編製：《中國文物地圖集》內蒙古自治區分冊，西安地圖
　　　　出版社，2003 年，上冊第 113 頁，下冊第 15 頁。

行二日，到 Caigiu，又名 Thaigin 堡，曾有黃金王修築城堡，據守險要，長老約翰有少年十七人詐降，某日隨黃金王渡過一里外的河流，拔劍脅迫黃金王，來到長老約翰處投降。

馮承鈞說 Caigiu 是吉州（今吉縣），黨寶海先生新注引伯希和謂此爲絳州（今新絳），下文說向西二十里就是黃河（哈刺木連 Karamouren），再向西騎行二日是 Cacianfu，黨寶海新注引陳得芝先生文，謂古河中府，在今山西永濟縣西蒲州鎮。馮承鈞說，馬兒斯登認爲黃金王是金朝的王，但考《金史》無此事，可能是指晉地的匈奴劉淵俘虜晉懷、愍帝。

其實 Caigiu 應是解州（今運城），解的讀音與 cai 完全符合，但是吉、絳都不符合。這個大金堡就是平陸縣老城西南二里的金雞堡，在今張村鎮太陽渡村黃河岸邊的高崖上，金代平陸縣屬解州。

所謂用少年詐降來降服大金王的事，我發現，就是源自金末金雞堡帥趙偉的事，《金史》卷一百十六《徒單兀典傳》：

> 是時，陝州同知内族探春，願從行省征進。兀典授以帥職，聽招在城民充軍……宣差趙三三，名偉，亦依探春招募。偉，人所知識，不二日得軍八百餘，號破敵軍……尋以偉權興寶軍節度使，兼行元帥府事，領軍三百，屯金雞堡。大兵即知潼關焚棄，長驅至陝。賀都喜，不待命出城迎戰，馬蹶幾爲所獲，兀典易以一馬，遂下令不復令一人出，大兵亦去。自此潼關諸渡船筏俱盡，偉亦無船可渡矣……時趙偉爲河、解元帥，屯金雞堡，軍務隸陝省，行省月給糧以贍其軍。明年五月，麥熟，省箚令偉計置兵食，權罷月給。十月，偉軍食又盡，屢白陝省，云無糧可給……十一月冬至，大兵已攻破元村寨，偉攻解州不能下，於是密遣總領王茂軍士三十人，入陝州，匿菜圃中凡三四日，乘夜，王茂殺北城邏卒，舉號召偉軍八百渡河，入城劫殺阿不罕奴十剌、李獻能、提控蒲鮮某、總領來道安，因誣奏：「奴十剌等欲反，臣誅之矣。」朝廷知其冤而莫敢詰，就授偉元帥左監軍，兼西安軍節度使，行總帥府事。食盡。括粟，粟又盡，以明年三月降大兵……（陝）州人疑叛軍多，不敢動，遂開門納軍。殺行省以下官屬二十一人，獻能最爲所恨，故被害尤酷。〔註29〕

天興元年（1232 年）正月，蒙軍在河清縣（治今孟津縣會盟鎮）白坡（在

〔註29〕　〔元〕脫脫等：《金史》，北京：中華書局，1975 年，第 2538～2541 頁。

今洛陽吉利區白坡）渡河，潼關投降。二月，關陝、秦藍兩路總帥入陝州，徒單兀典棄城南逃，爲蒙軍全殲。金雞堡和陝州（今三門峽市）據守黃河天險，金雞堡乏糧，趙偉派士兵三十人，潛入黃河對岸的陝州，藏匿三十日，劫殺金朝官員，不久趙偉投降蒙古。

陝州在黃河南岸，所以馬可波羅說少年渡河，脅迫黃金王投降。陝州城內的關陝總帥阿不罕奴十剌是權參知政事，行省，所以說是黃金王，也即金朝的一個王。馬可波羅在平陸縣聽到這個故事，記錄稍有錯誤，但是總體不錯。馬可波羅說黃河在金雞堡之西二十里，其實距河岸二里。去河中府也不必到平陸，所以馬可波羅未必到過平陸。但是從這個故事還是可以看出馬可波羅一定到過解州，否則不可能記錄此事。馬可波羅說解州到平陽府、河中府都是兩日，其實解州靠近河中府，所以馬可波羅說的距離稍有錯誤。

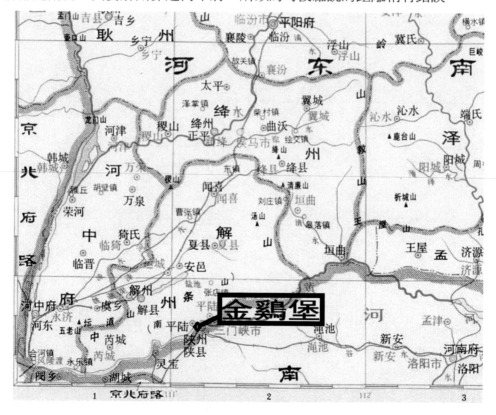

金雞堡位置圖〔註30〕

〔註30〕底圖來自譚其驤主編《中國歷史地圖集》第六冊，第 56 頁。金雞堡是本書添加。

馬可波羅和玄奘一樣，都會記載途經地附近的事，古代旅行家都會如此。古代信息不及今日通暢，所以旅行者儘量多記，傳回老家，供人瞭解。現在有人指責古人作僞，實在是以今度古。我們不僅不應指責他們，還應感謝古代旅行者記載如此豐富。

成化《山西通志》卷七《古蹟》

> 金雞堡，在平陸縣南二里。前臨黃河，其頂高峻，形勢如雞，故名。關雲長思鄉廟在焉。

同書卷十六，有元代王思誠七律一首，開頭是：「金雞堡峻厭崇墉，襟帶關山幾萬重。」

乾隆《平陸縣志》卷十一《古蹟》：「金雞堡，在縣南二里。店頭鎮之西，當即下陽城也。延袤七里，城內西北隅，積石如邱。俗傳爲十二連城，蓋春秋時岩城。在崇岡之上，丹壁屹立，南臨大河，北望中條，而太華、函谷恍惚見之，土人名金雞堡。」

乾隆《平陸縣志》卷首《金雞堡圖》

渡河向西騎行八日，到京兆府（Quengianfu），又向西到山中的 Cuncun。1828 年，德國學者 Julius Heinrich Klaproth 提出 Cuncun 是漢中，但也指出讀

音不合，裕爾（Yule）認同。頗節（Pauthier）提出元代的漢中叫興元，伯希和認爲讀音不合。裕爾提出，又經沙里昂（Charignon）指出，漢中是馬可波羅下文所說的蠻子國的白石城（Acbalec Mangi），沙里昂提出 Cuncun 是關中。伯希和認爲關中不是正式政區，所以 Cuncun 是鳳翔。陳得芝先生指出伯希和之說牽強，但是未能解決漢中與鳳翔的問題。

我以爲 Cuncun 應是鞏昌府，在今甘肅隴西縣。第一個 c 讀爲 k，第二個 c 讀爲 tɕ，即鞏昌。

鞏昌是元初的要地，唐代爲渭州，晚唐失守，宋熙寧五年（1072 年）在古渭寨設通遠軍，崇寧三年（1104 年）升爲鞏州。金改鞏昌府，《元史‧地理志三》陝西：「鞏昌府，唐初置渭州，後曰隴西郡，尋陷入吐蕃。宋復得其地，置鞏州。金爲鞏昌府，元初改鞏昌路便宜都總帥府，統鞏昌、平涼、臨洮、慶陽、隆慶五府及秦、隴、會、環、金、德順、徽、金洋、安西、河、洮、岷、利、巴、沔、龍、大安、褒、淯、邠、寧、定西、鎮原、階、成、西和、蘭二十七州，又於成州行金洋州事。至元五年，割安西州屬脫思麻路總管府。六年，以河州屬吐蕃宣慰司都元帥府。七年，並洮州入安西州。八年，割岷州屬脫思麻路。十三年，立鞏昌路總管府。十四年，復行便宜都總帥府事，其年割隆慶府，利、巴、大安、褒、沔、龍等州隸廣元路。二十一年，又以淯、邠二州隸陝西漢中道宣慰司，而帥府所統者，鞏昌、平涼、臨洮、慶陽，府凡四；秦、隴、寧、定西、鎮原、階、成、西和、蘭、會、環、金、德順、徽、金洋，州凡十有五。」

金已有鞏昌便宜總帥，《元史》卷一五五《汪世顯傳》：「汪世顯，字仲明，鞏昌鹽川人。系出旺古族。仕金，屢立戰功，官至鎮遠軍節度使，鞏昌便宜總帥。」窩闊台七年（端平二年，1235 年），汪世顯投降，引導蒙古人南征四川，所以南宋利州西路、利州東路的徽、利、巴、沔、龍、大安、階、成、西和諸州都屬鞏昌。鞏昌一時成爲元初入蜀的大路，所以馬可波羅從此入蜀。馬可波羅所謂山路，指的是從鞏昌向南的山路。後人忘記鞏昌在元初的重要地位，所以想不到 Cuncun 是鞏昌。

從鞏昌走山路二十日，到蠻子的 Acbalec，即突厥語的白石，地學會本說此州在蠻子邊界。伯希和以爲是漢中，但是他的理由很薄弱，僅僅是認爲漢中是南宋北部的重要城市。馮承鈞、陳得芝先生，都認爲是利州（今四川廣元）。

我以爲此地是西和州（今西和縣），《水經注》卷二十《漾水》記載此地在

北魏爲白石戍，唐與北宋屬岷州，南宋《方輿勝覽》卷七十西和州《形勝》說：

> 白石鎮，丙午，金人初犯中原。越五年，陝西盡陷……熙河偏
> 將關師古，率熙河兵駐於本州之白石鎮，外控強虜，內未全蜀保障，
> 州遂僑治於此。

《建置沿革》說：

> 紹興間，叛將慕容有等相繼降虜，而洮、岷之地復失。宣撫吳
> 玠復五路，以李永琪守岷，遂移治於白石。及金人請和，朝廷從之，
> 改岷曰西和。

《古蹟》說：

> 白石鎮古城乃唐宣宗築，按漢時星隕於地，成白石，狀如龜，
> 故名。〔註31〕

西和州不僅是南宋最西北的一州，也是蒙古人最早進入南宋之地。宋理宗寶慶三年（1227 年）十二月：「蒙古入西和，知州陳寅死之。」〔註32〕這是蒙古人第一次進攻西和州，第二次是庚寅年（1230 年，紹定三年），投降蒙古的山西平遙人梁瑛：「己丑入覲，特授金符御前千戶。明年，扈從南征，至鳳翔，俾西和、興元等十數城俱下。」〔註33〕投降蒙古的金將奧屯世英：「既平鳳翔，擊五峰山，自隴州入一二里，破鳳州，取武休關，至興元，攻西和。又攻鞏州，再入宋境。從皇考四大王大軍，由興元，歷金、洋州。所至城寨，無不降附。」〔註34〕

元軍從西和州出發，走高原，下成都，郝經說：「由金、房，繞出潼關之背，以攻汴，爲搗虛之計。自西和，徑入石泉、威、茂，以取蜀，爲示遠之謀。自臨洮、吐蕃，穿徹西南，以平大理，皆用奇也。」〔註35〕

所以馬可波羅即從此入蜀，記載了原名白石城。南宋西北邊境，唯有此地有白城之名，所以無疑應是此地。

〔註31〕　〔宋〕祝穆撰、祝洙增訂、施和金點校：《方輿勝覽》，北京：中華書局，2003
　　　　　年，第 1218～1220 頁。
〔註32〕　〔元〕陳桱：《通鑒續編》卷 21，《影印文淵閣四庫全書》第 332 冊，臺北：
　　　　　商務印書館，1986 年。
〔註33〕　〔元〕魏初：《故征行都元帥五路萬戶梁公神道碑銘》，《青崖集》卷 5，《影印
　　　　　文淵閣四庫全書》第 1198 冊。
〔註34〕　〔元〕李庭：《大元故宣差萬戶奧屯公神道碑銘》，《寓庵集》卷 7，《續修
　　　　　四庫全書》第 1322 冊。
〔註35〕　〔元〕郝經：《東師議》，《陵川集》卷 32，《影印文淵閣四庫全書》第 1192 冊。

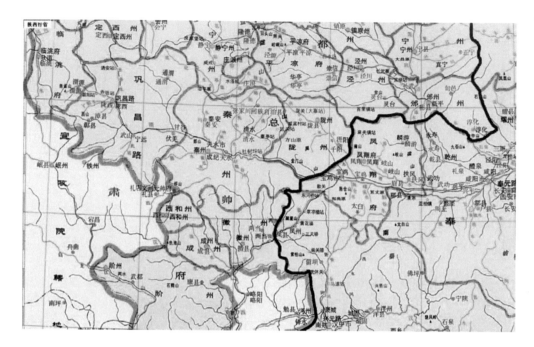

元代的鞏昌路管轄範圍（黑線）、西和州〔註36〕

　　馬可波羅從西和州（白石城）騎行二十日到成都府（Sindufu），又向南騎行五日到吐蕃（Tibet），再到建都（Gaindu，今西昌），渡金沙江到哈剌章（Carajan，大理）。向西騎行五日到金齒（Zardandan）的都會永昌（今保山），附記緬甸（Mien）與孟加拉（Bangala），未到其地。

　　又記永昌之東的車里（Cangigu），說國王有妻三百人，即所謂八百媳婦國。前人或誤以為是交趾，但是馬可波羅說距海很遠，大象很多，居民紋身，說明是西雙版納的傣族地區。

　　又記其東的 Amu，裕爾（H. Yule）據 Muller 本的別寫 Anyn，認為是阿寧萬戶府（阿迷州，今開遠）或安寧州（今富寧），馮承鈞說是阿僰，在臨安路。伯希和認為是安南（Annam）之誤，方國瑜認為是阿泥部，元置和泥路，在今紅河縣。馬可波羅說男女戴金，說明地有金礦，又產牛馬，出售印度，則不是安南。今元江有大型金礦，方國瑜指出馬可波羅所經之地產金，元代雲南盛產金，《元史·地理志》載曲靖路（今曲靖）歲輸金 3550 兩，《文宗紀》至順二年（1331 年）景東府（今景東）歲增金 5000 兩。

　　向東八日，到土獠蠻（Tholoman），在筠連（今筠連）、高州（高縣）。向

─────────────────────
〔註36〕譚其驤主編：《中國歷史地圖集》第七冊，第 18 頁。黑線是本書添加。

東到敍州（Cuiguy，今宜賓），向東沿江騎行十二日到 Fungulo，馮承鈞疑是 Jungui 之誤，即戎州，宜賓在唐代爲戎州。但是此名已經久遠，而且宜賓緊鄰土獠，所以不是宜賓。

我以爲此地應是重慶，馬可波羅說此城很大而且名貴，居民以工商爲生，其地多虎，居民擅長射虎。唯有重慶符合大城的地位，Jungui 或是重慶的音譯，此地也多虎，《元史》卷一三二《玉哇失傳》說玉哇失從蒙哥汗征蜀，在重慶出獵遇虎。

射虎的土著應是板楯蠻，上古即以射虎著稱於世，東晉常璩《華陽國志》卷一《巴志》：「秦昭襄王時，白虎爲害，自秦、蜀、巴、漢患之。秦王乃重募國中，有能殺虎者，邑萬家，金帛稱之。於是夷朐忍廖仲藥、何射虎、秦精等乃作白竹弩於高樓上，射虎，中頭三節。白虎常從群虎，瞋恚，盡搏殺群虎，大呴而死……（漢）高祖因復之，專以射白虎爲事，戶歲出賨錢口四十，故世號白虎復夷，一曰板楯蠻，今所謂弜頭虎子者也。」

宋代其後裔仍在重慶南部。《輿地紀勝》卷一百七十四涪州風俗引《涪州圖經》：「其俗有夏、巴、蠻、夷。夏則中夏之人，巴則廩君之後，蠻則盤瓠之種，夷則白虎之裔。巴、夏居城郭，蠻、夷居山谷。」

馬可波羅從此地騎行十二日，回到成都，而宜賓、重慶、成都大致等距離，所以都是十二日馬程。

第三節　從大都到泉州

馬可波羅從成都騎行七十日，回到涿州。又向南四日，到河間府（Cacanfu，今河間）。向南三日，到滄州所在的長蘆鎮（Cianglu），沿海產鹽。又五日到將陵（Ciangli），即陵州（今德州）。向南五日到 Cundinfu，此城很大，刺木學本 Tudinfu，前人或以爲是東平府（今東平）。

再向南三日到 Cinguymatu，有一河流來自南方，河流分爲兩道，一半西流，半東流，船船運貨驚人。

沙海昂以爲新州是須朐，馬頭是馬踏湖，馮承鈞以爲是濟寧。我認爲，應是濟寧，《元史·河渠志一》：「據新開會通並濟州汶、泗相通河，非自然長流河道，於兗州立閘堰，約泗水西流，堽城立閘堰，分汶水入河，南會於濟州，以六閘撙節水勢，啓閉通放舟楫，南通淮、泗，以入新開會通河，至於通州。」

　　向南八日到臨州（Linguy），馮承鈞以爲利國冶，陳得芝先生認爲別本作 Cingui 或 Zingui，可能是徐州。向南三日到邳州（Piguy），又二日到宿遷（Siguy），過黃河（哈剌木連 Caramoran），到淮安（Coiganguy），對岸是海州（Caiguy），應是安東州（今漣水）。向南一日到寶應（Pauchin），又一日到高郵（Cayu），東南一日到泰州（Tiguy），還有通州（Tinguy），產鹽很多。

　　馬可波羅說他在揚州做官三年，但是我們在現存的文獻中找不到對應記載。伯希和懷疑馬可波羅是任鹽務官，我以爲思路合理，因爲馬可波羅的行程很怪，從河間到陵州，就是繞道長蘆鹽場。從高郵不直接去揚州，而是先向東南，經過湖沼密布的裏下河窪地，到鹽場所在的泰州、通州。因爲鹽務官不是地方官，所以文獻記載較少，這正是馬可波羅任官未能留下記載的原因。

　　蔡美彪先生提出馬可波羅可能是斡脫商人，〔註 37〕澳大利亞學者羅依果認爲馬可波羅是斡脫商人，還負責爲皇帝搜集情報。〔註 38〕李治安先生認爲斡脫商人說走出了馬可波羅任官問題的困境，他又提出馬可波羅是侍從兼斡脫商人。〔註 39〕

　　馬可波羅從泰州向東南一日，應是西南一日，到揚州（Iangui）。向西有兩個大城，南京（開封，Nanghin）、襄陽（Saianfu）。北宋的南京應天府在今商丘，金的南京是開封，今南京在宋代名江寧、建康。

　　馬可波羅是在揚州之下插入開封、襄陽，再回頭來說揚州、眞州（Singui）、瓜洲（Caigui）。馬可波羅說此城在南宋投降蒙古之後還據守了三年，馬可波羅一家向蒙古人獻計，製造投石機，才攻下此城。前人因爲誤以爲這段話還是在講襄陽，而至元十年（1273 年）蒙古攻下襄陽時，馬可波羅尙未來華，所以前人多據此以爲馬可波羅記載不實，甚至懷疑馬可波羅未曾到過中國。

　　前人都誤以爲襄陽之下的那段話還是在講襄陽，我以爲，其實襄陽下面的第二段話就已經回頭來說揚州了。而揚州正是在至元十三年（1276 年）南宋首都杭州投降蒙古之後，還抵抗了半年，寶應縣到次年才投降，《元史・世祖紀九》至元十四年（1277 年）年三月：「壬子，寶應軍人施福殺其守將，降於淮東都元帥府，詔以福爲千戶，佩金符。」

〔註37〕 蔡美彪：《試論馬可波羅在中國》，《社會科學》1992 年第 2 期。
〔註38〕 〔澳〕羅依果著、張沛之譯：《馬可波羅到過中國》，《中國社會歷史評論》第二卷，天津古籍出版社，2000 年。
〔註39〕 李治安：《馬可波羅來華問題的新探索》，《絲綢之路與元代藝術國際學術研討會論文集》，中國絲綢博物館、清華大學美術學院，2015 年，第 1～5 頁。

馬可波羅說揚州抵抗三年是誇張，但是揚州在江南已經投降的情況下還堅持了很久，確實令蒙古人震撼，所以有此傳聞。而此時馬可波羅一家已經來華，所以馬可波羅肯定來過揚州。或許他確實在蒙古人進攻揚州時獻計，或許是他的誇張。至少我們可以說他肯定來過揚州，這則故事不能成為他不曾來過中國的理由。前人未能想到襄陽之後的第二段話已經回到揚州，所以才懷疑馬可波羅未曾來過中國，或說馬可波羅自吹自擂。

這種文本誤斷產生的誤會，還有例子。沈曾植指出《諸蕃志》中理國是傳抄時析勿拔國為二條而誤衍，本無中理國。勿拔國：「遵大食教度，為事中理，國人露頭跣足，纏布不敢著衫。惟宰相及王之左右，乃著衫纏頭以別。」有人傳抄誤析為勿拔遵大食教度為事，又誤析出中理國人露頭跣足一句，下文本是勿拔國條，遂全誤為中理國條。沈說精闢，因為全書提到層拔國、白達國遵大食教度，又說默伽獵國教度與大食國一同，皆無為事之綴，所以此處的為事應接中理二字。所謂中理即上下服飾有別，趙汝适推崇理學，認為此國人為事循理。

馬可波羅從揚州向東南，應是西南騎行十五里，到眞州（Singui），因為上文早已回到揚州，所以此處是眞州，不是襄陽西南的地方。王頲提出是沙市，陳得芝先生認為是眞州。

馬可波羅從瓜洲渡江，到鎮江府（Chingianfu），又東南騎行三日到常州晉陵縣（Chingingui），馮承鈞誤以為是鎮巢（今巢湖），應是常州，馬可波羅說元軍醉酒，被當地人消滅，因而遭到元軍屠城。《宋史‧忠義傳》說南宋陳炤、姚訔、王安節、劉師勇堅守常州，唯劉師勇突圍，鄭思肖說：「四門殺入，一城盡死。」〔註40〕《元史》卷一三二《杭忽思傳》：「戍鎮巢，民不堪命，宋降將洪福以計乘醉而殺之。」馮承鈞以為是指此事，我以為或是常州或者也有類似事件，或是馬可波羅混淆兩地，無論如何馬可波羅不會走到安徽。

再經過蘇州（Sugui）、吳江（Vouguy）、烏鎮（Vughin）、長安鎮（Caingan）到行在（Quinsay，杭州）。前人或以為 Vughin 是吳興（湖州），或以為是嘉興，但是湖州不在路上，嘉興讀音不合，我以為烏鎮不僅讀音吻合，而且在吳江與長安鎮之間。嘉興在運河岸邊，但是馬可波羅是騎行，走烏鎮最近。

從杭州騎行一日到 Tacpiguy，再到婺州（Vigui，金華），沙海昂以為是紹

〔註40〕 〔宋〕鄭思肖：《哀劉將軍》，《心史‧中興集》卷 2，《四庫全書存目叢書》集部第 21 冊，齊魯書社，1997 年，第 83 頁。

興，讀音不合，而且繞道。黨寶海先生新注引伯希和之說，認爲 Tacpiguy 是建德，楊志玖先生以爲是東睦的音譯。但是東睦州是建德在唐初武德七年（624年）的名字，不到一年，早已不用。我以爲此地應是諸暨，讀音接近，位置符合。陸路是走諸暨到金華，不走錢塘江水路，所以不是建德。閩南語和浙南處衢片吳語的豬是 ti，福州話是 ty，潮州話是 tw，諸暨的古音接近 Tacpiguy，guy 是州，而中間的暨應是 gi，誤爲 pi，傳抄有誤。現在的南部吳語，讀音仍然接近閩語，元代的北部吳語可能還保留不少古音。

再兩日到衢州（Giuguy），再四日到常山（Ciancian），應是一日。再三日到信州（Cinguy，今上饒），再入 Concha 國境，首府是福州（Fuguy）。拉木學本又稱信州爲 Gieza-Cinguy，我以爲 Gieza 是鉛山，鉛山屬於信州，又在宋元入閩要道，向南到福建的崇安縣，高榮盛指出即 Concha 即崇安。

鉛山不是隨便多出，因爲鉛山在元初的地位特別重要。據《元史》卷一百二十九《唆都傳》，元軍南下福建，就是從信州入崇安，在崇安、建寧、南劍州大戰。《元史》卷六十二《地理志五》記，元至元二十九年，割上饒之乾元、永樂二鄉，弋陽之新政、善政二鄉來屬，升爲鉛山州，直隸行省。一縣升州，而且直隸於行省。不僅是鉛山歷史地位的最高峰，也是中國歷史上罕見的事。《元史》卷九十四《食貨志四》記，鉛山有鉛礦、礬礦，其實鉛山至今最出名的還是銅礦，宋代的鉛山就是全國最大的銅場之一，也是重要的鑄錢處。鉛山如此重要，馬可波羅自然要記。

拉木學本說從崇安走六日到建寧府（Quelinfu，今建甌），又三日到Unguem，王頲指出是侯官（今福州）。從福州渡過閩江，五日到刺桐（Caiton），馬可波羅從此乘船到西亞，回歐洲。

總之，從上文所考來看，馬可波羅記載的中國史實還有不少可以得到印證，需要我們進一步發掘。有人誤以爲馬可波羅未到中國，是視野不夠全面。本文發掘的金雞堡故事，就出自《金史》。還有的誤解，源自對馬可波羅行紀文本的誤讀。本文澄清的襄陽獻炮誤解，就是對揚州插入襄陽的文本誤讀。

馬可波羅在中國走的路線和元軍南下路線確實有關，比如鞏昌、西和州入蜀道就是蒙古南攻路線。當然，也有不少路線，特別是東南地區的路線源自水運或馬可波羅本人的經濟活動，比如大運河和從高郵先到泰州鹽場等路線。鞏昌路、西和州、鉛山州，現在已經不是重要的城市，影響了現代人的考證，其實當時都是很重要的城市。

後 記

本書所收已發表文章,按照發表順列如下:

1. 2015 年 9 月 2 日,阿拉爾的塔里木大學在烏魯木齊主辦的絲綢之路核心區高峰論壇,發表《漢代天山以北諸國位置考》,即本書第三章。

2. 2016 年 8 月 16 日,張家口・冬奧會與一帶一路國際學術研討會,發表論文《遼代從西域到燕京的絲綢之路》。2016 年 10 月 29 日,浙江大學人文高等研究院主辦「契丹與歐亞絲路文明」工作坊,作主題發言《王延德的使程與遼金絲綢之路再考》,即本書第八章主要內容。

3. 2017 年 9 月 22 日,廣州中山大學國際關係學院在珠海主辦的「遼金元—中國北族王朝與歐亞絲綢之路工作坊」,發表《馬可波羅中國行程新考》,即本書第九章。

4.《漢代人所記波斯灣和地中海航路考》,在 2019 年《海洋文明研究》第4 輯刊出,即本書第五章主要內容。

本書的主要內容在 2016 年春季已經完成,原有的上古部分現在刪去,將來收入我的上古游牧民族史專著。

感謝本科老師南京大學楊曉春教授和本科同學尤東進、研究生同學復旦大學邱軼皓等人贈送學術資料,感謝本科老師南京大學特木勒教授邀請我參加張家口的學術會議,感謝廣州中山大學的魏志江教授邀請我參加杭州和珠海的學術會議,感謝學弟薛理禹主編的《海洋文明研究》向我邀稿。感謝塔里木大學的賈東先生借用相機,感謝新竹玄奘大學的陳偉之先生與我在新疆同行。

感謝我的家人和各位親友長期以來對我的支持,感謝花木蘭文化事業有限公司多次幫助我出書。

周運中 2019 年 9 月於廈門